中国文化视角下员工求助行为研究

ZHONGGUO WENHUA SHIJIAO XIA YUANGONG QIUZHU XINGWEI YANJIU

王 畅◎著

中国纺织出版社有限公司

内 容 提 要

“面子”和“人情”是中国颇具特色的文化。本书着眼于在中国文化视角下考察“面子”对员工求助行为的影响。本书以组织机构中的员工为研究对象，通过五项研究，探究“面子”以及人情法则对员工求助行为的影响。本研究为测量国内组织机构中员工求助行为提供了有效的工具，揭示了员工在困境中更倾向于主动求助而非回避求助的现象。本研究既有助于全面考察和验证“面子”影响员工求助行为的相对稳定性，又能够从中国传统文化视角入手有针对性地为管理实践提供参考。

图书在版编目（CIP）数据

中国文化视角下员工求助行为研究 / 王畅著. 北京：中国纺织出版社有限公司，2024. 8. -- ISBN 978-7-5229-2097-9

Ⅰ. C912.11

中国国家版本馆CIP数据核字第2024NF1585号

责任编辑：段子君　杨宁昱　　责任校对：高　涵

责任印制：储志伟

中国纺织出版社有限公司出版发行

地址：北京市朝阳区百子湾东里 A407 号楼　邮政编码：100124

销售电话：010—67004422　传真：010—87155801

http://www.c-textilep.com

中国纺织出版社天猫旗舰店

官方微博 http://weibo.com/2119887771

天津千鹤文化传播有限公司印刷　各地新华书店经销

2024 年 8 月第 1 版第 1 次印刷

开本：710×1000　1/16　印张：16.25

字数：255 千字　定价：99.90 元

前　言

工作环境和工作内容的日益复杂化，使员工在组织中面临更多不确定性，这使人际间互助（求助和助人）显得尤为重要。助人行为往往始于求助，但相较于助人行为，求助行为并未引起研究者广泛关注，仍有许多有价值的信息有待挖掘。随着本土化研究的兴起，越来越多的研究者注意到本土文化对国人心理与行为的重要作用。“面子”和“人情”是中国颇具特色的文化，并且人情之于面子具有生成性意义，面子需要在人情逻辑的作用下对人们的心理与行为产生影响。而“报”的引申义为受别人恩惠，用实际行动表示感谢、酬谢，这是人情逻辑的核心要义，可以说人情法则最核心的思想是“报”之法则，因此本研究着眼于在中国“报”文化视角下考察员工面子需要对求助行为的影响。

本书以本土组织中的员工为研究对象，通过五项研究，在编制员工求助行为问卷和员工面子需要问卷的基础上，探究员工面子需要和求助行为间的关系，以及“报”之法则在员工面子需要影响求助行为中的作用。

研究一和研究二的目的是编制员工求助行为问卷和员工面子需要问卷，结果表明：①员工求助行为问卷共 11 道题目，由长远受益性求助、暂时受益性求助和回避求助三个维度构成。②员工面子需要问卷共 26 道题目，由挣面子需要和护面子需要两个二阶因子，他人知晓、竞争胜出、自我促进、勉为其难、丢面子忧虑和形象保护六个一阶因子构成。③两个问卷结构效度良好，Cronbach’s α 系数和组合信度系数均在可接受范围内。

研究三的目的是探索不同面子需要水平员工求助行为表现型的差异性特征，结果发现：①挣面子需要水平越高的员工越倾向于长远受益性求助，而护面子需要水平越高的员工越倾向于暂时受益性求助；②根据挣 / 护面子需要水平可区分出四种面子需要类型：挣面子型、护面子型、挣—护面子双高型和挣—护面子双低型，相较挣面子型员工，其他三种类型员工倾向于暂时受益性求助而非长远受益性求助。这说明挣面子型对员工表现长远受益性求助具有优势作用，而其他三种类型员工的长远受益性求助选择倾向还有待提高。

研究四旨在从回报时机的角度考察回报即时性和回报延迟性对护面子型员工、挣—护面子双高型员工和挣—护面子双低型员工长远受益性求助选择倾向的促进作用。结果发现，相较于无等价回报机会，护面子型员工、挣—护面子双高型员工和挣—护面子双低型员工在自己有机会即时等价回报施助者的情况下会更倾向于长远受益性求助。相较于能即时等价回报和延迟六个月等价回报，上述三类员工在能延迟一周等价回报的情况下倾向长远受益性求助。这说明等价即时回报和延迟回报对上述三类员工的长远受益性求助选择倾向有促进作用，相比之下回报延迟性的优势作用更大，但该优势作用有度的限制。

研究五旨在从回报对象身份特征的角度考察回报对象相对职位、回报高价性和回报对象泛化性对护面子型员工、挣—护面子双高型员工和挣—护面子双低型员工长远受益性求助选择倾向的促进作用。结果发现，首先，相较于施助者（等价回报对象）为上级或下级，护面子型员工、挣—护面子双高型员工和挣—护面子双低型员工在施助者为平级同事的情况下倾向于长远受益性求助。其次，无论面对的施助者是上级、平级还是下级，相较于能等价回报，四种面子需要类型员工在能高价回报施助者的情况下均倾向长远受益性求助。最后，相较于可回报对象为施助者熟人，四种面子需要类型员工在可回报对象为施助者孩子或朋友的情况下倾向长远受益性求助。这说明回报高价性和回报对象泛化性对四种面子需要类型员工长远受益性求助选择倾向均有促进作用，但回报对象泛化性的优势作用有度的限制。

本研究为测量本土组织中员工求助行为和面子需要提供了有效测量工具；揭示了员工在困境中倾向主动求助而非回避求助；澄清了不同面子需要水平员

工求助行为表现型的差异性特征，即挣面子型对员工长远受益性求助具有优势作用，而护面子型、挣—护面子双高型和挣—护面子双低型员工的长远受益性求助行为选择倾向有待提高；明确了中国文化背景下“报”之法则对各面子需要类型员工长远受益性求助行为表现均具有不同程度的促进作用，即适度地遵循“报”之法则能够提高各面子需要类型员工，尤其是护面子型员工、挣—护面子双高型员工和挣—护面子双低型员工的长远受益性求助选择倾向。本研究有助于深入认识本土组织中“报”之法则、面子需要和求助行为以及三者之间的关系，从文化视角拓展了对本土组织中员工求助行为的解释范围，既有助于全面考察和验证中国“报”文化视角下面子需要影响员工求助行为的相对稳定性，又通过实证研究肯定了本土核心文化在现代化、市场化、都市化社会中仍具有强大活力和激励作用的论断。

著者

2024 年 6 月

目　录

第1章　文献综述

1.1　求助行为的概念与测量

1.1.1　求助行为的概念和分类

1.1.1.1　求助行为的概念

《尔雅》中指出，“求，终也”，认为“求”有寻求、获得的意思，再引申则有终的意思，而“助，勴也”，认为“助”是辅助、帮助的意思，再引申则有赞勉、赞助的意思（管锡华，2014）。《古汉语小字典》中关于“求”的释义有三个：第一，寻找，第二，请求、乞求，第三，要求、责求；关于“助”的释义有两个：第一，辅助、帮助，第二，殷代的一种租赋制度（张双棣，2007）。《辞海》中指出“求”是指“探索、寻取、请求、需求、要求”；“助”是指“帮助”（夏征农，2000）。《新华词典》（2013）中关于“求”的释义有四个：第一，设法得到，第二，恳请、乞助，第三，要求，第四，需求；关于“助”的释义有一个，即帮助。《现代汉语词典（2002年增补本）》（2002）中“求助”是指请求援助。《新牛津英汉双解大词典》（2013）指出“seek（求）”的释义有三个：第一，寻找，第二，请求，第三，去找（有命令的意思）；“help（助）”的释义有四个：帮助、援助、资助、救助。《剑桥高阶英汉双解词典》（2008）指出“seek（求）”是指找出、查出、寻找；“help（助）”是指帮助、帮忙。

结合上述词典有关求助的释义，求助一般包括以下几个要点：第一，求助行为发生的前提是个体遇到了需要解决的或较为棘手的问题或困难；第二，求助行为发生的背景往往基于人际关系网络；第三，与以往研究中认为的需要帮助的个体往往是被动接受施助的观点不同（Greenberg & Westcott，1983），求助行为因需要求助者设法得到潜在施助者的帮助，因此多为主动积极的行为；第四，求助行为是求助者主动向潜在施助者发出恳请或乞求，因此求助行为往往会增加求助者的心理负担；第五，由于“求”兼具“请求”和“要求”的含义，因此求助行为往往包括求助者低姿态地请求潜在施助者提供帮助，和求助者高姿态地要求潜在施助者提供帮助，这往往与求助者和潜在施助者的社会身份背景有关，但前者是对求助行为普遍应用上的释义。

针对求助行为的定义学界形成了较为一致的看法，即求助行为是指人们主动向他人寻求帮助、建议或支持的行为（Lee，1997）。此外，求助行为受到众多学科的关注，且不同学科对求助行为关注的侧重点也有所不同（江光荣，夏勉，2006；李彩云等，2015；刘威，2017；Newman，2002）。但有三点是相同的，第一，求助行为发生的前提是求助者遇到了困难，并以解决问题为目的。第二，求助行为发生过程中至少存在求助者和潜在施助者两类对象，且潜在施助者多为同求助者处于共同社会网络之中的个体。第三，求助行为多为求助者主动发起的行为。

关于“员工求助”学界也形成了较为一致的看法，员工求助是指员工向基于工作关系的同事（包括上级、平级或下级）寻求情感型或工具型帮助，从而使问题得以解决的人际过程（冯云霞等，2017；毛畅果，孙健敏，2011；Bamberger，2009；Ellis & Tyre，2001）。

1.1.1.2 求助行为分类

首先，根据求助者求助目的是“求渔”还是“求鱼”，研究者对求助内容进行划分。有研究者认为求助行为包括商议风格求助和教导风格求助，其中，商议风格求助是指求助者希望能够达到自身独立解决问题的目的，进而保留对解决方案的责任；而教导风格求助则是求助者希望能够快速得到解决问题的方案（Asser，1978）。有研究者认为求助行为包括工具性求助和执行性求助，其中，工具性求助是指求助者希望在未来获得独立解决问题的能力，因此其着眼于对当下问题解决过程或思路的理解；而执行性求助的特点则是求助者期望潜在施助者能够直接给出当下问题的解决方案或办法（Karabenick & Knapp，1988a，1988b）。还有研究者认为求助行为包括自主性求助和依赖性求助。其中，自主性求助者的目的是能够独立解决问题，因而其在求助过程中希望获得的是有关问题解决的建议；而依赖性求助者的目的是快速解决问题，因此他们希望潜在施助者能够直接提供解决问题的方案，而很少关注解决问题的过程（Nadler，1998）。

其次，根据求助内容的性质，有研究者认为求助行为包括工具性求助、信息性求助和情感性求助（Bamberger，2009）。其中工具性求助的内容多涉及器械、设备等有形的物品，而信息性求助的内容多涉及知识或建议，既可以是像书这种有形的物品，也可以是意见这种无具体形态的表达，因此往往可以将信息性求助理解为工具性求助的特殊形式，而情感性求助往往是无具体形态的。工具性求助与情感性求助往往无明显的区分界限，例如，求助者进行工具性求助时，其真正目的可能是希望进行情感性求助，而求助者在进行情感性求助时的真正目的可能是希望获得某种工具。

最后，有研究者根据求助频率或强度是否符合社会期望或社会规范，认为求助行为包括适应性求助和适应不良性求助（Karabenick & Knapp，1988a），其中，适应性求助的求助频率适中，符合社会期望或社会规范，而适应不良性求助的求助频率往往过高或过低，即求助频率明显高于或低于被社会所接受的、符合常理的度。求助频率过高往往表明即使求助者可以独立自主地解决问题，也还要向他人求助，这种高频率求助行为可能反映了求助者缺乏自信或者对他人有习惯性依赖。而求助频率过低往往表明即使个体有自身无法解决的困难，但仍然习惯性地拒绝向他人求助，它与高频率求助行为一样被视为适应不良的求助模式。还有研究者认为求助行为包括自主性求助、依赖性求助和回避性求助（Karabenick & Knapp，1988a）。其中，自主性求助的求助频率处于中间水平，且与求助者解决问题的独立性有关，属于适应性求助；而依赖性求助的求助频率过高，回避性求助的求助频率过低，二者都属于适应不良性求助。

总体上，商议风格求助、工具性求助、自主性求助和适应性求助等求助行为能够帮助个体提升解决问题的能力，积累解决问题的经验，强调个体对解决问题技能技巧的掌握，而由于技能技巧的掌握需要一个漫长的过程，因此，倾向于上述求助方式的个体往往会更关注延迟目标。教导风格求助、执行性求助和依赖性求助等求助行为能够帮助个体解决当下遇到的困难，但无益于个体工作能力或解决问题能力的提升，因此倾向于上述求助方式的个体往往会更关注即时目标，即当下问题解决。求助行为二分法中的不求助（回避求助）是指虽然个体需要帮助，但却不主动进行求助，这虽然能够使个体短期内无需面对主动求助所带来的心理压力，但也无益于个体工作能力或解决问题能力的提升，是极端被动和消极的。此外，针对提供帮助的来源和形式，还可以将求助对象区分为非专业和专业，非专业帮助来源包括家人、朋友、亲戚等人，专业帮助来源则包括教师、心理咨询师等专业人士。

1.1.2 求助行为的测量

自我报告测量方式和行为观察测量方式是针对求助行为使用最多的测量方式。

1.1.2.1 自我报告的测量方式

量表是自我报告测量使用的主要工具。Anderson 和 Williams（1996）编制了包含 6 个项目的求助代价量表，用来衡量与求助相关的成本，该量表的潜在施助对象须预先设定，以调查特定对象求助时所产生求助成本的大小。

Anderson 和 Williams（1996）也开发了包含 7 个项目的求助 / 助人行为量表用来衡量个体寻求帮助的程度，包括工具性求助和情感性求助两个维度，求助者为事先设定的同事或主管。

Harpaz-Gorodeisky 和 Nadler（2008）编制了一款未公开发表的求助行为倾向量表（Geller & Bamberger，2012；Nadler，2009），包含自主性求助和依赖性求助两个维度。此后，Komissarouk 等（2017）在这项初始研究（Geller & Bamberger，2012；Nadler，2009）中选取题目完善了求助行为倾向量表，新量表包含自主求助、依赖求助和回避求助三个维度，量表解释了总变异的 46%。该量表测量的是一般情境中的求助，但也有研究替换其中潜在施助者为“同事”，用来测量员工求助行为（Wang & Zhang，2021）。

国内有研究者在国外求助行为量表的基础上，编制或修订符合自身研究目的的员工求助行为问卷。宋晓静（2012）以求助 / 助人行为量表（Anderson & Williams，1996）为参考，编制出员工求助行为问卷，包含权益求助、任务求助、规范求助和生活求助四个维度；郭添（2012）同样以求助 / 助人行为量表（Anderson & Williams，1996）为参考编制了员工求助行为问卷，包含工具性求助行为和情感性求助行为两个维度，以上两个问卷均测量的是员工求助内容。周琼瑜（2015）则是在求助 / 助人行为量表（Anderson & Williams，1996）和郭添（2012）编制的员工求助行为问卷基础上编制了向上级求助行为问卷，该问卷为单维结构。

也有研究者以具体真实的现实情境为导引，通过量表调查来考察求助行为。Lee（2002）以医院工作者，如医生、护士等为研究对象发放量表，询问研究对象，当他们遇到新系统问题时向"同事"求助的频率（1 代表从未，7 代表一天几次），其中"同事"为量表事先规定，包含实习医生、初级住院医生、高级住院医生、研究员、护士、秘书、职员等，此量表主要考察的是被试向上、向下和平行求助的情况。

Karabenick 和 Knapp（1988）以预估自己成绩较低的学生为对象，假设此类学生需要更多的帮助，通过量表询问他们是否需要一个或多个课程的帮助，以及他们在学习技能方面是否需要帮助，学生进行"0 代表我觉得我根本不需要任何帮助，6 代表我觉得我非常需要帮助"李克特七点评分。研究者询问学生是否在学期内任何时候实际从他者（如教授、朋友、导师）处获得帮助（是或不是）来评估求助活动，学生如果回答为肯定，则需要估计自己向帮助来源求助的频率，帮助来源包括非正式来源（朋友和班上其他同学）和正式来源（导师、指导教师和三个该校的支持性服务机构）。

王秀丽和张新颖（2004）在真实课堂中以学生为被试进行了关于学业求助行为的实验研究。就关于求助部分的实验设计，由参与实验的学生作答自省问卷之一。自省问卷 A 包含题目"做题时你问过别人哪几道题？问过几次？""对于每道题，你分别是怎么问的？"。自省问卷 B 包含题目"这些题，有你不会做的吗？如果有，为什么不问问别人呢？"，由研究者统计学生工具性求助、执行性求助和回避求助的次数。

测量学生学业求助行为的量表中，比较有代表性的有李晓东和张炳松（1999）编制的学业求助行为量表，包括工具性求助（老师）、工具性求助（同学）、执行性求助和回避求助四个维度。而唐芳贵（2003）编制的学业求助行为量表包括工具性求助、执行性求助和回避求助三个维度。

1.1.2.2 行为观察的测量方式

通过行为观察的测量方式考察求助行为，一般在实验室模拟组织相关任务，通过提前设置难度系数大的实验任务，来营造求助事件，以期考察各项变量对员工求助行为的影响，如在 Lee（1997）探究个人主义 / 集体主义情境和合作者地位对被试求助影响的研究中，研究者采用主试—被试双盲设计。就关于求助部分的实验设计，被试被告知他必须与一名同性参与者（假被试）一起合作，共同完成这项实验任务，被试和他的“伙伴”必须在不同的房间工作，但可以通过写纸条进行交流，被试和他的“伙伴”获得了关于公司员工及其长期战略和使命的信息，实验任务是为一家虚构的公司制定裁员计划。寻求帮助的频率用二分法表示，如果参与者向“伙伴”发出求助便条，则得分为“1”，若无则得分为“0”。

除了在实验室模拟任务外，也有研究者进行自然情境下实验并记录个体表现出的求助行为。孙健敏和毛畅果（2013）通过两个自然情境下的实验任务考察核心自我评价和心理集体主义同求助预期的关系，就关于求助预期部分的实验设计，实验一被试被要求求助陌生人填写问卷，当被试完成五份问卷时任务结束，研究者记录被试事先预估所需求助人数和实际求助人数。实验二就求助预期部分实验设计与实验一基本相同，实验任务改为被试向陌生人借用手机并拨通研究者预先留下的电话，当被试完成三通电话拨通为任务结束，研究者记录被试事先预估所需求助人数和实际求助人数。国外研究者也通过类似设计得出求助者往往高估求助难度的结论（Flynn & Lake, 2008）。

总体上，针对求助行为的自我报告的测量方式主要以量表为研究工具，量表也经历了从一维到多维的发展，这体现了研究者对求助行为认识的全面性逐渐提升，但国内就求助行为采取自我报告的测量方式时，往往以外国学者编制的量表或外国学者编制的量表改编版作为测量工具，虽然从统计学的角度来看此类测量工具在国内也具有一定的适用性，但这过于强调文化普适性，忽视了本土文化的独特性，而立足于国内文化背景编制的测量工具往往更具有代表性和针对性，也使研究问题能够进一步聚焦。Komissarouk 等（2017）编制的求助行为倾向量表在国内相关领域应用最为广泛，但该量表方差解释率较低。此外，针对求助行为的行为观察的测量方式往往采用二分法

（求助 / 不求助），对求助行为表现型的考量较为欠缺。

1.1.3　组织中的求助行为研究进展

1.1.3.1　组织中求助行为的影响因素

通过对国内外相关文献的整理分析发现，求助行为的影响因素可以大致归纳为个体因素和情境因素两大类（毛畅果，孙健敏，2011）。

（1）求助者个体因素对求助行为的影响

①人格对求助行为的影响

稳定的个人特质对求助行为有显著影响。人格是影响求助行为的一个重要因素。主动性人格代表个体能够积极采取主动行为来应对外部环境（Bateman & Crant，1993），如果员工的主动性人格水平较高，其将更倾向于在必要的时候寻求帮助（宋晓静，2012），主动性人格能够正向预测员工工具性求助和情感性求助（陈敏，2017），并且对专业心理求助意向也有正向预测作用（高斌等，2020）；乐群性与求助显著正相关（吕淑云等，2014）；外向性与求助显著正相关，神经质和精神质与求助显著负相关（韩磊等，2011）。

自尊是影响个体求助行为的一个重要因素。有研究表明，自尊水平越高的个体越不愿意寻求帮助，符合一致性假设（Weiss & Knight，1980），但也有研究表明自尊水平越高的个体越倾向于在必要的时候寻求帮助。例如，Karabenick 和 Knapp（1991）的研究表明与自尊水平低的学生相比，自尊水平高的学生会因为现实表现与理想表现之间的差距而求助，以使现实表现达到自我预期。当高自尊个体预感到自己有能力回报施助者时，会在必要时候寻求帮助（Nadler et al.，1985），并且高自尊个体会因求助不具备对自身形象的长久伤害性而低估求助所需的社会成本，即低估求助引起的自我威胁感，而低自尊个体在遇到困难的时候往往会因自身表现不佳而激发强烈的保护自尊的动机，进而回避求助，遵循脆弱性假设（Nadler，1986）。

当对求助行为进行进一步划分时，研究发现，自尊水平高的个体更倾向于在必要时候表现出工具性求助行为，而自尊水平低的个体更倾向于在必要时候回避求助或表现出执行性求助行为（陈英敏等，2021；柳铭心，2018；Butler，1998）。由此可知，自尊对求助行为的影响是复杂的，需要考虑其他因素（如回报可能性）的协同作用，还需要考虑求助行为类型的不同划分。

依恋风格是影响个体求助行为的一个重要因素。通过文献梳理可知，一般对依恋风格有以下三种区分方式，第一种是将依恋风格区分为安全型依恋和不安全型依恋（王秀娟等，2019），第二种是将依恋风格区分为依恋焦虑和依恋回避（孔雪燕，郝志红，2021），第三种是上述两种区分类型的综合体，将依恋风格区分为安全型依恋、焦虑型依恋和回避型依恋（杜江红，2019）。以往研究表明，一方面，安全型依恋会对个体的求助态度及工具性（适应性）求助行为产生正向影响（杜江红，2019；郝志红，孔雪燕，2021；王秀娟等，2019），不安全型依恋个体会更多地表现出执行性求助行为和回避性求助行为等非适应性求助行为（王艳，2020）；另一方面，有研究者的调研结果显示，回避型依恋和焦虑型依恋能够负向预测专业心理求助态度（孔雪燕，郝志红，2021），且有调查研究显示，回避型依恋和焦虑型依恋与求助行为显著负相关（刘艺羚等，2015），能够负向预测个体的求助行为（王华昕，2016）。总体而言，安全型依恋风格一般与适应性求助行为相关，回避型依恋和焦虑型依恋等不安全型依恋风格往往会阻碍个体表现出适应性求助行为。

②动机对求助行为的影响

有研究者在动机的视角下探究个体求助行为的特点。一方面，周小兰和马文（2019）将动机认知倾向区分为成绩趋近目标导向、成绩回避目标导向和掌握目标导向三种。问卷调查结果显示，成绩趋近目标导向和掌握目标导向的个体更不愿意采用执行性求助，而成绩回避目标导向则更倾向于采取执行性求助，即表现出更多的非适应性求助行为。进一步地，王广新等（2015）的研究也表明，掌握趋近目标导向的个体更多地表现出工具性求助行为，而掌握回避目标导向的个体则更多地表现出执行性求助行为和回避性求助行为。另一方面，动机取向也可区分为自我卷入取向和任务卷入取向（郑信军，2000a；Magnusson & Perry，1992），其中任务卷入取向个体更倾向于采取工具性求助，即表现出更多的适应性求助行为（李晓东，1999；李晓东，林崇德，2001）。此外，在考察动机对个体求助行为影响的过程中，自我效能感起到了重要作用，在自我卷入条件下，相较于自我效能感过高和过低的个体，持中等水平自我效能感的个体会表现出更多的求助行为（陈志霞，1999）。综上所述，掌握趋近目标导向个体和任务卷入取向个体会表现出更多的适应性求助行为。

③自我效能感对求助行为的影响

自我效能感也是影响个体是否表现出求助行为的一个重要因素（江光荣，王铭，2003）。一方面，针对学业求助行为而言，自我效能感水平低的个体往往更倾向于不求助（李晓东，张炳松，1999，2000，2001）。唐芳贵（2003）通过调查研究发现，自我效能感对个体的工具性求助有显著的正向影响，即个体的自我效能感水平越高，越容易表现出更多的适应性求助行为。张守臣等（2009）的研究发现，自我效能感对个体的执行性求助行为有显著的负向影响，即个体的自我效能感水平越低，越容易表现出更多的非适应性求助行为。另一方面，针对心理求助行为而言，自我效能感对心理求助意向具有正向影响（江光荣，夏勉，2006；夏勉，江光荣，2007；杨薇，方晓义，史杰等，2017；杨薇，方晓义，王焕林，2017），即个体的自我效能感水平越高，其寻求专业心理求助的意愿就越强烈。也有研究者在作为心理咨询当事人的自我效能和心理求助行为间关系中对性别进行了区分，通过调研得出结论，就女生而言，作为心理咨询当事人的自我效能与其心理求助行为具有显著正相关，而就男生而言，上述两个变量间的相关不显著（纪骁纹等，2013）。

（2）情境因素对求助行为的影响

①任务紧急性对求助行为的影响

任务紧急性与个体的求助行为关系密切。时间常常由于被自然或人为的限制而被看作是一种重要的稀缺资源（Savolainen，2006；Spiliopoulos & Ortmann，2018），它也是日常生活中最常见的资源约束（王馨悦，刘畅，2022）。在组织这一注重利益创造的环境中，当面对无法解决的棘手任务时，任务紧急会引发人们对时间压力的感知（张敏，2014）。当组织要求员工在很短的时间内完成工作任务，即当完成某工作任务给定的时间限制少于理论上完成此任务所需时限时则会产生时间压力（刘欣等，2021），增加认知闭合需要（Blu & Utz，2017），反映了个体在信息加工过程中急于求得答案的认知动机（刘子旻等，2018），因此，当任务具有紧迫性时，限制完成任务的时间可使员工感受到时间压力，进而因增加的认知闭合需要使员工迫切想获得完成任务的答案，表现出更多的寻求解决问题答案的行为。

当人们为了获得未来更大利益，坚持目标行为而推迟即时性满足时，自我控制起到了重要作用（Wilson et al., 2009），人们往往通过抑制即时欲望来实现延迟目标（Baumeister et al., 1994）。在完成任务的时间非常紧迫的情况下，不合理的工作安排等组织中的阻碍因素所导致的时间压力会促使员工产生诸如焦虑等消极情绪（刘新梅等，2019；Baethge et al., 2019；Chong et al., 2011），而负面的情绪体验将消耗员工的心理资源（易明等，2018），使得员工因为想保护资源而出现退出等行为（张莉等，2013），因此员工在任务紧急的情况下，在完成任务的过程中遇到困难理论上容易出现回避求助的情况。但处于职场中的员工，首要考虑到的便是绩效问题，因为绩效是组织情境中的核心要素（刘豆豆等，2021），任务紧急的情况下会营造出工作紧张氛围，使员工产生工作压力，而员工在充满压力的组织环境中所产生消极的情绪体验，如愤怒、挫折感等（张敏，2012；张敏，张一力，2015）会使他们失去自我控制力，忽视未来追求，增加对即时目标的关注（Hesketh et al., 1998；Muraven & Baumeister, 2000），即如何在短时间内完成工作任务。一般情况下，个体在面对紧急性较高的任务时更可能激发其强烈的求助意愿（王秀娟等，2019；Nadler, 1991），因为越是面对紧急程度高的任务，个体越容易将自己寻求帮助的行为进行外部归因，进而将自己的求助进行合理化建构，因此个体往往认为紧急情况下的求助不会让自己的自我威胁感受过强（毛畅果，2015）。

求助者性别是任务紧急性与个体求助行为关系中的一个调节变量。在紧急性一般的情况下，与男性相比，女性更多地会在需要的时候寻求帮助，但当任务十分紧急时，男性反而更多地会在需要的时候寻求帮助（Wills & DePaulo, 1991）。此外，当任务过于紧急时，可以近似将其理解为任务的难度有所提升。在时间压力下，人们会认为待完成任务更具复杂性，并且对任务难度的感知有所提高（Van Der Vegt et al., 2020），这无疑增加了人们独自完成任务的困难程度，使得人们在时间压力下主动寻求与他人合作（刘欣等，2021；王晓明等，2022）。有研究表明，与个体面对过高难度的任务相比，当个体无法独自解决难度适中的任务时，其更有可能采取工具性求助（王秀丽，刘金华，2002；王秀丽，张新颖，2004）。

②任务结果效价对求助行为的影响

任务完（不）成后的奖（惩）结果是影响个体求助行为的一个重要因素。

奖励是常见的外部因素（薛雨康等，2017），一般而言是指给予成功表现者的正向刺激物（Corsini，1999），并且奖励往往可以提高工作效率（徐希铮等，2012），人们往往对失去奖励比对得到奖励更加敏感（Friedman，2009），而伴随奖励的控制性说明则会使人们感到自己受到了控制（Amabile et al.，1986），进而习得性勤奋理论认为努力会让人产生厌恶感，而获得奖励这种外部补偿因能减少这种厌恶感而使人们对获得奖励所对应的行为结果趋之若鹜（易伟等，2019；Eisenberger，1992），如迷宫任务中，人们会在奖励条件下选择最直接且安全的路径而不考虑其他路径（Amabile，1996）。结合认知评价理论的观点，个体因果归因是其内在动机的决定性因素（王国才等，2022），奖励这种外部因素的加入会使个体因感受到被控制感进而削弱个体的内部动机（宋宏磊，袁彩霞，2020；Hennessey，2003），人们在奖励条件下更倾向表现出与获得奖励相对应的行为（Camara et al.，2013；Noonan et al.，2011），当人们完成某项任务更多地是关注自己能否获得奖励，则完成任务的行为往往是由外部动机所推动（Ryan & Deci，2000），因此任务完成后给予奖励则会激励个体在任务完成过程中遇到困难时表现出更多的求助行为，其原因是当事件结果为奖励时，个体的求助可以被视作有收益的行为，即感知到寻求帮助后是有收益的，寻求帮助是一种有用的策略（Roussel et al.，2011），而感知收益往往会对求助意向和求助行为产生积极的影响（张敏等，2019；张敏等，2014），当任务完成后结果为奖励时，个体在无法独自解决问题的情况下，会因为感知到通过寻求帮助而使问题得以解决所带来的收益，进而选择寻求帮助。

人们的认知资源是有限的，针对外界大量的信息资源，人们的注意系统往往只会选择部分重要的信息进行深层次的加工，人们对重要信息的选择，往往与趋利避害的本能紧密相关（Anderson et al.，2011）。奖励意味着奖励方对被奖励方行为的肯定，有助于帮助个体适应环境（范玲霞等，2014），有研究表明，金钱奖励刺激在注意加工中具有优势地位，能促使个体将注意快速分配到与之相关的刺激上（Krebs et al.，2011；Libera & Chelazzi，2006）。进一步地，奖励能够引发人们的注意，使人们追求奖励进而表现出与之相对应的行为（Levy & Glimcher，2012）。有研究表明，与低奖励力度相比，高奖励力度下人们参与活动积极性能够明显提高（范春梅等，2022）；也有研究表明，与和低金钱奖励相关的新异刺激相比，人们更容易注意到和高金钱奖励相关的新异刺激（Theeuwes & Belopolsky，2012）；还有研究表明，与低奖励刺激相比，被试搜索高奖励刺激时的反应更快，分配的认知加工资源更多（Kiss et al.，2009），注意力会偏向高奖励对应的刺激以实现总体利益最大化（Chelazzi et al.，2013），这说明高奖励比低奖励对个体的影响更大，更能激发困境中个体的求助行为。

惩罚是奖惩系统中的重要组成部分（章鹏等，2020），是典型的外部压力因素（蒋奖，王荣，2012）。如果将获得奖励视为一种收益，那么接受惩罚则可以理解为是一种损失。有研究表明，损失和收益产生的心理效用不同（张峰等，2017），并且在得失框架效应下，人们在"得"框架下更倾向于规避风险，而在"失"框架下更倾向于冒险（马文娟等，2012），这一定程度反映了与获得相比，人们对失去更加敏感（胡支军，王永利，2010；Tversky & Kahneman，1992），损失比收益占得个体更大的心理权重（徐富明等，2020），人们面对损失的悲伤程度要大于获得同等价值的喜悦程度（Kahneman & Tversky，1979），因此，与奖励相比，人们对惩罚更敏感（张阔等，2019）。

人们对事件结果的预期会使人们更偏向采用"未雨绸缪"的应对方式（即主动性控制）。在惩罚条件下，人们更倾向采取主动性控制策略（章鹏等，2020），即人们有意识地控制和调整自身行为来规避惩罚。强化敏感理论认为行为抑制系统是动机系统的重要组成部分，对惩罚敏感（谷莉等，2015；De Pascalis，2014；Gray，1987；Heym et al.，2015）能够提高人们的抑制控制能力（Jazbec et al.，2006），并且惩罚能够使个体注意范围变窄（Murty et al.，2016；Ross et al.，2011），进而使人们更多地关注如何通过控制行为（如努力）来规避惩罚（李爱梅，凌文辁，2009）。根据博弈论的观点（卑力添等，2019），个体在人际互动过程中会参考自身收益和损失来进行理性思考和行为决策，做出最合理的行为反应，完不成任务受到惩罚这一情境使被试将完成任务作为第一要务来考量，这能够使人们在迫于现实压力的情况下关注如何才能规避损失。当个体面临惩罚时，激发个体行为的动机往往是外在动机，即个体做出某种行为反应仅仅是为了规避惩罚，而非出自真心，这就使得个体对行为反应产生受控制感，个体因此产生更多负面情绪（Falk & Kosfeld，2006），并且惩罚往往营造了敌对气氛（Fehr & Falk，2002；Frey，1993），这种迫使个体做出某种行为表现的外部压力易引起个体的逆反心理，尽管在行为上个体会出于规避惩罚的心理而选择在困境中求助，但表现在态度上则是受惩罚对求助态度具有负向预测作用（张莹莹等，2017）。

③匿名性情境对求助行为的影响

求助匿名性与个体求助行为关系密切（Cleavenger et al.，2007）。有研究表明，情境匿名性程度高，可以有效降低旁观者效应，激发出更多求助行为（刘慧瀛等，2021；王婉，2018），因此，从求助成功率的角度来看，在匿名条件下更容易激发个体的求助行为。根据印象管理理论的观点，个体在人际交往过程中会注意并控制自己的形象表现，以期让交往对象对其形成积极印象。在匿名情境中，个体感知到的匿名程度越高，越不会担心自己的身份被曝光（褚晓伟等，2020），交往双方并不知晓交往对象的具体信息，即便因交往对象的非期待行为而产生对对方的负面印象，也无法将此负面评价与具体的个体相对应，这就在很大程度上降低了个体因行为表现不佳而接收到负面评价的可能性，进而减轻反馈回来的负面评价引起的心理压力和自我威胁感。研究表明，匿名性影响了员工与他人的互动，由于匿名情境可以使员工在不担心负面评价或自尊威胁的情况下分享信息，因此员工对自我认同的危机被有效排除（Baltes et al.，2002；Postmes & Lea，2000；Rains，2005，2007）。鉴于此，在不需要顾及他人评价、自我认同等因素影响的时候，往往更能激发人们的求助意愿（Shapiro，1983）。

但是在日常生活中，求助涉及人与人之间的社交行为。人们在匿名性情境中更愿意寻求必要的帮助，但在面对面交流中，匿名求助情境将被排除（Cleavenger & Munyon，2015），这样一来无疑限制了人们可以选择的求助渠道数量（Daft & Lengel，1986）。此外，即便求助情境是匿名的，但个体如果认为求助信息仍然会被泄露，那么依然不会表现出更多的求助行为（Bacharach et al.，1994）。

在非匿名性情境中，个体是否求助需要考虑诸多方面的因素。一方面，有研究表明，是否有同伴压力与个体的求助行为关系密切，比起不受其他人注意的求助，当个体需要在众多熟悉的人面前求助时会对自尊产生更大的威胁，因此，个体会更多地表现出单独求助，而非当众求助（郑信军，2000b）；另一方面，污名化尤其是公众污名会对个体求助行为产生消极影响，个体往往会出于担心自己因无法独立解决问题而遭到他人非议（如能力不足、依赖他人等），进而倾向不寻求帮助。有研究表明，污名与心理求助态度呈显著负相关，能够负向预测心理求助态度（彭亭亭，郝志红，2020；徐瑞等，2021；张经纬，郝志红，2019；Lueck，2019），因此在污名情境下，人们会慎重作出寻求帮助的决定。

但匿名性的利弊一直是管理者、研究者讨论的焦点。早在汉代时期，汉律就已否定匿名书信的法律效力（赵凯，2009），如今，陌生人之间交往更加普遍，“匿名社会”的出现是对企业信誉形成和维持基础的挑战（张贯一，2009），虽然匿名情境保证了人们的言论自由度（王长潇，2011），但往往也会因责任监管缺失而导致人们的非理性表达和非理性行为，人们在匿名情境中的言行与非匿名情境中的言行往往并不一致（王芳等，2012）。总体而言，虽然匿名情境使人们不必过分担心同样行为在匿名程度低情境中可能招致的非议和打击，但也可能导致非理性表达（如情绪化表达）等负面问题（张文祥，李丹林，2013），那么匿名情境对个体求助而言是否具有双刃剑效应，则仍需进一步论证。

④个人/集体主义情境对求助行为的影响

中国人的思维是整体式的，中国人的自我可分为大我和小我两个部分（王轶楠，刘嘉，2021），这与集体主义文化和价值观密不可分。在组织中，个人竞争和团队合作最为常见，越来越多的组织以团队为单位开展工作（刘蕴等，2016），个人主义/集体主义情境会对个体求助行为产生影响。个人主义情境强调独立完成任务，而集体主义情境强调团队表现和智能协调（Cleavenger et al.，2007；Kiggundu，1981，1983；Van Der Vegt et al.，2000，2001）。在个人主义情境中，个体自我报告和同伴评价的助人行为都会减少，而在集体主义情境中，个体的助人行为会增加（Van Der Vegt & Van De Vliert，2005），因此，为了增加求助成功率，在集体主义这种助人行为增加的情境中，个体往往会选择表现出求助行为。已有的研究也表明，在集体主义情境中，个体求助的水平往往更高（Cleavenger et al.，2007；Cleavenger & Munyon，2015）。

在集体主义这种强调成员间相互支持、协调发展的情境背景下，个体感知到支持的工作氛围，对寻求心理帮助有很大的积极影响（Maekawa et al.，2016），而且在支持求助的氛围下，会激励个体表现出求助行为（李晓东，张炳松，1999；Cleavenger et al.，2007）。集体主义的支持氛围可以理解为一种激励力量，在激励力量的促进下，员工会通过寻求帮助来应对压力源，包括寻求更自主的帮助来应对挑战型压力源，寻求更依赖的帮助来应对阻碍型压力源（Liu et al.，2021）。此外，集体主义情境中，同事的支持与个体求助行为呈显著的正相关关系，能够正向预测个体的求助行为（Arain et al.，2020）；另一方面，主管的情感支持被认为是工作中最有效的支持来源，会激发个体的求助意愿（Berkovich & Eyal，2018），且员工保持对上司尊重也会对自己表现出求助行为具有促进作用（Friedman et al.，2018）。鉴于此，与个体主义情境相比，集体主义情境因强调成员间相互支持、共同发展而更有利于个体求助行为的发生。

与处于集体主义文化相比，处于个人主义文化中的人更重视个人权益（黄丽芹等，2022），更强调人的自主性（Naranjo-Valencia et al.，2011），个人需要被快速知觉（屠兴勇等，2021），个体会表现出有利于自身发展的行为（Hooft & Jong，2009）。在工作中，个人主义文化下人际间联系较弱（Hofstede，2001），人们更重视成就感和个人所得（Hang-yue et al.，2006）。虽然个人主义情境更强调以自我为中心（Singelis et al.，1995），但个人主义情境强调个人目标的实现以及个人竞争力的提升（Kulkarni et al.，2010），因此，个人主义并不排斥以个人为导向的学习与合作（Rupp et al.，2018）。在利益视角下，个人主义强调工作目标是实现个人的利益需求（Jang et al.，2018；Ralston et al.，2014），因此，在个人主义情境中人们会为了自己的成就和地位而不断努力，通过自力更生、艰苦奋斗来实现自己在组织中的价值，体现自己在组织中的重要性（Jang et al.，2018）。就求助方式而言，处于个人主义情境中的个体会比处于集体主义情境中的个体表现出更多的以个人成长为目的的求助，而非完全依赖他人的求助。

⑤帮求双方相似性对求助行为的影响

帮求双方相似性也是影响个体求助行为的重要因素。当施助者的能力水平、知识水平能够为求助者解决问题提供帮助的时候，帮助才是有价值的（Wills & DePaulo，1991）。一个人需要帮助时，会认为比自己更有智慧的人所提供帮助的价值将高于其他人所提供帮助的价值（Nadler et al.，2003），因此，求助者不太倾向于向和自己能力或知识掌握水平相似的人求助。出于对上级可能掌握更多的知识并具有更大能力的考量，员工会选择向上级领导而不是同级同事或下级同事求助（Van Der Rijt et al.，2013），并且当下属选择向上求助时，下属与主管的心理距离和对主管的尊重也是下属选择求助的重要影响因素（Berkovich & Eyal，2018；Friedman et al.，2018）。

但也有研究表明，对求助者而言，他与施助者之间存在消极的社会比较，因此人们从比自己更有智慧和能力的人那里寻求帮助是对自尊的潜在威胁（Nadler & Fisher，1986）。能力相当的人之间是相互吸引还是相互排斥往往与社会比较有关。Nadler（1987）认为，社会比较导致需要帮助的一方回避向与自己相似的个体寻求帮助。社会比较是一个普遍的社会现象（杨勇等，2022），学龄前儿童在人际交往过程中已出现社会比较现象（刘文等，2017）。在交往过程中，个体不仅关注自己获得的绝对收益，还关注自己在群体中所处的相对位置（李国武，2020），人们会在情绪（Chou & Edge，2012）、健康（Haferkamp & Krämer，2011）、能力（姚琳等，2022）等方面进行社会比较以获得对自己真实或理想化定位的认识（Klein，1997）。作为自我提升的重要手段（李彩娜等，2019），社会比较对象的选择很重要（刘得明，龙立荣，2008），人们普遍关注上行社会比较和下行社会比较（韩晓燕，迟毓凯，2012）。虽然下行社会比较能够帮助人们获得自尊和幸福感（吕尚彬，吴星漫，2021），但上行社会比较更为常见（Park & Baek，2018）。个体与比自己优秀的人进行比较，可以促进自我增强，同时也会提升个体的焦虑、抑郁、嫉妒等消极情绪水平（丁倩等，2017；何幸，崔丽莹，2016；刘丽红，2021；王财玉等，2022；Li，2019）。这也是上行社会比较容易产生诸多消极结果的原因。

有研究表明，人们更不愿意向与自己能力水平等方面相似的人求助，其中的重要原因包括帮求双方水平等方面相似会使求助者产生对比压力和能力威胁（Nadler et al.，2003）。但有权力的个体往往会被视为难以接近的（Ji et al.，2015），上级领导作为潜在施助者，他的权力距离倾向往往会是员工考量其是否应向领导寻求帮助的重要因素（李彩云等，2015）。一般来说，权力距离倾向较高的主管更喜欢将他们与下属区分开来，他们专制地领导下级员工（Kirkman et al.，2009），在这种情况下，下属对权力差异更加敏感，在与上级互动时也更加谨慎。寻求帮助可能被认为是缺乏能力的表现（Ashford & Cummings，1983），这导致员工不愿向上级领导求助，因为上级领导往往是负责绩效评估或奖惩的责任人，因此让领导知晓自己能力有限，是对自己职业生涯的不利挑战。这种气氛在某种程度上加强了下属的期望，即他们不会得到主管的有效帮助（Ji et al., 2015）。为了将自己塑造成一个独立且有能力的员工，个体在遇到困难时会克制自己不向知识比自己更丰富的人求助（Ashford & Tsui, 1991）。此外，若员工遇到主管也无法处理的一些棘手问题时，主管可能会认为下属向他们求助是对他们能力和权力的挑战，甚至会让他们感受到自己能力不足而带来的耻辱感（Lee, 2002）。然而，向地位较低的人寻求帮助也是社会代价高昂的。个人会因为向下寻求帮助而失去权力，因为地位较高的人希望他们更有能力、更优越、更独立（Lee, 2002）。出于上述考量，向上或向下求助都是有风险的，因此个人更愿意向平级（即职位等级和自己相似）的人寻求帮助，以减少看起来不称职的风险（Bamberger, 2009）。由此可见，帮求双方能力或职级相似性对个体求助行为的影响是复杂的。

在组织中，既有团队协作，又有个人竞争，而个人在组织中所获得的实质性报酬（如工资）和非实质性报酬（如荣誉）也与个人的工作表现相关联。求助往往使求助者觉得自己不如施助者，并使求助者感到求助即代表能力不足等等，这使求助者在施助者面前“矮了半分”，并且求助所引发的“人情债”也使求助者在施助者面前“矮了一头”。当潜在施助者与求助者在认知、态度和价值观等方面存在相似性时能加深个体间的相互理解。有研究表明，态度、兴趣、价值观和人格等内部相似性能够影响关系的形成、发展和效能，提升交往双方对彼此关系的满意程度，并增加人际吸引以及有能力的一方对弱势一方的帮助和支持（黄飞等，2011；李霞等，2018；佐斌，高倩，2008；Gattis et al., 2004；Madia & Lutz, 2004；Menges, 2016），进而增加求助成功率，激发求助者求助的信心。感知相似性也有利于人们之间建立良好的联系（付森会，晏青，2021），并且相似性效应也指出人们在现实生活中对与己相似的交往对象更加偏爱，进而相似性能增强关系感知并促进人与人的互动（晏青，付森会，2021；Fu et al., 2018），所谓“同声相应，同气相求”，因此价值观、人格的相似性不会抑制个体的求助意愿（Nadler, 1987）。

帮求双方在认知、感受、经历、背景、职业等诸多方面的相似程度会对个体求助行为产生积极影响。相似—吸引理论指出相似性是人际吸引的重要原因，人们会被与自己相似的人吸引，交往双方在态度和信念上的相似程度越高则吸引力越大，高水平的相似性所导致的高水平吸引力会增加交流双方有意义的互动倾向，而个体感知到深层相似性则对发展高质量互动大有裨益，进而导致人们表现出积极的情感反应（崔智淞等，2022；吴娜等，2020；Byrne，1971）。古语有云："物以类聚，人以群分"，这里的"类聚"和"群分"往往强调的是圈内人在认知、态度、价值观等深层次的相似性（李太等，2019）。"道不同不相为谋"也强调了认知、态度、价值观等不同的人很难在一起谋事，而认知、态度、价值观等相同的人则可以进行有效沟通并相互吸引（李锡元等，2017）。与帮求双方认知等相似程度低情境相比，在帮求双方认知等相似程度高情境中是"自己人"与"自己人"在交流沟通，因而能够缓解求助所带来的能力威胁和心理压力。客观的相似性要想发挥作用，离不开其主观感知相似性的转化。有研究强调，感知重叠程度越高，则主观感知到的相似性水平也就越高（张婧，杜明飞，2018），这说明客观相似性与主观相似性感知具有一定的同步性质。在组织中，相似程度高的员工会自动形成内群体，并将相似程度低的员工划分成圈外人（张骁等，2018），对于内群体而言，惺惺相惜和相互吸引能够拉近彼此的心理距离，相似性能促进相互理解（付森会，2020），这种因相似性而激发的相互理解也能够在一定程度上缓解求助所带来的心理压力。

此外，多项研究表明，双方诸多方面的相似性会对共情产生积极影响（邵瑾，樊富珉，2021；Decety & Lamm，2006；Decety & Sommerville，2003；Markin，2011；Nava，2007；Preston & De Waal，2002；Van Boven & Loewenstein，2003），而共情又会对助人行为、利他行为等产生积极影响（衡书鹏等，2020；邱娟等，2020；Pavey et al.，2012；Stocks et al.，2011），因此帮求双方认知、感受、经历等方面的相似性能够积极影响助人行为，而求助者为了增加求助成功的可能性，则会倾向向与自己有相似认知、感受、经历的人寻求帮助。

通过对影响求助行为的前因变量进行总结发现，求助者个人因素和情境因素这两大类前因变量契合了求助行为所包含的三项重要内容：求助者难以独立解决的问题、求助者和施助者这两个互动主体，以及帮求双方所处的情境。而求助者也往往从以上几个方面考虑是否求助以及如何求助。通过上述文献整理发现，虽然已有研究将求助行为区分出多维结构进行考察，但大多数研究仍将求助行为作为二分变量——求助 / 不求助——来加以考量，这往往导致研究对求助行为的认识不够全面，对不同求助方式，或者说对不同求助类型的分析也不够深入。并且纵观求助行为前因变量，研究多忽视了本土文化对个体求助行为的重要作用。

1.1.3.2　组织中求助行为的作用

（1）求助行为对成绩（绩效）的作用

学业成绩与个体的求助行为关系密切（陈鹃娟，周莹，2020；程翠萍，黄希庭，2021）。有针对学生群体的调研表明，与学业低分组的学生相比，学业高分组的学生表现出更多的工具性求助行为，更少的执行性求助行为及回避性求助行为（董好叶，金光华，2007），即学业高分组的学生倾向表现出适应性求助行为，学业低分组的学生倾向表现出非适应性求助行为，但调查结果显示，回避求助与学业成绩不相关（皇甫倩，王后雄，2014）。

另一项研究表明，若员工将职业角色的理想形象内化，他们会为保持这一理想形象而不惜牺牲自己的需要，因而阻碍他们表现出寻求帮助的行为（Putnik et al.，2010）。此外，也有研究表明，求助行为会对员工绩效产生影响。Nadler 等（2003）的研究表明，求助与员工绩效呈曲线相关，如果员工能够适度求助，那么其绩效水平较高；如果员工求助过多或过少，其绩效水平反而会降低。因此，求助和成绩（或绩效）之间的关系较为复杂，要明确二者之间的因果关系，还需进行深入的研究。

（2）求助行为对心理健康的作用

心理健康水平也与个体求助行为关系密切（廖文娜，2019；Sage et al.，2016）。一方面，心理健康水平高的个体倾向寻求必要的帮助。有研究者通过调研得出结论，心理健康水平对求助行为起正向预测作用（刘凤娥等，2021）。也有研究表明，抑郁水平越高，个体求助意愿越弱（黄传浩等，2021），并且，没有表现出求助行为的个体更有可能出现严重的心理困扰（Yamauchi et al.，2020）。此外，相关研究表明，健康素养水平与个体的求助意愿及态度呈正相关关系（郭淑芬等，2017；徐瑞等，2021）。

另一方面，求助行为对心理健康也有积极作用，主要表现在求助行为能够通过缓解压力，进而提升幸福感来对个体心理健康产生作用。首先，求助可以帮助个体将注意中心从自身困境转移到有效的问题解决上面，并且，困境所带来的压力随着问题的逐步解决得以缓解（Heaney et al.，1995）。其次，求助行为可以增加个体解决问题的自我效能感和控制感，对自己获得帮助，即得到他人支持充满信心，进而缓解现实情况带来的压力（Bamberger，2009），而缓解压力往往有助于幸福感的提升（姜晓文等，2018；朱海等，2022）。有研究表明，求助能够正向预测主观幸福感（潘玉进，2008；邱秀芳，2009；任杰等，2010），使得以幸福感为本质特征的心理健康（俞国良，2022）水平也得到提升。

综上所述，从以往的研究中可以看出，必要的求助对个体有益，如提高绩效，提高心理健康水平等。求助者个人因素和情境因素等多方面因素都对求助行为有重要影响，这使得求助行为的表现具有复杂性，求助者需要考虑自身内在特征和外在环境等多方面因素的作用。求助者如果感受到求助行为将带来高水平自我威胁感，则不倾向于寻求必要帮助，反之则倾向于求助。此外，在实际研究中，不少研究者已意识到求助行为表现的复杂性，如摒弃求助/不求助二分法，将求助行为区分出工具性求助、执行性求助和回避求助，再具体考察不同求助行为的影响因素，但在大多数实证研究中，求助/不求助二分法仍然是众多求助行为研究中主要使用的求助行为区分方式。

1.2 面子需要的概念与测量

1.2.1 面子需要的概念和分类

1.2.1.1 脸和面子的概念

在民俗文化中，有相当数量的俗语、谚语、歇后语等对“面子”进行描述，例如，“打狗要看主人面”“佛要金装，人要衣装”等，这说明“面子”自古以来都是中国人无法回避的话题，千年来以其潜移默化的作用影响着国人的行为举止。“脸面”是中国国民性的一个重要特征，在传统社会，“脸”与“面”并无根本含义的区别，二者经常可以互换使用，得了脸往往意味着有面子，而丢了面子在一定程度上也代表着丢了脸。随着内在道德与外在伦理之间的冲突被重视，对“脸”与“面”之间区别的探讨也逐渐成为领域内的热门话题。

“脸”可以被看作是个体（或群体）为了迎合其社会圈所认同的行为标准表现出的符合其所处社会圈期待的形象，而“面子”可以被看作是具有某种形象的个体（或群体）基于他者的正负面评价而形成的自我感受和认定（翟学伟，2012）。其中，“脸”更多地和个体的道德品质有关，而“面子”则更多地同由财富、成功、权力所代表的个体社会地位相关（Hu，1944；Lee & Sparks，2007）。当个体行为不符合道德准则时往往会导致其产生羞耻情绪（梁静，张耀华，2020），而社会地位往往与权威相联系（王琴，2018），因此，“丢脸”往往会产生羞耻感，而失去面子往往相当于失去威信（Kwek et al.，2019）。面子更多地同社会互动相联系，因此，面子虽然看不见也摸不着，但往往具有磋商性质（Ting–Toomey & Kurogi，1998），人们可以利用约定俗成又独具特色的潜在社会规则，如人情往来、互利互惠等来获得面子、保护面子、借面子或者给面子，等等（Ting–Toomey & Kurogi，1998）。

1.2.1.2　面子需要的概念

“面子需要”实际是一种赞誉需要，它是在社会互动中形成的后天习得性需要，反映的是个体对于社会赞许的渴望或是其赋予社会赞许的价值（陈之昭，2006；Stewart，2008）。有学者将“面子需要”看作是人格变量（赵卓嘉，宝贡敏，2010），它通常会在一段较长的时间内呈现相对稳定的特征。

有学者指出“面子需要”应包含以下三方面内涵：第一，面子需要是一种相对稳定的个体性格要素，反映了个体在与他人互动的过程中，对增进、维护面子以及防止丢面子的渴望；第二，面子需要可以通过个体感知面子的重要性，个体对特定面子事件的反应或相应的行为来预测；第三，面子需要具有显著的动机特征，不同的面子需要在后续的认知、行为反应过程中发挥着不同的作用（宝贡敏，赵卓嘉，2009）。

1.2.1.3　面子需要的分类

Ho（1976）在分析面子概念时，重点分析了“挣面子”和“护面子”，认为个体未必具有高水平的挣面子需要，但往往具有高水平的护面子需要。

陈之昭（2006）将面子需要划分为“爱面子”和“薄面皮”两个维度，用以指代个体对正性面子事件感到有面子的程度和对负性面子事件感到丢面子的程度。与“爱面子”和“薄面皮”相对应，Chou（1996）区分出获取性面子倾向和保护性面子倾向两种面子倾向，这是由面子需要引申出的行为倾向（赵卓嘉，宝贡敏，2010），也分别对应了挣面子需要和护面子需要。

Brown 和 Levinson（1987）将面子需要看作是自我形象需要，并在此基础上认为面子需要包括消极面子需要和积极面子需要，前者主要指个体对不受外界干涉的行动自由的渴望，后者主要指个体对他人赞许和认同的渴望。

金耀基（2006）认为面子包括社会性面子和道德性面子，其中道德性面子与“脸”概念相对应。

宝贡敏和赵卓嘉（2009）认为面子需要包括能力性面子需要（对应能力）、关系性面子需要（对应人际关系）和道德性面子需要（对应道德），其中，道德性面子需要与“脸”概念相对应。进一步地，施卓敏等（2012）区分出能力型面子需要、关系型面子需要、道德型面子需要和地位型面子需要四类面子需要。

此外，为便于对面子需要类型进行量化操作，以便更清晰地揭示不同面子需要类型对认知、态度、行为等方面的作用，亦有研究在问卷统计的基础上，以大于/小于中位数为原则或者通过 K-Means 法划分出双高组、高挣面子组、高护面子组和双低组（梁凤华，段锦云，2018；王轶楠，杨中芳，2007），亦有研究采用大于/小于中位数的原则将面子需要划分为高面子需要组和低面子需要组（李锡元等，2014；陶厚永等，2019）。

综上分析，大多研究者认为面子需要是多维结构的，包括挣面子需要和护面子需要两个方面，挣面子需要是个体增加或获得面子的需要，而护面子需要是个体避免面子受损的需要（张正林，庄贵军，2008；Chou，1996；Ho，1976；Zhang et al.，2011）。根据挣面子需要和护面子需要水平的高低，面子需要可进一步区分出双高类型（挣面子和护面子水平均高）、高挣面子类型（挣面子需要水平高且护面子需要水平低）、高护面子类型（挣面子需要水平低且护面子需要水平高）和双低类型（挣面子需要和护面子需要水平均低）。其中，双高类型个体既有获取他人重视、赞赏的需要，也有掩饰自我缺失、避免面子受损的需要，表现为一面锐意进取，一面维护虚面子；高挣面子类型个体只有获取他人重视、赞赏的需要，但无掩饰自我缺失、避免面子受损的需要，不维护虚面子；高护面子类型个体只有掩饰自我缺失、避免面子受损的需要，但无获取他人重视、赞赏的需要，表现为只维护虚面子，畏手畏脚，谨小慎微；双低类型个体既无获取他人重视、赞赏的需要，也无掩饰自我缺失、避免面子受损的需要。

1.2.2 面子需要的测量

1.2.2.1 自我报告的测量方式

面子需要是一种被试特征变量（李锡元等，2014），一般采用自我报告的测量方式进行测量，在以往的研究中，除了面子需要量表被用来作为面子需要自我报告测量的工具外，面子意识量表也常被用来测量面子需要水平。

Bao 等（2003）编制的消费者面子意识量表包含四个项目，受试者被要求在 7 分制的评分表上（1 分强烈同意，7 分强烈不同意）表示他们对诸如“其他人喜欢我所购买的产品和品牌很重要”这样的陈述的同意程度，然后对量表进行反向编码，得分越高意味着消费者的面子意识越强。

除单维度量表外，研究者们也编制了多维度量表。陈之昭（2006）编制了适用于大学生的面子需要量表，包含 40 道题目，其中负性面子事件 18 道题目，对应薄面皮维度；正性面子事件 22 道题目，对应爱面子维度。量表认为，面子需要水平高的个体，对正性面子事件会觉得更光彩，对负性面子事件会觉得丢面子；而面子需要水平低的人，对正负性面子事件的得失感受较弱或没有。量表采用李克特五点计分（对于正性面子事件：1 = 谈不上面子，5 = 极端有面子；对于负性面子事件：1 = 不在乎，5 = 极为难堪），题目如“家教时，突然被学生问倒”。

Chou（1996）编制了面子倾向量表，包含 50 道题目，分为保护性面子倾向和获取性面子倾向两个维度，量表采用李克特六点计分（1 = 非常不同意，6 = 非常同意），题目如“我避免做让人不高兴的事，即使因而委屈了自己”。

Zhang 等（2011）编制的社会面子意识量表也被作为面子需要的测量工具。该量表包含 11 道题目，分想要面子和怕掉面子两个维度，采用李克特七点计分（非常同意—非常不同意），两个因子累积解释方差为 43.46%，题目如“我希望我可以谈论大多数人不知道的事”。

宝贡敏和赵卓嘉（2009）编制了包含 35 道题目的三维度面子需要量表，其中维度一为能力性面子需要，包含 20 道题目，维度二为关系性面子需要，包含 7 道题目，维度三为道德性面子需要，包含 8 道题目。量表采用李克特五点计分（1 = 完全没有影响，5 = 影响极大），用以调查所描述的事件 / 情境对个体面子的大小 / 得失可能造成的影响，题目如“能办到别人办不到的事”。三因子累积解释方差低于 50%。

施卓敏等（2013）编制了面子消费需要量表，总共 16 道题目，采用李克特五点计分（1 = 不觉得有面子，5 = 极为有面子），包含三个因子：经济能力因子、消费知识因子和社交关系因子，该量表编制的目的是对广义面子需要构念的进一步细化和聚焦。

施卓敏等（2012）以大学生为研究对象，编制了面子需要量表，包含 17 道题目，共有道德型面子需要、能力型面子需要、地位型面子需要和关系型面子需要四个维度，采用李克特五点计分来描述个体对负性面子事件的难堪程度，题目如“学习成绩差”。

王啸天等（2019）编制了中国背景下的员工面子观量表，包含 15 道题目，共有维护他人面子（7 道题目）、维护自己面子（5 道题目）和想要获得面子（3 道题目）三个维度，采用李克特五点计分（1 = 从不，5 = 总是），题目如“我希望我的上级 / 同事能够认同我的能力，并公开赞赏我”，三因子累积解释方差为 51.76%。

一般地，针对面子需要自我报告式测量的工具经过了由一维到多维的发展，目前应用较多的是多维的面子需要量表，这得以对面子需要进行全面的考察，但大多数量表都只适用于一般情境，专门适用于组织中员工面子需要的量表则比较少见，而将以大学生或消费者等为调查对象编制的面子需要问卷用以测量员工面子需要亦有不妥。且目前应用广泛的相关量表还普遍存在题目数量多、各维度题目分布不均、累积解释方差较低等问题。

1.2.2.2 行为观察的测量方式

有研究者从情境创设的视角出发，在实验条件下通过考察被试对可能引发其难堪、尴尬等负面情绪的事件的反应来进一步考察被试面子需要的强度，例如，在 Brown（1968，1970）的一系列研究中，面子需要是由被试在实验中的尴尬情境下选择放弃有形酬劳（如金钱）的行为来测量的，在人际间讨价还价的游戏中，被试遭到对手打压，然后被试获得了报复对手的机会，但为了实现这一目的，被试须牺牲一大笔金钱，面子需要通过被试为了报复而准备放弃的金钱数量来衡量；在另一个背景下，考察被试为了避免古怪行为（如在公共场合吮吸奶嘴）而准备放弃的金钱数量来衡量被试保全面子需要的强度。这种实验条件下一般将面子需要作为单一维度进行考察（宝贡敏，赵卓嘉，2009），因此就面子需要的考察缺乏全面性。

1.2.3　组织中的面子需要研究进展

1.2.3.1　面子需要是高层次需要

在人们的理性层次中，生存理性可以看作是最基础的层次（文军，2001），这种理性要求人们在生存压力面前，本着安全第一的伦理原则（Scott，1976），首先考虑的是生存问题，而非追求行为所带来的价值。很明显，生存理性所指导的行为也因带有明确的目的性（即生存安全最大化）而具有理性性质（刘成斌，2007；郑宇，曾静，2015），属于出于生存本能的理性选择行为（方平，周立，2018），是以维持生存为目的做出的非最差选择（高崇，2005；黄平，1996）。因此，当生存压力过大时，一般情况下人们会本能地优先考虑解决生存问题，而非考虑更高层次的理性选择。

面子是个体对追求理想人格与完善社会自我的主观要求的反映（陈虎强，1999），无论是人们渴望挣得面子还是渴望保护面子，都是伴随自我意识发展而出现的成长性需要，属于高层次需要的内容。而诸如生存需要等基本需要则被归属于低层次需要。一般地，生存需要几乎作用于所有人的生活之中（胡家祥，2015），而当低层次需要得到满足之后，人们才更倾向于追求高层次的需要（汪亚飞等，2021），并且对于组织而言也是经由生存需要到自我实现需要这种由低层次需要的满足逐步上升到高层次需要的满足（王利，曲涵毓，2014）。因此，当低层次需要受到威胁时，人们往往无暇顾及高层次需要，当问题解决成为第一且唯一目标时，人们往往会遵循生存理性原则而无暇顾及面子需要（陈柏峰，郭俊霞，2007；杜姣，2015）。

1.2.3.2　面子需要和个人特征层面因素的关系

（1）面子需要和创造力的关系

有关面子需要和创造力之间的关系目前研究并未得到一致的结论。有研究表明，认可面子逻辑的个体往往会遵循社会规范并努力使自己的行为方式符合其社会角色（Choi & Lee，2002；Hwang et al.，2003），他们更注重保护自己和他人的面子（Cocroft & Ting-Toomey，1994），往往具有强烈的被社会接受的需要，因而更加注重外界对他们的看法，也更愿意顺应和采纳对方的观点（Liu et al.，2012）。但顺应和采纳他人观点并不利于个体产生新想法，也不利于个体以不同的或者独特的方式进行思考（Kim et al.，2013），因为个体想要富有创造力往往需要挑战多数人的观点（Oldham & Cummings，1997），并创造性地处理这种挑战所引发的冲突和分歧（Janssen，2003）。研究表明，对自身社会形象十分在意、害怕外界负面评价的个体往往不愿意参与创新（Camacho & Paulus，1995；Miron-Spektor et al.，2015；Yuan & Woodman，2010）。

但也有研究表明，员工对挣面子或得到面子的渴望会引发能力面子压力（马蓓等，2018），这种能力面子压力和员工创造力显著正相关，对员工创造力起到正向预测作用（常涛等，2014；李召敏，赵曙明，2018）。此外，Lim（1994）认为面子包括能力面子、自主面子和交情面子三个方面，其中自主面子反应的是个体不想被压迫的需要。有研究表明，自主面子压力对员工创造力起到负向预测作用（常涛等，2014）。总体上，面子需要对创造力的影响是复杂的，之所以会得到不一致的结论，原因在于面子需要包含不同的结构，每个结构对创造力的影响效果不同。这就需要后续在考察面子需要的过程中充分考察面子需要不同结构的作用，以期对面子需要的研究更加全面。

（2）面子需要和脸的关系

"脸"是个体为了迎合某一社会圈认同的形象经过印象整饰后表现出来的认同性的心理和行为（翟学伟，2004）。面子需要和脸面联系紧密，丢脸的事常常伴随着丢面子，丢面子的事也可能让人觉得丢脸（李富强，2019）。在中国的语境体系中，脸和面子在很多时候可以混用，得脸并非只因为个体遵守道德约束，而丢脸也并非只因为个体做了违背道德的事，在很多时候，将面子和脸混用时，"脸"常用来指代"面子"。

在日常口语表述中，虽然脸和面子在很多情况下含义等同，但脸面分离的现象使得对脸和面子进行区分更加有意义。与君子人格相对应的表里如一，既有脸又有面子的情况是很少见的，虽然"金玉其外，败絮其中"一直受到仁人志士的强烈抨击，但古语也云"金无足赤，人无完人""人非圣贤，孰能无过"，因此，犯错似乎是一种正常现象，更容易被理解和接受，只要"有过改之”就好。这时脸与面子的关系可以被比喻为实与名的关系（成中英，2006；李富强，2019），“名副其实”还是“名不副实”使得日常生活中出现了脸面分离的情况，追求面子而不要脸的情况与耻所指代的不同方面紧密相连。耻是脸面的基础，丢脸往往会导致羞耻（Kwek et al.，2019），而一个人因为知耻，所以要面子（翟学伟，2016a）。但对于面子需要强烈的人，他会在本以为能得到面子的情况下，因为没有得到面子而感到耻辱（翟学伟，2016a），此时的耻则具有了除道德意义上的耻以外的非道德化取向。总体而言，脸对应面对自我的道德性的耻，而面子对应面对他者的社会性的耻（李富强，2019），这就能很好地解释一个人希望自己有面子而做出了违背道德的事这一“脸面分离”的现象，如果说“脸”是基于个体对道德品质的判断，那么“面子”则更大程度上是基于个体对社会表现的非道德方面的判断。当一个人的行为违反了道德权威设定的界限或限制时，他就丢了脸，会感受到道德性的耻。而当一个人的社会表现受到他人非议时，他就失去了面子，会感受到社会性的耻。

另外，在情绪方面，个体失了面子伴随挫败感，从而导致尴尬（Huang，1987）。而个体失了脸更多地会感到愤怒（Kam & Bond，2008；Li & Su，2007），这说明，相较于失了面子，一个人失了脸往往会产生更强烈的负面情绪，因此指责一个人“不要脸”是比指责其“不要面子”严重得多的责骂之词。

（3）面子需要和自尊的关系

自尊代表了个体对自己的认可、重视、欣赏和喜欢（Abdollahi & Abu Talib，2016），面子需要代表了个体对获得他人赞许的渴望，二者都涉及个体对自我价值的确认，并且根据社会计量模型，自尊在本质上是衡量社交关系的标准（张亚利等，2019），而面子需要也往往体现于同他人交往的过程中，因此自尊与面子需要关系密切。更有研究者认为，针对目前面子研究中研究者们各执一词的现状，从自尊的角度建构面子理论模型是解决这一问题的有效路径（王轶楠，杨中芳，2005）。

陈虎强（1999）指出，个体强烈的面子需要代表了个体对他人尊重自己的渴望，体现了个体对自尊的需要，个体对他人面子的伤害实质上是伤害了他人的自尊，而个体渴望维护自身面子也可以理解为个体对自身尊严的维护。面子需要代表了个体在社会交往过程中对正向社会自我价值的渴望（Goffman，

1955)，体现的是个体期望呈现出的自我（赵卓嘉，2013a），个体通过确认自我价值使得自尊水平得以提升（Goffman，1955），个体的自尊需要和面子需要都体现了个体对积极自我意向的偏爱（王轶楠，杨中芳，2005）。

虽然个体的面子需要和自尊都反映了个体对积极评价的追求（Heine et al.，1999），但个体对面子的渴望和高水平自尊又不能完全等同。个体追求自尊的过程中可以通过一些维持自尊的策略抵消掉与自身相关的消极信息的影响，但个体能否维持面子的权力更大程度上掌握在他人手里（王轶楠，2005）。这就要求面子需要水平高的个体通过印象整饰等手段来博得他人的赞许和认可，以期满足自己的面子需要（李鹏飞，2001）。从这方面看，追求他人认可还是自我认可似乎是面子需要和自尊相区别的原因（Chou，1996）。但王轶楠（2005）认为面子与自尊的不同之处并不在于评价者是自我还是他人，前文提到自尊在本质上是衡量社交关系的标准（张亚利等，2019），个体获得自尊需要的满足也需要以同他人互动为条件（姜彩芬，2009），自尊的评价者也包含他人（MacDonald et al.，2003）。总体上，国人对面子的渴望与西方人对自尊的强调同样重要，面子需要与自尊所产生的文化根源不同，看重自尊的西方文化更强调个人中心，而看重面子的东方文化则更强调情境中心，国人对面子的渴望比自尊承载了更多社会学方面的价值（王轶楠，2006）。

（4）面子需要和幸福感的关系

Brown 和 Levinson（1987）认为面子需要包括积极面子需要和消极面子需要两个结构，其中积极的面子需要强调个人对他人认可和欣赏的渴望，以及对别人认为他们可爱的渴望，消极的面子需要强调个人对不受约束的渴望。有研究表明，积极面子需要水平高的个体特别希望得到他人认可和欣赏，害怕他人负面评价使其总体幸福感得分较低（Willer & Soliz，2010）；也有研究表明，个体若害怕丢失脸面，则在人际交往中觉察到自身面子可能受损时易体验到难堪等负面情绪（Kim & Nam，1998），进而出现维护自身面子的行为（Ting-Toomey & Kurogi，1998），这就使得面子意识强的个体的人际关系满意度较低（梁凤华，段锦云，2018），而较低水平的人际关系满意度往往会导致较低水平的主观幸福感（刘会驰，吴明霞，2011）。总体上，以往的研究表明，面子需要水平越高的个体其幸福感水平越低。

1.2.3.3　面子需要和人际互动层面因素的关系

（1）面子需要和人际因素的关系

①面子需要和人际冲突的关系

面子需要通常代表了个体渴望被他人认可，在人际互动过程中发挥了重要作用，对个体的沟通交流也具有一定的促进作用。在中国文化背景下，面子需要在交际者话语建构中起着核心作用，因此个体会出于保护面子的目的避免或减少社会交流中的人际摩擦。面子威胁在人际交流中是不可避免的。个体出于保护面子的需要，参与到人际交流中的个体在处理面子管理问题时，会以不同的方式调整他们的言语和非语言行为，以保护自己的面子，并维护他人的面子。而人际互动的本质在于个体在表露自己的想法和感受的同时去理解他人（谭成慧等，2020）。这样来看，面子需要在人际互动的过程中具有潜移默化的促进作用。

在中国文化背景下，冲突往往被理解成一种面子事件，人们在冲突中感受到的威胁也往往被认为是对自己或他人面子上的威胁（赵卓嘉，宝贡敏，2011；Brew & Cairns，2004；Ting-Toomey，2005；Ting-Toomey & Kurogi，1998）。研究者普遍认为组织中的冲突包括任务冲突和关系冲突（De Dreu & Weingart，2003），但即便是任务冲突也被认为会对卷入冲突的双方的面子构成一定威胁（赵卓嘉，宝贡敏，2011）。在以往研究中一般认为个体在解决冲突过程中所表现出来的行为往往出于保护面子的需要，但这种观点忽略了个体为了得到面子所采取的主动追求（赵卓嘉，2013b）。根据社会交换理论，当面临冲突情境时，个体会衡量付出与回报之间的关系，而面子的作用则体现在个体倾向付出一定的代价来换取他人的赞许或认同（陈之昭，2006；朱瑞玲，1987）。冲突的处理模式包括：竞争（更多关注自己）、顺从（更多关注对方）、协作（既关注自己又关注对方）、回避（保留意见，回避冲突）和折中（适当让步换取对方认可）五种（Thomas，1992）。个体处于冲突情境时，既可以通过竞争来获得能力型面子，也可以通过服从来获取关系型面子，还可以通过回避来保护自己和对方的面子，或者通过协作或者折中这种磋商策略来既保护自己的面子，又让对方不至于丢面子。

中国人的行事风格素以谨慎为重（Brew & Cairns，2004；Onishi & Bliss，2006）。以和为贵的思想使得人们在面对冲突情境时会注意维护和谐的人际关系（Leung et al.，2002；Lim，2009；Ting-Toomey & Kurogi，1998），进而会采取协作、回避等方式以平息冲突（Onishi & Bliss，2006；Park & Guan，2009）。但为了维护自身形象，避免对方认为自己能力不足，个体又会尽力表现自己，以使对方形成对自己的正面认知（朱瑞玲，1987）。因此，在冲突情境下，除协作和回避等冲突处理方式外，国人也可能会表现出不妥协、不退让的态度（Brew & Cairns，2004）。总体上，对于有较高水平面子需要的个体而言，如果其感受到自己在能力方面受到面子威胁，则倾向通过竞争的方式来处理冲突；如果其感受到自己在关系方面受到面子威胁，则倾向通过协作的方式来处理冲突；如果其感受到自己在品德方面受到面子威胁，则倾向通过顺从的方式来处理冲突（赵卓嘉，2009）。

有研究发现，冲突双方的职位等级对解决冲突方式的选择有重要作用（白新文，黄明权，2019），当冲突双方之间的职位等级不同时，面子需要对解决冲突方式的选择也是不同的。具体而言，当冲突对象为上级领导时，个体若感知到自己的能力面子、关系面子或者道德面子受到威胁，其更倾向于选择顺从的方式应对冲突。当冲突对象为平级同事时，个体若感知到自己的能力面子受到威胁，其更倾向于选择竞争的方式应对冲突；个体若感知到自己的关系面子或道德面子受到威胁，则更倾向于选择顺从的方式应对冲突。当冲突对象为下属时，个体若感知到自己的能力面子或关系面子受到威胁，其更倾向于选择竞争的方式应对冲突；个体若感知到自己的道德面子受到威胁，则更倾向于选择竞争或顺从的方式应对冲突（王潇，李文辉，2019）。由此可见，对面子需要和冲突之间关系的探究需要考察人际变量的共同作用。

②面子需要和领导管理因素的关系

领导辱虐管理对员工的影响是近年来有关组织行为中“领导行为阴暗面”领域的热点研究内容（杨洁等，2022）。在中国尊卑等级文化的影响下，权力距离所导致的服从为领导辱虐管理提供了条件（申传刚等，2020）。社会环境因素是个体面子感知的重要影响因素（朱瑞玲，1987），其中外界的反馈性评价对个体感知面子压力起到了关键性作用（马蓓等，2018）。在组织环境中，虽然领导辱虐管理的目的是纠正下属的工作偏差（马君，张锐，2021），但员工遭受辱虐管理的前提往往是其欠佳的工作表现（Tepper et al.，2011），因此辱虐管理向员工传递的信号包含了对员工能力不足的指控，这导致员工会对自己升职加薪的可能性以及现有地位是否会受到威胁等方面产生担忧（刘燕君等，2021），并且领导的负面反馈或评价会使员工产生挫败感，自尊心受到伤害（吴隆增等，2009），进而会使面子需要水平高的员工感受到强烈的能力面子威胁，这种丢面子风险包括个体对维护自身地位和形象方面的忧虑（朱瑞玲，1987），辱虐管理和能力面子压力呈显著正相关（杨洁等，2022）。

领导承诺升级是指当领导最初的决策未达到预期效果或面临失败时，领导很难做出客观决策，而是竭力保持决策和行为的前后一致性，表现出继续追加投资等非理性行为（刘珈琪，刘继才，2021；陶厚永等，2019；Wong et al.，2006），这种行为与个体的面子需要密切相关（刘继才等，2019）。根据前景理论的观点，决策者在决策情境中会在心理上进行收益或损失的权衡，当面对收益时，决策者的决策会趋于保守以保存收益。而当面对损失时，决策者的决策会趋于冒险以迎接挑战（Tversky & Wakker，1995），此时决策者容易将负面反馈作为机遇和挑战，进行追加投资来挽回损失，以证明先前决策正确性，进而表现出承诺升级（Markus & Kitayama，1991）。这一过程中，高面子需要的领导更希望通过展现自身能力来获得外界认可，而负面反馈公之于众是对其能力面子的严重挑战（Markus & Kitayama，1991），因此高面子需要领导更倾向于维持原先决策，通过继续投资来试图扭转损失以避免丢面子（陶厚永等，2019）。此外，重视人际关系的领导在决策获得负面反馈时，会认为承认先前决策失败则会影响到其与股东间的关系，使其关系面子受到威胁，因而其往往倾向于通过承诺升级来扭转亏损局面（冯栋等，2011）。

③面子需要和个人 / 集体主义情境的关系

面子建构理论认为面子涉及对“自我”概念的建构和“自我”形象的建构，对面子的分析离不开个人框架、集体框架和关系框架，而个人 / 集体主义是文化心理学中应用最广、影响最大的文化维度（黄梓航等，2018；Greenfield，2009；Oyserman et al.，2002）。其中，个人主义更强调个体之间的独立性，而集体主义则更强调人与人之间的互依性（Grossmann & Na，2014）。个人 / 集体主义的自我构念是影响面子最主要的文化机制，面子需要差异的本质是个人主义和集体主义文化思想上的差异（Cardon，2005；Ting-Toomey & Kurogi，1998）。当意识到自己很难获得现有集体认可的情况下，个体倾向表现出消极回避的行为，并且当处于集体主义情境中时，相互依赖的信念会促使个体更加在意他者对自己的评价和反馈（马蓓等，2018；王永丽，时勘，2003），因而在集体主义情境中个体往往更在意面子，更倾向避免丢面子（Ho，1991；Zane & Yeh，2002），这使得在集体情境中，人们的护面子需要更容易被唤醒。在国内，传统价值观和现代价值观可以在同一个体身上共存，甚至相互促进（杨国枢等，1991），诸如个人主义和集体主义等文化也可以在不同情境下激活（Novin & Oyserman，2016；Oyserman，2017）。集体主义情境往往更能激发人们对集体目标的关注（徐江等，2016）。在中国传统文化中，“为家族争光”“为集体争光”的思想根深蒂固，一个人的成败往往与他人的成败相关，表现出社会网络化特征（翟学伟，2021a，2021b），所谓“一荣俱荣，一损俱损”，这就使得大多数员工在集体主义情境中更在意行为结果，既包括团队成员的行为结果，也包括自己作为团队一员的行为结果。在强调互依性的集体主义情境中，团队合作、人际和谐被强调（时勘等，2015），体现的是“大我”和为集体争光的价值观（赵卓嘉，2017），个体表现出的是更具包容性的自己（杨中芳，1999），此时顺利完成任务、不拖团队后腿成为个体的主要目标。心理—社会均衡理论认为西方社会中占优势的基本人际状态是“个人”，但东方国家不强调“个人”这种基本人际状态，“个人”也并不占据优势地位（尚会鹏，2006）。就国内而言，集体主义和“大我”意识在文化的作用下显得尤为重要。其中，“大我”是指个人对于周围社会乃至整个人类的关心（许烺光，2005），这说明在集体主义情境中人们重视团队结果，会注意避免因为自身原因导致集体中其他人蒙受损失。

个人主义更强调人们保持能动性以及自己与他人的独立性（阿不来提江等，2015；Markus & Kitayama，1991），体现的是人们对独特性的追求（Taras et al.，2012），更强调人们通过踏实努力来获取地位、成就、荣誉等，而奋斗是一个缓慢的过程，这就使人们在个人主义情境中更关注延迟目标而非即时目标，更愿意延迟满足（Triandis，1971），与挣面子正相关（Hwang et al.，2003）。与集体主义情境相比，个人主义情境下更不强调人与人之间的依赖关系，因此处于个人主义情境中的个体往往不需要通过他人评价来定义自身价值。

（2）面子需要和主动行为的关系

①面子需要和知识共享的关系

在中国文化背景下，人们对得到面子和不丢面子的渴望会产生相应的行为动机（孙瑾，2014；Liao & Wang，2009），由于知识共享本质上属于利他行为，人们可以通过知识共享行为获得他人的尊重和认可（段光等，2018）。但有关面子需要和知识共享之间的关系并未得到一致的结论，有研究者认为面子需要会抑制个体知识共享意愿和热情（Chow et al.，2000；Hutchings & Michailova，2006；Tong & Mitra，2009），但也有研究者认为知识共享可以使个体获得荣誉等与面子相关的收益，进而使得面子需要水平高的个体更倾向表现出知识共享行为（Shin et al.，2007；Voelpel & Han，2005）。

有研究者认为，知识共享可以分为知识贡献和知识获取，面子需要水平高的个体因渴望获得他人赞许而较多地进行知识贡献，但因害怕向他人暴露自身不足而较少进行知识获取（金辉，段光等，2019）。此外，也有研究者意识到面子需要的复杂性，其不同结构会对知识共享具有不同的作用。大多数研究者考察了挣面子需要和护面子需要对知识共享的作用，较为一致地认为挣面子需要能够激发个体的知识共享意愿和行为，而护面子需要能够抑制个体的知识共享意愿和行为（胡士强等，2010；黄彦婷等，2013；王国保，2014；Huang et al.，2008）。赵卓嘉和宝贡敏（2010）将面子需要区分出能力型面子需要、关系型面子需要和道德型面子需要，并且能力型面子需要和关系型面子需要均能够激发个体表现出知识共享的行为。

②面子需要和建言行为的关系

人们对面子的追求体现了个体确认自我价值和公众自我觉知的需要（赵卓嘉，2013a），在确认自我价值方面，个体会重点关注自身特征和内心感受，这使得面子具有一定的激励作用，个体往往会因为想要获得面子而表现出超越社会期望的行为以赢得他人的赞许（段光等，2018）；而在公众自我觉知方面，个体往往会因为害怕招致他人非议而使面子具有一定的抑制作用，个体会因为害怕丢面子而格外关注自己的行为是否会有使自身形象受损，而通常个体对丢面子的关注要大于对获得面子的关注（梁凤华，段锦云，2018）。因此，个体的面子需要往往包括渴望通过超越社会期待的表现而获得面子，也包括害怕不适宜的表现而丢面子（何友晖，2006a，2006b），即体现于想要面子和怕丢面子两个方面（张敏，2013；Zhang et al.，2011）。

建言行为包括促进性建言和抑制性建言两个方面（Liang，& Farh，2012），与此相对应的是在组织中的沉默行为（Pinder & Harlos，2001）。而中国员工在组织中选择建言还是保持沉默往往受到文化因素的影响（陈文平等，2013）。就面子需要而言，个体对获得面子的渴望往往会促使其表现出主动行为（王啸天等，2019），基于资源保存理论（Hobfoll，1989），想要获得面子的个体倾向通过主动行为来获取资源，其中建言行为可以使建言者通过提出有效建议而塑造积极的自我形象，进而通过给他人留下良好印象或说服他人而获得资源（Thomas & Feldman，2012）。以往的研究也表明，员工想要获得面子对促进性建言和抑制性建言均有促进作用（杨秋红，2016），但也有研究只验证了想要获得面子对促进性建言的促进作用（陈文平，2013；王啸天等，2019）。

资源保存理论强调个体对已有资源的保护需求要大于对新资源的获取需求，人们往往会优先考虑资源保护而非资源获取（Hobfoll et al.，2003），而建言行为本质上是一种具有人际风险性的行为（Detert & Burris，2007），个体如果建言成功，则有增加面子的可能性，但如果建言不成熟则会暴露出建言者的无知和能力不足，且建言还有威胁他人声誉的潜在风险（王丽萍，曾祥龙，2020），因此不恰当的建言会威胁到建言者的个人形象和人际关系。在“出头椽儿先朽烂”“枪打出头鸟”的文化价值观的加持下，丢脸面可能导致的社会危机往往会使个体慎重建言，保持沉默。以往的研究也表明，员工怕丢面子对促进性建言和抑制性建言具有抑制作用（杨秋红，2016），对沉默行为具有促进作用（陈文平，2013；王丽萍，曾祥龙，2020；王啸天等，2019）。

在心理学本土化研究的感召下，对诸如面子、关系、人情等带有浓郁中国文化特色的概念的研究日趋热门，对上述概念的剖析也使人们能够更加准确地认识、理解和解释国人心理与行为特征。通过文献梳理发现面子文化对国人心理与行为的影响已渗透到生活的方方面面，但每每提及面子，人们往往更多地注意到其消极影响，而随着研究的逐步深入，研究者们也开始关注到面子的行为激励作用（赵卓嘉，2013a）。此外，有关面子需要对个体主动行为作用的不一致结果提示，将面子需要作为单一维度进行研究是不全面的，以往相关的多维量表的编制也表明面子需要具有多维结构。

1.3　“报”的概念与法则

1.3.1　“报”的概念

“报”字始见于商代甲骨文（李学勤，2013），是含义非常丰富的汉语一级通用规范汉字，原意指按律定罪，如《韩非子·五蠹》：以为直于君而曲于父，报而罪之（高华平等，2015）。后出现引申义为受别人恩惠，用实际行动表示感谢、酬谢，如《诗经·大雅·抑》：投我以桃，报之以李（程俊英，2006），例词如报答、报效、报酬和报恩等。报也指为报答神灵恩赐而举行的祭祀，如《国语·鲁语上》：幕，能帅颛顼者也，有虞氏报焉（韦昭，2015）。报也指因果报应，如《庄子·列御寇》：夫造物者之报人也，不报其人而报其人之天（方勇，2015b）。报也指打击、批评损害自己利益的人，如《韩非子·饰邪》：明法亲民以报吴，则夫差为擒（高华平等，2015）。报可以指告诉，如《战国策·齐策》：庙成，还报孟尝君（缪文远等，2012）。报可以指答复，如《尚书·康王之诰》：庶邦侯甸男卫，惟予一人钊报诰（王世舜，王翠叶，2014）。报也指返回，如《韩非子·内储说上》：韩昭侯使骑于县，使者报（高华平等，2015）。报也指再，重复，如《齐民要术·杂说》：黍经五日，更报锄第二徧（石声汉，2015）。报还可以指重合，如《礼记·丧服小记》：下殇小功，带澡麻不绝，本诎而反以报之（胡平生，张萌，2017）。报在古代也指用以传知朝政的文书抄本和政治情报，如《全唐诗话》卷二：邸报制诰阙人，中书两进名，不从（尤袤，1985），在现代也指报纸、报道、信息、电报等。

可见“报”的含义会根据所处语境的不同而有不同，其引申义，即受别人恩惠，用实际行动表示感谢、酬谢在实际人际交往领域应用更为广泛。报也常与馈赠相联系（翟学伟，2007），此属于正面、积极的“报”，而报复、报仇等则属于负面、消极的报。《康熙字典》（2010）认为“报，复也，酬也，答也”，其中心含义是反馈和还报（李拥军，2021），包含了一种相对的、有来有往且有因有果的交互报偿原则（韦政通，1993）。总体而言，虽然“报”这个字的含义很广，但它与中国社会关系中的“回应”或“回报”最为相关（许烺光，2002），如报答，可理解为人与人之间维持均衡关系或达成某些目的的工具；再如报恩，则包含了相当程度的情感性成分，往往超越了一来一往的工具性层次（刘兆明，1993），且工具性或情感性的报往往交织在一起，既可以是观念、认知等心理过程，也可以是外化了的行为过程（付博等，2021）。本研究对“报”的考察立足于中国“报”文化中正面、积极的观点，我们认为员工回报是指员工受基于工作关系的同事（包括上级、平级和下级）恩惠，用实际行动表示感谢、酬谢。这一概念涉及回报时机和回报对象身份特征这两方面内容。

1.3.2 “报”之法则

1.3.2.1 从回报时机的角度看“报”之法则

（1）回报必要性

在中国社会，报偿是普遍存在的思维意识和行为方式（李拥军，2021），也是社会法则（李拥军，雷蕾，2016），社会中普遍存在施恩、受惠和回报这三种义务（黄光国，1993），并且付出要有回报是普遍性的社会通则（马溧莉，张建新，2009），这就更强调了面对他人付出，给予对方回报是义务性表现。回报的本质在于其运行了一套对等性机制（李拥军，2021），是人性的本能和基本要求，是最原始、最基本、最直接、最具有渗透力的正义的反应（李拥军，2021；徐昕，2015），这种以他人对待自己的方式去对待对方的行为是大自然赋予人类的伟大法则（Smith，2010）。

回报的对等性中蕴含了交互报偿原则，使回报具有有来有往、有因有果的特性（韦政通，1993），这种对等性主要体现在人们往往以他人对待自己的方式来对待他人，如“君之视臣如手足，则臣视君如腹心；君之视臣如犬马，则臣视君如国人；君之视臣如土芥，则臣视君如寇仇”（方勇，2015a），突出体现在对待方式这一方面的方向性上，即提倡以德报德和以怨报怨（或以直报怨），“杀人偿命，欠债还钱”“善有善报，恶有恶报”等俗语均体现了人们对于报的对等性的朴素信念。《礼记》载“以德报德，则民有所劝；以怨报怨，则民有所惩；以德报怨，则宽身之仁也；以怨报德，则刑戮之民也”（胡平生，张萌，2017）。有学者对《礼记》所描述的“以怨报怨”存疑，认为“此章恐非夫子之言”（万久富，2010），“君子于人无怨也，故无以怨报怨之理”（朱杰人等，2010），而以德报怨是道家的处世哲学，如“大小多少，报怨以德”“不善者吾亦善之”“不信者吾亦信之”（张景，张松辉，2021），但这却并非儒家所提倡的正道（陈晨捷，2021）。孔子认为“何以报德？以直报怨，以德报德”（冯国超，2021），可见以德报怨和以怨报德均不被提倡，因为其破坏了“报”运作的伦理性机制和对等性机制，这种使施恶者受益进而助长恶行的行为也体现了对施德者的不公平，进而会导致善行的减少（李拥军，2021；王硕，2011），如“杀人者不死，而伤人者不刑，是谓惠暴而宽贼也，非恶恶也”（方勇，李波，2015）。至于以怨报德则完全是不道德的行为，为人所不齿。

此外，传统文化中的“报”还深受佛教因果轮回观念的影响，具有果报、业报的含义，如俗语中所描绘的“善恶到头终有报，皇天上帝眼分明”“人在做天在看”，以及《周易》中所讲的“积善之家必有余庆，积不善之家必有余殃”（杨天才，张善文，2011），等等，虽然无法从科学和实证的角度进行验证，但这种普遍且朴素的信念也体现了人们对“报”法则的敬畏和对对等性的认同和追求。西方社会也非常认同依据报的对等性行事，《圣经》中指出，“你待人当如人之待你”（章代国，2014），这种观点也被认为是西方人为人处世的道德金规（Nathanson，1993）。哲学家 Rawls（1999）也认为以怨报德终将导致社会瓦解。无论是东方文化还是西方文化，都普遍认同“报”的必要性，并认同“报”的对等性为社会存续提供了基础。

受助者接受了恩惠就会产生回报施助者的想法，即产生回报义务，并且施助者在施予恩惠之后也容易产生一种对获得回报的心理预期，这已然成为一种道德层面上的心理法则，即所谓的礼尚往来（文崇一，2006）。中国情境以人情社会为显著特征（瞿皎姣等，2021），人们会自觉形成多个“圈子”，并会区别对待“圈内人”和“圈外人”，人情社会的圈子会宣判那些不顾及回报义务的人的失败，这是对他们非常严重的否定（李拥军，雷蕾，2016）。

总体上，知恩图报是美德，关乎道德，“夫禽兽昆虫犹知比假而相有报也，况于士君子之欲兴名利于天下者乎”（王天海，杨秀岚，2014）。将回报伦理化和道德化之后，人们往往会失去自主性而遵循回报强制性法则，即人们接受他人施予就必须给予对方回报，如果不回报就会受到道德谴责，以至于会使受助者产生心理或精神负担（李拥军，2021）。正所谓“拿人的手短，吃人的嘴短”，人们会谨慎接受他人施助，正如曾国藩在家书中所说：“不肯轻受人惠，……，以后凡事不可占人半点便宜，不可轻取人财，切记切记”（檀作文，2017），这也从侧面证明了受人恩惠后回报的必要性。

（2）回报即时性和延迟性

社会交换理论对人类行为具有普遍意义上的强大解释力，往往能够用来解释不同地域、不同文化作用下人们的普遍性行为，通过上文对“报”之对等性的分析，我们了解到“报”具有必要性，包括受人恩惠给予回报之合理性、合情性与普遍性，这体现了人类行为之共通性，因而社会交换理论对人们“报”行为的解释是广度意义上的解释。相较于不回报施恩方的情况，受恩方更倾向选择即时回报施恩方，体现了“报”确有交换之含义，这是社会交换理论所能够解释的中国人行为与其他文化背景下人的行为（如西方文化背景下人的行为）所共通之处，也是西方社会交换理论应用于中国人行为时对东西方人行为重叠部分的包容与涵盖。但一味强调不同文化背景下人的行为之间的共通性会忽略强大的文化因素对人们心理和行为的塑造作用，比起社会交换理论所强调的即时回报，中国的传统文化更提倡延迟回报。换言之，西方社会交换理论所强调的回报往往是即时的“债务”偿还，而中国式的回报则不仅是即时的，更有可能是延迟回报（刘兆明，1993）。因为中国社会关系的基础是稳定的家庭（或家族）关系，这种关系往往能够稳固持续相当长的时间，并且中国人的思维是关联性思维，人们更在意彼此间关系的维系与发展，这使得人们无论是想自己获得回报还是回报对方都需要有足够的耐心，不会在受助后急于回报对方以了结彼此间受助—施助关系（安乐哲，温海明，2002；翟学伟，2007；Yang，1957），因此于受助方而言，常有“日后有用得着我的地方，我一定随叫随到”等言论，并且当受恩深重时，受助方也常有“终身报”“来世报”“后代子孙报”等长久延迟回报的想法和观念。

在日常生活中，受助方和施助方在交换过程中会不断地“欠账”或“欠人情”（翟学伟，2007），受助者在回报过程中会制造剩余价值物以使另一方产生债务感（付博等，2021），进而这种有来有往、循环往复、绵延不绝的获助—回报—偿还过程本身就体现了中国式回报的延迟性这一特点，而受助者如果选择即时回报，甚至有与施助者撇清关系和断交之嫌（李拥军，雷蕾，2016）。西方的社会交换理论强调清楚计算交往双方成本与利益之间的“账”（Blau，1964），但在中国，受助者与施助者之间往来的“账”往往是算不清的，如果双方之间有一方要算账，那么这种清算也往往意味着双方有断交的危险。因此，延迟回报并不等于拖延回报或不想回报，而是受助者借由延迟回报来表达自己与施助方建立长久且稳固的交往关系这一意愿。

1.3.2.2　从回报对象身份特征的角度看“报”之法则

（1）回报对象等级性

在中国社会，回报运作的地方一般都是交换封闭的，这说明报作为一种事前社会投资或者事后社会奖惩，往往都会指向一个明确且固定的对象（翟学伟，2007），如“吃水不忘挖井人”（“挖井人”为明确且固定的对象）等。中国社会背景下的回报作为一种社会交换，与社会交换理论指导下的西方的回报又有明显区别。虽然两种回报都能促使交往双方形成稳固的社会关系，但社会交换理论强调交换双方地位平等和身份独立（Blau，1964），而中国社会的回报往往具有交换双方地位不平等、身份不独立的特征（翟学伟，2007），因此社会交换理论虽然在中国文化背景下也具有较大解释力，但其往往只能解释中西方文化重叠部分内容，而对于中国文化特色下形成的独特的回报则解释力不足。在儒家文化的熏陶下，“报”的具体实践显然无法摆脱明贵贱、别等差的礼制（陈晨捷，2021），“报”机制在很多时候强调的是不对等的“恩义投资”，受恩方和授恩方很多时候具有等级差别（刘卫英，梁晓晓，2018）。对于上级—下属而言，即便是上级对下属做了分内之事，也往往会被下属理解为是一种恩惠，因此需要对上级感恩戴德，多多回报（王硕，2011），以报知遇之恩；而当上级对下属确有偏私照顾时，则下属往往会付出利益上和情感上的多重回报（朱苏丽等，2015）。中国社会更强调关系取向，上级和下属间的互动既强调利益又注重人情，这一特点的形成受“报”的影响很大，是“报”运作机制的刻画（付博等，2021；刘兆明，1993），并涉及对回报高价性问题的探讨。

（2）回报高价性

在回报高价性方面，西方的互惠法则要求人们在人际交往中以相似的方式回报对方为自己所做的一切（张志学，韩玉兰，2004），蕴含等价回报含义，因而均衡互惠是最典型的互惠形式（刘兆明，1993），社会交换理论更强调清楚计算交往双方的成本与利益，力求交往过程中保持成本与利益的均衡（Blau，1964）。而中国“报”文化则更强调交往过程中成本与利益不对等。受儒家价值观的影响，舍己为人观念备受提倡（郑言，2018），这一方面体现在受助者往往遵循“报大于施”这一高价交换法则，即面对他人的帮助要想方设法多回报对方，尤其是当交往过程中不可避免地掺杂进人情、面子等因素后，则更体现了回报量比接受量多的这一特点（冯必扬，2011；练崇潮，2015），如“你敬我一尺，我敬你一丈”等；另一方面也体现在施助者往往遵循“施大于报”这一非等价交换法则，即只讲付出、不求回报，如“施恩不望报，望报不施恩”“我有德于人，不必望感”“施以不报为惠”等。但是在日常生活中，“施恩不望报”是很难实现的，人们会将报恩看作是社会行为的普遍法则，施助者自然会产生一种对回报有所预期的心理，即受助方和施助方形成“礼尚往来”的关系（文崇一，2006），这是一种心照不宣的默契，符合中国人含蓄的性格特点（王麒，杜丰宁，2017）。在此基础上，对于受助方而言，回报施助者是必须的，这是关乎礼制的道德观念或行为，即“来而不往非礼也”，并且实际回报越丰厚越会受到称赞（文崇一，2006）。

因此，中国社会的报并非单纯的等价交换行为，而是在等价交换的基础上发生了微妙变化（文崇一，1993）。受助者原则上是“欠债方”，但在回报过程中，受助者往往会制造剩余价值物，即给予施助者相对更多的回报来使对方形成债务感（付博等，2021），这样既展示了自己知恩图报的品格，又缓解了受助带来的心理压力（Emmons，2004），而施助者在此时成为“欠债方”，感念自己获得了高回报而需要在日后继续付出，或者说回报。因此这种高价性回报造就了你来我往的独具中国特色的稳固的社会互动关系。

“报”普遍存在于日常生活中，基于施予的还报是“报”文化的主要内容（李拥军，2021）。在报文化视角下，他人施予的帮助或馈赠往往被接受者看作是恩，即利益、好处等（向康文，2009），结合“报”的对等性机制，一旦受恩就要报恩，即在他人施恩之后由受恩者回报（谭光辉，2021）。而在施恩与报恩过程中又往往夹杂着恩情，即附着在施恩行为上的感情（谭光辉，2021），这也往往会使受恩者对施恩者产生浓厚的感激之情，当恩和情联结在一起，帮助或馈赠成为一种恩或情时，则往往很难将他人馈赠进行精准量化（李拥军，2021），尤其是当施恩者和受恩者是上和下关系的时候，如《诗经》所载“父兮生我，母兮鞠我。拊我畜我，长我育我。顾我复我，出入腹我。欲报之德，昊天罔极”（程俊英，2006），或者所施之恩是受恩者亟须的、难得的时候，恩的价值则更是难以衡量（翟学伟，2011），如施予濒临饿死之人一碗清粥，则这碗粥的价值就远超其原本价值，这种情况也往往会使受恩者产生“一饭千金”“大恩不言谢”“大恩大德，无以为报”“来世做牛做马报答你”的感念，这一方面体现了受恩者对施恩者的感激之情，另一方面也体现了受恩者权衡所受恩惠的价值，渴望高价回报并最终“无以为报”的心理历程。

此外，当施恩者与受恩者属于上与下的关系时，正如前文提到的，上级对下级做了分内之事，也会让下级感恩戴德，试图多多回报（王硕，2011），这种将上级的非恩惠行为理解为施恩行为也说明下级往往会高估上级对自己的恩惠。针对父母—子女之间，所谓父母之恩和子女尽孝从本质上看也处于“施恩—报恩”之施—报的框架之中，并且主流观点是父母之恩极大且无私，“昊天罔极”，提倡子女极力回报，如孟子认为“事，孰为大？事亲为大”“不得乎亲，不可以为人”（方勇，2015a）。但学者中也有认可“父母生我非为我”（赵妍杰，2018）的“父母无恩论”的，如王充认为“夫妇合气，非当时欲得生子，情欲动而合，合而生子矣”（邵毅平，2019），孔融认为“父之于子，当有何亲？论其本意，实为情欲发尔。子之于母，亦复奚为？譬如寄物缻中，出则离矣”（范晔，2012）。上述观点虽有失公允，但却是对封建愚孝观念的抨击，有其合理之处。不可否认，父母养育子女，即施恩于子女并非完全单项利他，其与子女之间也形成了一种默契的互惠合作关系，通俗而言，父母今日抚养（施恩于）子女，是期望子女将来还报，即赡养父母，所谓“养儿防老，积谷防饥”，从这方面看，子女作为受恩者倾力回报父母部分也是出于对父母之恩的高估。总体而言，无论是无亲缘关系间的互惠合作还是有亲缘关系间的互惠合作，当施恩者处于上位时，处于下位的受恩者都倾向于给予对方高价回报。

（3）回报泛化性

在受助—回报的交往关系中，大多数情况下回报者即是受助者本人，如“陈平受魏无知恩，为其荐于帝”（班固，2012），“张光晟救王恩礼，王恩礼授其为刺史回报张光晟”（刘昫等，2021）等。

也有少数情况属于受助者委托关系他人充当回报者予以回报（文崇一，2006），如“太史慈奉母命为孔融解围”（陈寿，2019）。并且相较于所受恩惠，回报者（受助者）往往会竭尽所能地给施助者以厚报，如“王镇恶受惠，厚报之”（沈约，2019），以表达对施助者的感激之情，并缓解受助所引发的心理负担。

一般情况下，不仅回报者多为受助者本人，接受回报者也多为施助者本人。但中国人的社会关系是由近及远的差序关系，人们在差序格局中通过编织社会网络并利用人情、交情与他人产生稳定交错的社会联系（周大鸣，2022），因此接受回报者除了施助者本人以外，也可以是与施助者有亲密关系的他者，一般为施助者家属（文崇一，2006），如“李晟抚恩人二子，使此二子有所成就”（刘昫等，2021），“岳飞感张所旧恩，奏官张所子以报答张所”（脱脱等，2018），“范某施恩，后徐某厚报其子”（程章灿，2019），“因贷而发迹，后荐其婿”（文崇一，2006）等，甚至一些与施助者无亲密关系的他者也可以成为受助者回报对象，如学生蒙受师恩，学成后通过教书育人来报答师恩，又如“房阳曾施粥而使盗释其乡亲”（魏收，2018），“部将犯死罪得免，后允不屠城”（诸雨辰，2016）等。

此外，受助者为了回报，往往会发生非同类别资源间的交换（翟学伟，2007），如“受人钱财，与人消灾”“一饭之恩，千金以报”等，一方面是因为受助方和施助方所求的内容不同，或者双方所遇到的困境不同，因此非同类别资源间的交换能够突显个体急对方之所急，这种雪中送炭式施恩—回报更具现实意义（黄明理，曹天航，2013）；另一方面也因为双方所拥有的资源、能力水平或者交换目的不同，致使受助方更有可能通过向施助方提供其他方面的资源来回报（翟学伟，2004）。还有许多人是在发迹之后才有报恩的能力（文崇一，2006），因此当年的“一饭”之恩可以通过现在的“千金”来回报。

1.4　面子需要、报和求助行为相关理论及三者之间的关系

1.4.1　面子需要、报和求助行为相关理论

1.4.1.1　印象管理理论

印象管理理论的思想可追溯至文艺复兴时期意大利政治思想家 Machiavelli 所提出的马基雅维里主义思想，强调权术和谋略，以及如何控制人的行为，而对印象管理理论研究起到划时代作用的是 Goffman（刘娟娟，2006）。Goffman 提出日常生活中印象管理就像在戏台上表演戏剧，重视外部因素对个体印象管理的影响，强调人们如何在日常社会互动中进行“表演”，即“演（装）”给对方看，更多地关注个体欺骗性行为和防御性行为（Goffman，1955，1967），并且 Goffman 关于戏剧的认识受到了中国人面子观念的启发（翟学伟，2021b）。

Tetlock 和 Manstead（1985）认为印象管理是人们在社会互动过程中使用的一种有助于打造受赞许的社会形象的策略。社会赞许包括归因和否认两方面，前者指人们声称自己具有社会赞许特点，后者指人们避免他人给予自己社会不赞许性质的描述（Milham，1974），这与面子需要包括人们渴望他人看得起自己和避免表现出自我缺失这一观点不谋而合。而印象管理应用于中国本土也可以看作是一种面子策略（金瑾等，2008；李琼，郭德俊，1999），其中，获得性印象管理策略主张努力提升自己在他人心目中的形象，属于积极的自我管理；而保护性印象管理策略主张避免和掩盖负面形象，维持现有的形象和收益，属于消极的自我管理（赵斌，杨雯帆，2020；Morrison & Milliken，2000；Tetlock & Manstead，1985），两种印象管理策略分别蕴含了争取面子和保护面子的含义。Tedeschi 等（1971）认为，当一个人试图在另一个人眼中形

成与自己期望相一致的形象或者印象时，不和谐现象或者心理不和谐可能就此产生，而当个体试图整合大量不和谐现实时，个体的印象管理就此出现。

对于求助者而言，询问他人对自己所面对的困难的意见，就等于是求助者承认了对他人的依赖（Druian & Depaulo，1977），通过公开承认不称职和依赖，求助者就给自己造成了负面的公众印象，进而削弱了求助者渴望创造正面公众印象的愿望（Schlenker & Weigold，1992）。并且求助也会影响求助者的自我形象，而个体通常被激励去保持积极的自我形象，因此个体会去寻找确认具有积极自我意识的信息，并以与这种自我概念相一致的方式行动（Steele & Spencer，1992）。个体承认无能和依赖使得印象威胁就此出现。由于求助无益于自身形象塑造，人们往往会因为想要维护自身形象而回避必要的求助（伏干，2017；Sword et al.，2008）。

Leary 和 Kowalski（1990）认为，虽然人们都会关注他人对自己的评价，但人们并非在任何时候都有意识地进行印象管理，这表明印象管理过程会受到情境因素的影响（刘艳等，2021；张爱卿等，2008）。印象管理理论表明，当个体将消极结果归因为外部不可控因素时会起到保护面子的作用（王晓婧，张绍杰，2015）。在影响求助的情境因素中，诸如工作任务太急迫、完不成任务要受惩罚等情况使得个体只能依赖他人完成任务，此时不可抗力因素的作用使得求助无关乎面子得失，个体更多遵循生存理性原则（陈柏峰，郭俊霞，2007；杜姣，2015），这说明印象管理动机想要对个体行为产生影响，不仅依赖个体能力，还依赖个体所拥有的机会（Blumberg & Pringle，1982），当苛刻的现实情境使个体无暇顾及印象管理，就会使个体无暇顾及面子需要。此外，印象管理理论强调情境的重要性，不同的情境会导致个体出现不同类型的印象管理策略。情境公开—匿名程度是情境因素中对印象管理影响研究最多的方面（刘娟娟，2006），印象管理更多出现在公开场合（Kolditz & Arkin，1982），而情境公开—匿名程度也会影响个体的面子感知（Brew & Cairns，2004），因而情境公开—匿名程度也是面子需要影响个体行为研究中需要考察的重要情境变量（赵芬芬等，2018）。

1.4.1.2 脆弱理论和一致性理论

脆弱理论和一致性理论是两个相互竞争的模型，被用来预测自尊和求助（陈英敏等，2021）之间的关系，也被用来解释自我效能感与求助（Aspinwall &

Taylor，1992）、面子与求助（雷霁，唐宁玉，2015）之间的关系。以自尊与求助行为之间的关系为例，脆弱性理论假设自尊水平低的人更容易受到不得不寻求帮助所带来的威胁，因此更可能回避求助；一致性理论预示着与此相反的结果，强调的是与个体现有的自我概念不一致的信息会更多威胁到个体求助。因为寻求帮助意味着能力不足，对于自尊水平高的人来说，求助行为与个体对自己积极的自我概念不一致，因此求助对个体更具威胁性。因此，一致性理论预示着自尊和求助之间的逆向关系（Karabenick & Knapp，1991）。

有研究者探究了自我效能感在挣面子和护面子影响求助行为过程中的调节作用，认为挣面子维度遵循的是脆弱理论，而护面子维度遵循的是一致性理论（雷霁，唐宁玉，2015）。挣面子需要水平高在一定程度上代表了个体认为自己有能力为自己挣到面子，故而此类型个体持有正面的自我认知。根据脆弱理论，由于挣面子水平高的个体正面的自我认知较多，而挣面子水平低的个体正面的自我认知较少，因此必要有效的求助行为会令后者感受到更多的自我威胁，进而回避求助。一致性理论认为，求助是一个社会互动过程，求助者通常会暴露在他人审视的环境之下，被社会、他人认为是能力不足，使求助者感到难堪（Karabenick & Newman，2013），而护面子的前提是有面子可护，即护面子需要水平高的个体往往持有积极的自我概念。根据一致性理论的观点，在护面子需要水平高的求助者看来求助是一种丢面子、污名化以及示弱的表现（Heath et al.，2016），这与所持有的积极自我概念相悖，进而对求助行为产生诸如害怕面子受损、寻求帮助的污名化以及害怕在他人面前暴露自己无能等负面认知和态度（Youssef & Deane，2006），因此求助对护面子需要水平高的个体更具有威胁性。

1.4.1.3　社会交换理论

社会交换理论是理解和解释组织中员工行为最有影响力的理论和范式之一（Cropanzano & Mitchell，2005），在组织这一以生存为本，注重利益得失的环境中，社会交换理论无疑能够为诸多员工行为提供理论层面的解释基础。社会交换理论的解释性价值在组织中的诸多方面都有所体现，如组织公正（Konovsky，2000）、工作圈的礼物馈赠（白凯，黄琦珂，2017）、员工建言与沉默行为（李想等，2018）、员工敬业度（席猛等，2018）等。

根据社会交换理论，组织中利他主义原则、集体主义原则等有其重要性，但互惠原则是社会交换主要关注和探讨的原则，与集体主义文化相比，社会交换理论被认为是个人主义文化的产物（Cropanzano & Mitchell，2005）。员工之所以回避求助，其中一个重要原因是求助会让员工感受到心理压力或心理成本带来的消极作用，在求助—帮助过程中，若求助者有能力或有机会回报潜在施助者，则会减轻求助带给求助者的心理压力（Greenberg & Westcott，1983）。

面子运作研究主要受到社会交换理论的影响（杜鹏，2017），黄光国对人情与面子的解释本质上是社会交换理论的本土化应用（姜彩芬，2009）。不同于西方契约精神所遵循的等值交换原则，在中国人情社会背景下，请托方往往遵循着"报大于施"的原则，施助方则往往遵循着"施恩不望（言）报"的非等价交换原则（冯必扬，2011；练崇潮，2015；瞿皎姣等，2020；沈毅，李叶，2020；翟学伟，2005），在这一过程中，面子作为互惠性交换的社会资源，使得人们可以在社会互动过程中通过面子交换来维护人际关系（朱瑞玲，1987）。如果请托者能够从他人处得到其想要的资源则是一件有面子的事，否则请托者则是丢了面子（姜彩芬，2009），而请托者如何获得资源进而使自己有面子，则是其增加回报筹码的原因所在（黄金兰，2017）。

社会交换理论是解释西方契约社会中人们行动逻辑的理论支撑，但随着中国工业化、市场化的不断普及，该理论也被广泛用来解释中国人的行为（陈晓暾等，2022；彭川宇等，2022；沈占波，李昂，2022）。不可否认的是，传承几千年的人情逻辑即使在现代社会仍焕发着强大的活力和生命力，这种文化基因仍然会潜移默化地影响着国人的思维方式和行为决策。虽然社会交换理论也强调交换双方中得到好处的一方要给予另一方回报（Gouldner，1960），并且此种回报与人情逻辑指导下的回报都强调报之应然性，但二者仍存在很大区别，如社会交换理论指导下的回报强调普遍主义、对象平等性、等价性、即时性、对等性等，多以理性计算为基础；而人情逻辑指导下的回报虽然同样强调对等性，但也强调特殊主义、对象等级性、高价性、延迟性和泛化性等，多以情感相依为基础。

1.4.1.4 面子建构理论

面子建构理论认为，面子是社会生活中人们日常互动的产物，面子在个体与他人建立对话和行为互动过程中得以体现（Arundale，2013），因此，面子的形成和对面子的考量离不开他人的参与。面子建构理论具有两方面特点（Arundale，1999，2010）。首先，面子建构论以文化因素为基础，不同于强调人际互动中个人属性的弱关系，其更强调应建立一种新的沟通模式，体现了互动意义和互动行为的联动；其次，面子建构理论反对将面子理解为公共自我形象（Goffman，1955）、社会需求（Brown & Levinson，1987）、关系认同（Locher，2008；Spencer-Oatey，2007）、社会认知（社会影响）（O' Driscoll，2011）等以个人为中心的概念，而是强调应该在两个或多个人进行的互动情境中理解面子（Arundale，2013）。由此可见，面子建构理论强调人与人之间关系和互动对面子的重要性，并突出面子作用中文化的重要影响。

面子是社会关系中的特定产物（Arundale，2006；Imahori & Cupach，2005），这体现了面子对自身价值属性的肯定，并强调面子依赖于他人正面的评价，即面子需要无法脱离社会互动而独立存在，这也是面子需要虽然被视为稳定的个性特征，但却区别于诸多类属性身份概念的原因，这种情境依赖性也体现了面子的社会互动性特征。在认知层面上，面子涉及对"自我"概念的建构和"自我"形象的建构，对面子的分析离不开个人框架、集体框架和关系框架，体现了面子的认知性（Simon，2004）。面子作为一种身份的象征，不仅包含个人自我属性的构建，还包含关系属性和集体属性的构建（Hecht et al.，2005）。

总体而言，面子建构理论认为人际关系是在参与者相互关联的行动中所产生的相互依赖的整体性社会制度，这种对人际关系的理解并不强调建构该关系的参与者的个人属性，而是强调建构该关系的参与者之间的人际互动，而个体在与他人互动过程中的认知反应，实际上是对他人在参与活动过程中所做出的先前的、当前的和潜在的贡献的反应，当每个个体的认知反应交互结合在一起，则使个体之间形成了交互性组织，体现了个体间互动所具有的联动性特征。也就是说，在个体间互动的过程中，每个参与者都将自己的话语和他人的话语相联系，他们共同承担并约束了彼此的互动反应，这是一种人际间的相互作用，并且这种人际互动又不会受到单个参与者的完全控制（Arundale，2010）。鉴于此，面子建构理论强调了面子体现于集体中人与人互动过程的动态联动，正是由于这种联动，互动中每个个体的反应或者行为都被双方或多方共同承担和约束，面子的作用往往在同他人互动（或者想象同他人互动）过程中才能够得到有效激活，在考察面子对人们行为影响时也需以双方或多方互动关系以及互动方所处的文化特征为背景。

1.4.1.5 差序格局理论

人是一切社会关系的总和，实践活动能够使人们在社会关系的运作中完成文化创造（冯月季，2023）。在有关中国社会和中国文化的研究中，对“关系”的阐释一直是研究热点。中国社会在建构原则上是“关系本位”的，中国人的自我一般需要通过角色关系来定义（孙隆基，2015），而亲疏远近的差序性是关系的基本特质，体现于儒家所提到的“伦”。

费孝通（1998）提出了著名的“差序格局”概念用以描述“社会结构的格局”，并认为“在差序格局中，社会关系是逐渐从一个一个人推出去的，是私人联系的增加，社会规范是一根根私人联系所构成的网络”，亲属关系是这种社会关系的基础，而亲属关系是“根据生育和婚姻事实所发生的社会关系，从生育与婚姻所结成的网络，可以一直推出去包括无穷的人，过去的、现在的和未来的人物”，以亲属关系为基础所形成的网络“像个蜘蛛的网，有一个中心，就是自己”，可以认为“我们社会中最重要的亲属关系就是这种丢石头形成同心圆波纹的性质”，这波纹“一圈圈推出去，愈推愈远，也愈推愈薄”，并且“从自己推出去的和自己发生社会关系的那一群人里所发生的一轮轮波纹的差序，就是‘伦’（人伦）”，而“伦”是“在我们传统的社会结构里最基本的概念”，是“任何人往来所构成的网络中的纲纪”。因此，“我们的格局不是一捆一捆扎清楚的柴，而是好像把一块石头丢在水面上所发生的一圈圈推出去的波纹，每个人都是他社会影响所推出去的圈子的中心，被圈子的波纹所推及的就发生联系，每个人在某一时间某一地点所动用的圈子是不一定相同的”。既然“社会范围是从‘己’推出去的，而推的过程里有着各种路线，最基本的是亲属：亲子和同胞”，那么“亲密的血缘关系限制着若干社会活动，最主要的是冲突和竞争”，并且“在亲密的血缘社会中，商业是不能存在的”，这是因为商业交易需要的是“冷静的考虑，不是感情，于是理性支配着人们的活动”。

总体上，血缘关系和地缘关系是不可分离的，“差序格局”这个概念就是以血缘和地缘为基础，揭示了中国社会关系是以己为中心、逐渐向外推移的（卜长莉，2003），正所谓“亲疏有别”，这实际上是一种配置社会稀缺资源的模式（孙立平，1996）。但由于“伦”规定了差序格局的内容（即差等），因而费孝通所提的“差序格局”是个立体结构，不但包含横向的、弹性的、以自我为中心的“差”，也包含纵向的、刚性的、等级化的“序”（阎云翔，2006），进而差序格局不仅诠释了人们在认知上“亲疏有别”，也诠释了人们在行动上主张“不失其伦”。

费孝通在提出“差序格局”这一概念时强调差序格局主要发生在中国传统的乡土社会里，这种乡土社会是“安土重迁的，生于斯、长于斯、死于斯的社会。不但人口流动很小，而且人们获取资源的土地也很少变动。总之，它是一个社会变迁很少而且变迁速度很慢的社会”（费孝通，1998）。但随着社会发展和经济体制改革，即便是乡村也不再是人口不流动的、经济上自给自足并排外的封闭或半封闭社会，依靠血缘关系或亲属关系的差序格局理论的解释力明显降低，如无法解释父子、兄弟之间反目的现象等，而“利益”成为差序格局中决定人们关系亲疏的重要维度（杨善华，侯红蕊，1999）。黄光国（2010）的人情与面子模型将中国社会的人际关系分为以情感性成分为主的情感性关系（遵循需求法则）、以工具性成分为主的工具性关系（遵循工具法则）和兼具情感性成分和工具性成分的混合性关系（遵循人情法则），这是对差序格局在人际关系层面上的一种解读，即认为差序格局是由内而外的情感性成分不断降低且工具性成分不断提高，且差序格局中成功的人情实践是义和利交融的施报关系（沈毅，2007a），进而关系、人情、面子等通俗概念在差序格局中得以定位（沈毅，2007b），这就将“利益”融入对差序格局的解释之中。

在中国社会翻天覆地变化的大背景下，传统的差序格局理论显得有些过时，需要向前推进，以便适应新时代发展的需要（张继焦，2019）。郭于华（1994）认为中国社会中存在着一种将正式关系转化为非正式关系的倾向，在组织中的个体间已不存在事实血缘关系，但个体间的互动方式仍很大程度上复刻了传统亲缘群体的运作方式。第一，这表现在称谓上延续亲属称呼，如组织中称呼同自己关系亲密的人为“亲人”“家人”，或者用上述称谓称呼客户以拉近彼此间距离，而一旦双方认同彼此成为“自己人”“圈里人（一个圈子的人）”，则往往代表双方已结成共进退的同盟，一荣俱荣，一损俱损，并且个体还可以通过和已是“圈里人”的人攀关系、拉关系也进入圈里成为“自己人”；第二，表现在人事任命、劳动分工等方面仍存在亲疏有别的特殊主义，这往往为徇私枉法提供便利；第三，还表现在“家丑不可外扬”，即卷入矛盾纠纷的人往往不会在第一时间诉诸法律或对簿公堂进行公了，而是通过协商、调解等手段进行私了。泛化后的亲缘关系为差序格局理论在现代社会中对社会关系，甚至是组织中社会关系的解释提供了可能，拟似亲缘仍以传统的亲缘关系为基础，用以解释与传统亲缘群体运作方式相类似的无血缘关系群体的运作，这无疑拓展了差序格局理论的覆盖面，进而让差序格局理论在现代社会的诸多领域中焕发出新的活力。

以上描述了差序格局中横向的“差”在现代社会中的应用，而纵向的“序”在现代社会中也有所体现。费孝通（1999）认为“在我们的社会结构中总是分有尊卑的……称呼在我们是规定人们相对地位的符号……只有在上的人才能用名字直呼在下的人。在下的人若用名字直呼在上的人就表示违犯了社会的结构原则，怎能不引起反感”。这说明差序格局是人治模式的必然产物（冯仕政，2007），所谓“家有千口，主事一人”，在尊卑分明的组织结构中必然有差序格局的存在，且组织中的一些现象也内植于差序格局的结构之中。一方面表现在于差序性中保持整体的高权力距离，另一方面表现在于差序格局背景下形成了人情、面子等非正式交往方式（王建斌，2012）。权力距离被认为是组织中处于弱势地位的成员对权力分配不平等的期待和接纳程度（吉尔特·霍夫斯泰德，格特·扬·霍夫斯泰德，2010），而我国是高权力距离国家，且高权力距离感使得个体承认上下级存在等级和地位的差异（唐娅婷等，2021）。在差序格局背景下，领导模式和行为往往基于拟似血亲关系展开（王建斌，2012），领导往往集权威、仁爱、德行于一身，在行动上既要为下属做出表率（这要求领导具有高于下属的能力水平），又要关心爱护下属（这要求领导要给予下属高于其付出价值的价值）。而下属需要维护领导的面子，不能公开与领导“唱反调”让领导丧失面子，因为公开“唱反调”会使领导尴尬、难堪进而失去权威，维护领导面子也是通人情的表现。

“差序格局”是一种带有前瞻性的概念（翟学伟，2009），在关于传统中国的社会结构研究中，差序格局的提出具有深远意义（韩海浪，2007），并且随着研究的深入和社会的发展，差序格局模型也已进行扩展（任敏，2009），如杨善华和侯红蕊（1999）提出的“差序格局理性化”，认为“利益”成为差序格局中决定人们关系亲疏的重要维度，以及李沛良（1993）提出的“工具性差序格局”概念，认为工具理性是个人行动所遵守的逻辑，传统文化资源也被用作求利等。有学者甚至认为费孝通先生自己都可能低估了自己提出的“差序格局”概念之重大意义，并且认为差序格局是“为数极少的超越了政治经济体制而从本土社会文化角度解释中国社会结构的理论概念之一”（阎云翔，2006），该理论的提出是中国社会学家对中国社会特有的贡献（马戎，2007）。

1.4.1.6　相似吸引理论

相似吸引理论认为人们总是认为与自己相似的人能够认可自己的价值观、态度、信念、性格等，因此人们会被同自己相似的人吸引，此时人们更容易建立关系连带（李永强，黄姚，2014；Byrne，1971），并且相似的思维和理念也会使人们在社会互动中增加人际吸引（Mitteness et al.，2016），这说明具有相似特征的个体更倾向于彼此吸引，形成内群体，并将相似度低的个体排斥在外，将其定义为“圈外人”，并产生排斥行为（闫伟宸，高思悦，2022；张骁等，2018），正所谓“酒逢知己千杯少，话不投机半句多”。在重视关系的社会中，人情与面子是组织中人际交往的“潜规则”，相似等级的员工间相互吸引，存在着相互给面子倾向，这种面子文化使得董事之间存在“董董相护”的现象（朱羿锟，2010）。

相似吸引理论一般从认知相似性和目标相似性两方面来定义相似性（叶笛，林东清，2013），其中认知主要包括价值观、情感、个性等方面；目标主要指成员间共享同一目标，需要依靠相互协作来完成任务（张骁等，2018）。相似吸引理论也被用来解释组织中的帮助行为（Liang et al.，2015；Van Der Vegt & Van De Vliert，2005）。该理论认为相似性高的个体会相互吸引并形成内群体，群体内成员间会表现出积极行为（如相互帮助），而对群体外成员则较少表现出帮助行为（Schaubroeck & Lam，2002；Van Knippenberg & Schippers，2007）。在求助—帮助过程中，对求助能否成功得到帮助的考量增加了求助压力，因为求助失败将出现丢面子体验，而“自己人面子大”的观念使得个体对“圈内人”更容易进行有效沟通（冯国锋，2021），在面子的作用下也使得个体对“圈内人”更容易表现出主动行为（金辉，李辉等，2019），这会降低个体向与自己相似个体（即“圈内人”）求助时的面子压力。

1.4.2 面子需要、报和求助行为的关系

1.4.2.1 面子需要和求助行为的关系

虽然目前国内外对于面子需要研究和求助行为研究均较多，但有关面子需要和求助行为关系的直接研究却很少，而以员工为研究对象探索二者之间关系的研究则更加少见，但仍能够从有关间接研究中初步认识面子需要对求助行为的影响。

一项对美籍华人的调查显示，在美籍华人的人际动态中，面子关怀扮演着同情感支持、工具支持等社会支持同样重要的角色，并且面子关怀同社会支持一样，对个体的心理困扰有显著的影响（Mak & Chen，2006），这从一定程度上说明面子在华人心中的重要地位，并且保护个人的面子，在维护个人社会完整性的同时，对维护群体或集体和谐也起到了积极的作用（Zane & Yeh，2002）。此外，不只是面子问题，其他带有明显中国文化特色的变量，如关系、和谐等因素也对国人的心理健康水平产生影响（Chen & Starcosta，1997；Hwang，1997），这也从侧面说明，虽然社会在发展进步，人们的思想和信念有所变化，但千百年来形成的文化印记仍然在人们的生产生活中发挥着重要作用，对人们的认知、情感和态度等产生重要影响，这也契合了面子建构理论所强调的面子作用须以文化背景为基础的观点。受中国传统文化的深远影响，“面子”在组织情境下有着独特的作用，是影响员工行为的重要因素之一（陈炳，高猛，2010；雷霁，唐宁玉，2015；王啸天等，2019），与一般社会情境中的面子不同，组织情境中面子的得失对于工作中人际关系的影响会进一步影响员工的绩效评价、晋升机会等，因此员工会对组织中的面子更为敏感（王啸天等，2019）。

朱瑞玲（1987，2006）指出，人们为了获得面子往往会进行自我表现，而个体对得到面子的渴望也与积极的认知和行为有关（段光等，2018；雷霁，唐宁玉，2015；李小山等，2015）。组织中，员工在完成工作任务的过程中遇到困难是在所难免的，为了攻克时艰，向他人求助则十分必要。根据印象管理理论（Steele & Spencer，1992），个体在与他人进行沟通互动的过程中，会

注意维护自己的形象，未经自己思考而直接依赖他人解决问题是破坏自身形象的行为，而人们选择回避必要求助也有考虑维护自身形象的成分。诸多研究中就面子需要对个体主动行为的作用这一问题并未得出一致性结论（Chow et al., 2000；Hutchings & Michailova, 2006；Shin et al., 2007；Tong & Mitra, 2009；Voelpel & Han, 2005），这就提示将面子需要作为单维结构进行研究是不全面的，面子需要更可能具有多维结构（陈之昭, 2006；Chou, 1996；Zhang et al., 2011），且面子需要的不同结构对求助行为的作用不同。

渴望为自己争取面子的个体因自我增强动机而更加关注和强调与自己有关的积极信息（王轶楠, 2005），这种对自身优点的强化会使个体对自己成功的经验更加印象深刻，而在诸多对自我效能感的影响因素中，个体成败经验的作用最大，成功的经验能够提高个体的自我效能感水平（张鼎昆等, 1999），使个体对自己能够完成某项任务或活动更有信心（陈建文，王滔, 2007；陆昌勤等, 2002）。并且已有大量研究证实自我效能感对求助的积极作用，例如，一项对学生的调查发现，自我效能感水平高的个体更愿意在需要帮助的时候进行必要的求助（Linnenbrink & Pintrich, 2002）。自我效能感对适应性心理求助意向具有正向影响（江光荣，夏勉, 2006；夏勉，江光荣, 2007；杨薇，方晓义，史杰等, 2017；杨薇，方晓义，王焕林, 2017），即个体的自我效能感水平越高，其寻求有效专业的心理求助意愿就越强烈。唐芳贵（2003）通过调查研究发现，自我效能感对个体的工具性求助有显著的正向影响，即个体的自我效能感水平越高，其越容易表现出更多的工具性求助行为。也有研究表明，自我效能感越高的个体越会为自己设定具有一定挑战性的目标（吴增强, 2001），而与完全依赖他人解决问题的求助相比，以他人帮助为辅、自己解决问题为主的求助更多地是在施助者的提点下依靠自己解决问题，因此更具挑战性，在此前提下，自我效能感高的个体更倾向于表现出后者。此外，张守臣等（2009）的研究发现，自我效能感对个体的执行性求助行为有显著的负向影响，即个体的自我效能感水平越低，其越容易表现出更多的执行性求助行为，而执行性求助可以被描述为依赖他人解决问题式求助。因此，个体通过自我效能感的间接作用，为自己争取面子的需要对适应性求助具有积极作用，但对适应不良性求助具有消极作用，这也进一步提示简单地将求助行为通过二分法区分出求助 / 不求助来进行研究也是不全面的，需要对具有不同特征的求助行为进行进一步的详细区分（Komissarouk et al., 2017）。

一般地，渴望保护自己面子的个体因自我提升动机而更加关注和强调与自己有关的消极信息（Heine, 2003）。根据一致性理论的观点（Karabenick & Newman, 2013），个体越渴望保护自己的面子，越会感受到积极求助所带来的威胁进而回避对自身有益的求助，因为在面对有能力提供帮助的帮助者时，求助者向对方寻求解决问题的思路等同于明确传达自己在某一方面存在不足。鉴于此，接受帮助可以被形容为是一件喜忧参半的事情（Alvarez & Van Leeuwen, 2011；Nadler & Fisher, 1986），接受帮助的个体虽然可能将帮助看作是与帮助者分享的有意义的归属感的表达，进而引起积极的自我认知和感激，但对于渴望保护自己面子的个体而言，它常常导致一种令人厌恶的无能为力的状态，即接受者依赖于更有资源的帮助者。受文化的影响，中国人会特别在意他人对自己的意见和评论，进而在公众场合或人际交往过程中特别注意避免暴露出笨拙、无知或无能等表现自己缺点的一面，因为在他人面前暴露缺点可能意味着个体需要经受他人的批评、拒绝或嘲笑，这会使个体感到丢面子（Zane & Ku, 2014）。例如，为了保护自己的面子，或者害怕丢面子，中国学生往往会比其他国家的学生更愿意回避求助（Heath et al., 2016；Hwang et al., 2003；Leong et al., 1995）。因此，面子作为社会中重要的社会成本之一会令求助者因为想保护面子，害怕遭受对方拒绝，以及暴露自己的无知等原因而减少或回避求助（Flynn & Lake, 2008；Wang & Zhang, 2021）。

在中国文化背景下，员工的求助行为或可引发对面子威胁和回报义务的考虑（林颖, 2017）。很多有关寻求帮助行为的文献都涉及求助者困境，它反映了求助者在决定是否要寻求帮助时所面临的感知心理益处和成本之间权衡时所产生的不安感（Nadler, 1991）。在所有寻求帮助行为的成本中，情感和社会成本最为重要，对是否丢面子的关注增加了求助者的不安感。具体而言，个体寻求帮助的行为，尤其是求助解题思路这种求助行为等于间接承认自己不如施助者（Ames & Lau, 1982），承认自己不能胜任（Karabenick & Knapp, 1988a, 1988b），承认自己需要依赖他人（Druian & Depaulo, 1977）。鉴于此可以认为，个体会因为担心给他人留下负面的印象导致丢面子，从而倾向回避寻求解决问题思路的求助。特别地，依赖他人解决问题式求助行为往往具有一定的掩饰性，反映的是求助者对风险和失败的规避（Komissarouk et al.,

2017），这也与渴望保护面子员工所持有的维持形象的目的不谋而合。因此，对于保护面子需要水平高的员工而言，在需要完成工作任务的情况下，直接求助答案也不失为即时性维护自身形象的好办法。

以往的研究提示面子需要和求助行为均为多维结构，面子需要对员工求助行为的作用不应只简单冠以积极 / 消极作用而过早定论。虽然面子以他人评判为标准，但它是从脸面的表现发出的，因此具有“里子”（翟学伟，2004），“里子”往往指气质、性格、德行、信用、风度、知识、能力等内容（陈之昭，2006；舒瑜，2006），面子与里子也往往被看作名与实、前台与后台的关系（董磊明，郭俊霞，2017；费孝通，1998；李芬妮，张俊飚，2021；马光，2019）。“有里儿有面儿”这种名实合一备受推崇，“好面子，轻里子”这种名实分离则不被提倡，因为没有里子的人很难秀出面子（董磊明，郭俊霞，2017）。因此想要挣面子，里子就显得格外重要（陈相雨，2010），人们通过踏实努力挣到的面子往往可以理解为追求实面子，如内在能力、成就等（王建明，2013；左文明等，2015），等同于丰富里子，立足于长远成就的获得。而人们想保护自己不丢面子也往往意味着不想暴露当下自我缺失（Wang & Zhang，2021），着眼于当下面子的维护。由于面子需要是一种个性特征，因此不同的个体往往会具有不同水平的面子需要，在遇到困难的时候，个体考虑的是当下的问题解决还是长远的能力提升，将会使不同面子需要水平个体表现出不同的求助行为。

1.4.2.2　报和求助行为的关系

报者，天下之利也。报偿无论在哪个社会中都是被接受的（齐小林，2015），但报作为中国社会比较核心的文化观念（翟学伟，2007），可以将其理解为是一种道德义务（王硕，2011），也是中国社会关系的重要基础和中国人交往的重要原则，既包含西方社会交换的内容，也饱有深刻、鲜明的东方本土化特点（李拥军，2021；王震等，2018），是对中国人社会交换行为的深层解释（翟学伟，2007），蕴含人情法则（冯媛媛，2008；Emmons & Shelton，2002；McCullough et al.，2004），体现了中国人的关联性思维（宣长春，李年林，2021）。在中国社会中，“酒换酒来茶换茶”“来而不往非礼也”都强调了回报的重要性，比起等价回报，中国社会则更强调“借四两，还半斤”的超额回报。这其中的一个重要原因就是与社会交换对象的身份、地位平等相比，中国社会中的“报”更倾向于揭示的是地位不平等的交往双方的人际互动（付博等，2021；翟学伟，2007）。

所谓“报”更倾向于是对人情债的偿还（李拥军，雷蕾，2016），并且中国社会交往中的回报并不要求回报均等，施助者被鼓励“施恩不望报”，而回报者则更倾向于给予对方超额回报（刘兆明，1993），这一方面是由于中国文化提倡在互惠过程中表现出利他行为（邹文篪等，2012；Yeung & Tung，1996；Yum，1988），另一方面也是由于施以回报的个体更倾向于制造“剩余价值物”（即超额回报）进而让对方产生负债感（付博等，2021），后者可以理解为有可能施以回报的个体渴望通过厚报平衡自己与给予自己恩惠的个体间的心理地位。此外，在必要的情况下，与施助者获得回报可能性较小的情况相比，如果施助者获得回报的可能性较大，即求助者回报施助者的可能性较大，这种情况可以使人们感到愉悦（Grant & Gino，2010）。

在整体考虑求助或不求助的问题上，有研究者发现人们选择不求助是由于求助者低估了潜在施助者提供帮助的可能性（Flynn & Lake，2008），即求助者高估了自己获得帮助的难度（孙健敏，毛畅果，2013）。进一步地，这往往是因为在帮求关系中求助者和施助者所关心的内容不同，求助者更看重帮求双方在帮求关系中的互动公平，而施助者更关注在提供帮助中求助者是否给予积极反馈（雷霁，唐宁玉，2015；Flynn & Brockner，2003）。在求助过程中，求助者选择求助对象的前提是求助对象有足够的能力帮助自己解决当下困境，这就证明针对这一困境，求助者的能力不及求助对象，会给求助者造成一定的心理压力，使求助者在心理上认为自己因不如施助者而无法与之站在同一层面（Ames & Lau，1982；Druian & Depaulo，1977；Karabenick & Knapp，1988a，1988b），这提示想要个体在困境中主动求助，就需要求助者通过其他方式（诸如在其他方面给予施助者回报等）来“扳回一局”。另外，潜在施助者提供帮助属于角色外行为（刘蕴等，2016），而非必须履行的义务或责任，这种在求助者看来自己“无功受惠”的心理压力也使求助者考虑通过回报对方来缓解压力，因此有“投之以甘露，报之以琼浆”的回报之举。此外，从广义上来讲，上文提到的施助者所关注的求助者对其提供帮助是否给予积极反馈，也是对“报”的一种渴望，因而在中国文化背景下，报在帮求关系中的作用举足轻重。

根据社会交换理论（Cropanzano & Mitchell，2005），互利互惠是人际交往的主要原则，在中国这种人情社会网中，由于受到扶危救困、乐于助人等传统美德的影响，施助者在提供帮助的时候对索取对方回报的意愿并不强烈，如俗语有云“施恩不望报，望报不施恩”“君子施德不望报”“我有德于人，不必望感”“施以不报为惠”等。但鉴于面子的交换功能（姜彩芬，2009），求助者接受施助者帮助后便有了回报义务，甚至要多回报施助者一些（翟学伟，2021b），如俗语有云“杯水之恩，江河还报”“你助我一尺，我助你一丈”等。因此，对于求助者而言，主动寻求必要有效的帮助往往代表自己要“亏欠”潜在施助者，如果感知到自己无回报对方的机会，这种“亏欠”心理便更容易被放大，进而导致心理压力的增加；但若其感知到自己有回报潜在施助者的机会时，则其更容易在求助—帮助过程中将自己和潜在施助者放在一个平等的心理位置上进行沟通交流。因而当施助者有机会得到回报时，也会有效缓解求助者“矮一头”的局面。职业生涯的延迟满足具有更高的“补偿效应”（周舜怡，苏中兴，2021），基于补偿理论的观点，个体在某方面的不满可以通过其他方面的满足来得到补偿（王永丽等，2018；Staines，1980），因此当个体考虑到其因表现出求助行为而觉得“矮一头”时，给予施助者回报，即增加施助者获得回报可能性往往能够因为补偿效应而使个体在帮求关系中“扳回一局”，求助者回报施助者的可能性与个体求助行为密切相关（刘枫，王成奎，2007）。施助者在提供帮助后，自身所受的损失大小会受到求助者能够提供回报的可能性的影响。基于互利互惠的原则，求助者在得到施助者提供的帮助后，往往会产生一种负债感，因此会尽量选择及时给予施助者回报以消除这种负债感（毛畅果，2015；Gouldner，1960）。特别是求助行为会导致“人情债”的出现，而“人情债”作为一种社会成本，会增加人们的心理压力，促使人们在欠了“人情债”后想方设法进行偿还以消除心理上的负债感。因此，个体在选择求助之前，会考虑到自己即时或将来回报施助者的可能性，尽量选择自己有可能回报的个体或负债感最小的个体求助（林颖，2017；Greenberg & Westcott，1983）。

1.4.2.3　面子需要和报的关系

中国文化博大精深，源远流长，诸多学者就何谓中国文化精髓之所在展开了论述并形成诸多观点（吕嘉，2014；王世超，1999；张举文，2018），但学界普遍认同“面子”和“人情”是中国文化体系中颇具特色的核心变量（金辉，段光，李辉，2019），人情和面子在某种意义上是中国人证明自己存在价值和意义的方式（翟学伟，2021b），并且人情之于面子具有生成性意义（杜鹏，2017）。而“报”是中国文化中人情逻辑的核心要义（黄金兰，2017），或者说人情法则最核心的思想是“报”之规范（金辉，段光等，2019），人情导向也被定义为是一种受恩必报的社会规范（黄光国，2010）。俗语言“人情就像据，拉来又扯去”，在某种意义上，人情付出的越多则越有面子。在日常生活中，“讲人情”可以理解为“给人情”和“还人情”（陈午晴，2018），“给人情”对应“施”，而“还人情”对应“报”，正是循环往复的施与报的持续性关系使得面子需要在人际交往中发挥作用，因此在探究面子对国人心理和行为的影响时很难抛开中国的报文化来进行单独论述（杜鹏，2017）。Goffman（1959）的戏剧理论是人际互动领域的经典理论，用来描述人际互动过程中个体通过有意识的自我展示来影响、操纵他人对自己的印象，但这里强调的是角色于自我意识中留意到他人表演（郝琦，乐国安，1999；乐国安，1997），并且观众的反应要依表演者的水平而定（翟学伟，2021b），因此这里默认观众对所有表演者都能做到一视同仁。但戏剧理论很难解释在日常生活中，中国人为什么会对表现不佳的“自己人”或“圈内人”更加宽容，这种依据亲疏有别原则进行人际互动的现象与人情逻辑密切相关，这与差序格局相呼应。人们对于同属同一圈层的人会更加给面子，讲情面，而如何发展成为“自己人”，则需要在日常的施报关系中进行人情积累而非人情清算。

一般地，中国人之间的人情交往可逐步发展成人情网络，这种人情网络往往具有相对稳定性，或者说这种人情网络是在封闭或者半封闭的社会中得以发展和维系的，因为如果社会过于开放，人的流动性加剧，就会破坏人情网络的相对稳定性，导致人们在面对他人的人情帮助时陷于难以回报的尴尬境地。当“有贵人相助”的时候，有面子的人在这种被人抬举的情况下需要给予“贵人”回报，这种回报对方的做法能够让自己和亲密的关系他人（如家人）感到荣耀和自豪（翟学伟，2021b），而受助者给予施助者回报也体现了中国人对他人情绪的照顾和体谅，即体现了将心比心、推己及人的优良传统，这种体贴他人、为他人着想的情感正是辜鸿铭先生所认为的礼貌的本质（唐慧丽，2016），“如名贵香水般芳香四溢”（辜鸿铭，2018）。总体上，面子需要在人情逻辑的作用下得以对人们的心理与行为产生影响，一个人的面子需要在施与报的关系中平衡、发展与维护，如果人们在施与报关系中不顾及“报”之法则而过于理性行事则容易被他人认定为此人是一个不讲情面、不顾面子的人，而这在中国文化背景下绝非褒义。在中国社会，在为他人着想的付出精神的作用下，人们往往很难在精致理性的前提下准确计算自己投入与回报之间的数量关系，而是依靠“情理”来思考（翟学伟，2021b），这既表现在回报之必要性上，明晰谁欠谁和谁报答谁（翟学伟，2007）；也表现在回报不可清算上（即不可进行人情清算），包括回报要比所接受的施予多一些（冯必扬，2011；练崇潮，2015），也包括相较于即时回报，要适时选择延迟回报（刘兆明，1993）；还表现为回报对象之泛化性（文崇一，2006），当回报对象与施助者存在亲密关系时，往往能够使施助者因为自己面子辐射面的扩大而更有面子，这也可以理解为是受助者给予施助者的变相的高价回报。

以往的相关研究喻示：第一，渴望为自己争取面子的个体越表现出工具性求助等适应性求助行为，越倾向回避执行性求助等非适应性求助行为；渴望保护自己面子的个体越表现出执行性求助等非适应性求助行为，越倾向回避工具性求助等适应性求助行为。第二，面子需要和求助行为均具有多维结构。同社会交换理论指导下的西方“报”文化不同，中国本土“报”之法则有其鲜明特点，对求助行为有显著影响；面子和人情是中国文化体系中颇具特色的核心变量，人情之于面子具有生成性意义，面子需要在人情逻辑的作用下对人们的心理与行为产生影响，而“报”是人情逻辑的核心要义，在探究面子对国人心理与行为的影响时很难抛开中国的报文化进行单独论述。遵循本土“报”之法则有助于缓解护面子的压力对适应性求助行为的负面作用。

第2章 问题提出与研究设计

2.1 问题提出

2.1.1 已有研究的不足

2.1.1.1 研究工具适用性问题

目前应用广泛的求助行为量表和面子需要量表普遍存在累积解释方差较低、题目数量大、各维度题目分布不均等问题。具体而言，陈之昭（2006）编制的适用于大学生的面子需要量表（40 道题目）和 Chou（1996）编制的面子倾向量表（50 道题目）均题目繁多，而填写题目数较多的调查问卷容易导致填写者情绪上的不愉快和沮丧，且易使填写者产生放弃作答的想法，这使得题目较少的调查问卷更受欢迎（Zhou et al., 2021）；Zhang 等（2011）编制的社会面子意识量表虽然题目数（11 道题目）较少，但其累积解释方差（43.46%）较低（不足 50%）。Komissarouk 等（2017）编制的求助行为倾向量表题目数（14 道题目）也较少且累计解释方差（46%）较低，而只有萃取后的因素能联合解释所有变量 50% 以上的变异量才尚且可以接受（吴明隆，2010）。王啸天等（2019）编制的员工面子观量表虽然是以中国本土员工为研究对象，量表整体较为简洁（15 道题目），且量表三个维度题目数量分布较为均衡，但该量表累积解释方差为 51.76%，仅略微高于可接受临界值（50%）；宝贡敏和赵卓嘉（2009）编制的面子需要量表（35 道题目）题目数相对较多，累积解释方差较低（不足 50%），且量表中三个维度所包含的题目数（分别为 20 道题目、7 道题目和 8 道题目）分布不均，这会降低量表的结构效度并影响测量结果的可靠性。

目前应用较为广泛的求助行为量表大多为国外学者编制，具有代表性的是 Komissarouk 等（2017）编制的求助行为倾向量表，但将其直接应用于国内组织情境测量仍然欠妥。不同群体之间具有明显的文化差异（Cheung，2004），个人特质（如人格）与文化之间的关系不可割裂（Markus，2004），并且个体所表现出的心理与行为往往与其所处社会的文化背景相适应（王馥芸，2018）。在统计学层面，虽然国外学者编制的量表在国内也具有一定的适用性，但这种修订或直接使用国外量表研究中国人的心理和行为的方式过分强调了文化普适性而忽视了文化差异性（范为桥等，2011）。因此，立足本土文化背景编制量表可能可以挖掘出西方测验工具所未关注的问题（Cheung，Leung，Zhang，et al.，2001）。

目前应用较为广泛的面子需要量表多为在一般社会情境背景下编制的，尽管面子可以跨越时间、超越情境表现出一致性（何友晖，2006b），但面子需要在不同侧重点、不同时期、不同情境下仍会表现出差异性。例如，对于学生而言，让周围师生知道自己学习成绩好可能是一件很有面子的事情，但对于员工而言，比其他人获得更高的工资可能会使其觉得更有面子。因此使用以大学生为研究对象编制的面子需要量表（陈之昭，2006；施卓敏等，2012）对组织中员工进行面子需要测量则不妥，并且组织情境有别于一般社会情境，属于强情境（张志学，2010）。换言之，组织情境是特殊环境下的社会情境，与一般社会情境相区别，通过修改应用于一般社会情境中量表的指代对象（如将原量表中“其他人”修改为“同事”），用来测量组织情境中的员工，仍属于刻意强调一般社会情境和组织情境的共通性而忽略掉组织情境的特殊性。而正是出于对量表专用性的考虑才涌现出诸如针对消费的消费者面子意识量表（Bao et al.，2003）、面子消费需要量表（施卓敏等，2013）等。而目前已有的求助行为量表亦存在类似问题。鉴于此，编制特定情境、特定人群的测量工具是对广义构念的进一步细化和聚焦（施卓敏等，2013）。

2.1.1.2 诸多研究遵循求助 / 不求助二分法原则，忽视对不同求助行为表现型的考察

虽然已有学者认识到求助行为具有多维结构，并尝试将求助行为划分出诸如商议风格求助和教导风格求助，或自主性求助、依赖性求助和回避性求

助等不同类型的求助行为，但在实际论述和考察求助行为的前因变量时，诸多研究仍然遵循求助 / 不求助的求助行为二分法原则，这就有意将求助行为视为单维结构进行考量，忽视了对不同类型求助行为的分析。并且在对求助行为进行求助 / 不求助二分法划分时，往往更大程度上默认遇到困难寻求帮助是有益的，而不求助是不被提倡的。但实际是否如此需要进一步思考。上文提到的对求助行为进行诸如商议风格求助和教导风格求助等划分，则是研究者已经意识到也存在亚健康的求助行为，因此在后续研究中，在求助 / 不求助二分法原则的基础上，探索本土员工不同类型的求助行为表现，会使研究更加全面。

虽然大部分关于求助行为的研究仍沿用求助 / 不求助这种简单的二分法将求助行为作为单维结构进行论述和研究，但仍有研究将求助行为作为多维结构进行实证研究。不过，后者往往遵循以变量为中心的原则，将同一求助行为量表中的不同维度分别作为因变量来探讨前因变量对各因变量（即求助行为量表各维度）的作用，这种以变量为中心的研究过于简化（Woo et al., 2018），导致研究结果无法整合。而人的认知和行为往往是整合性而非孤立性的（Macrae & Bodenhausen，2000；Woo et al.，2018），如果孤立地对特定变量进行研究则解释效力有限（Aguinis & Gottfredson，2010），而以个体为中心开展研究得以更加接近现实情境（Mäkikangas & Kinnunen，2016；Morin et al.，2018），也使得对变量的描述和解释更加直观（Robins & Tracy，2003）。但目前在求助行为研究领域，很难见到以个体为中心开展的实证研究，因此也就很难知晓员工求助行为表现型的具体情况。

2.1.1.3　诸多研究强调面子的负面影响，忽视其正向的社会功能和激励作用

在中国文化背景下，面子是人们生活工作中绕不开的话题，但遗憾的是，无论是在经过艺术加工的影视剧中，还是人们的现实生活中，人们往往更强调面子的负面影响，传达的是对“放下面子，万事大吉”的认同。但也有研究者认为，面子作为近似于本能的后天习得性动机，兼具内在和外在双重激励作用（赵卓嘉，2013a），并且以往实证研究也证明了面子对主动行为具有激励作用（杜亚灵，查彤彤，2022）。鉴于此，区分面子需要所具有的多维结构，是梳理面子需要对人们积极的心理和行为所具有的正向激励作用和负向抑制作

用的有效途径。

针对自我增强和自我提升的跨文化研究表明，与东方人相比，西方人具有自我增强的动机，即强调自我积极的方面，更多地指向优点；而东方人爱面子是出于自我提升的动机，即强调自我消极的方面，更多地指向缺点，并努力改正（Heine，2003）。但也有研究者指出，人们刻意通过争取面子和保护面子来使自己有面子或不丢面子（Chou，1996），而保护面子因体现出对消极信息的敏感而更多地与自我提升相联系，争取面子因体现出对积极信息的敏感而更多地与自我增强相联系（王轶楠，2005），因此东方人对面子的偏爱不仅与自我提升相关，也与自我增强相关。有研究进一步表明，有保护面子倾向的人也会在其认为重要的特质和行为（如共享）上表现出自我增强（王轶楠，杨中芳，2007；Wang & Yang，2004）；在争取面子的成分中，自我提升也是应有之义，重视才能一直是中国人理想人格和社会自我的重要方面（陈虎强，1999），当个体想要得到面子，就会通过不断努力提升自己的能力，以期获得他人赞许和社会声望。这也进一步表明，面子需要具有多维结构，并且面子需要的不同维度可能会对个体的行为具有不同效应，面子需要中确有激励成分，这一点则需要通过更多实证研究来提供证明。

面子文化被视为有别于西方文化的典型中国本土文化代表（Zhang et al.，2011），在中国文化背景下，人们对得面子和失面子高度敏感，且在社会交往过程中，面子也被交往双方看作是最为微妙的法则之一（金辉，段光等，2019；Zhang et al.，2011）。员工求助行为作为典型的主动行为，面子需要对其有怎样的影响则需要进一步考察研究。但目前有关剖析面子需要和求助行为之间关系的研究较少，而探究面子需要和员工求助行为之间关系的研究更是匮乏。面子需要对员工求助行为是否具有正向功能和激励作用仍需要进行深入探究。鉴于面子文化之于国人思想和行为的重要性，在组织领域，不深入、全面地探索面子需要对员工求助行为的影响，就不能很好地理解和解释本土组织中的员工求助行为。

2.1.1.4 影响员工求助行为的因素研究缺乏对本土文化因素的考察

文献综述中指出，求助行为受到个人因素和情境因素的多重影响（毛畅果，孙健敏，2011；Wills & DePaulo，1991）。但上述影响因素多呈现“文化真空”特点，忽略了员工所处的社会文化对其行为的影响，于国内研究而言则表现为对本土文化的关注度不足，但文化心理学诸多丰硕成果已表明人们的心理与行为均受其所处文化的影响（汪凤炎，2017）。不可否认地，人类的某些行为具有普遍性，但传统文化是历史发展延续性和继承性的表现，对人们的社会行为有无形的影响和调控作用（刘妍等，2020）。这一方面表现在不同文化背景下人们具有差异性行为表现，另一方面则表现在需要对不同文化背景下人们的普遍性行为进行差异性解释。也正是因为文化差异的出现，才否定了许多曾被广泛接受的超越文化的普遍真理（叶茂林，段水莲，2007）。需注意的是，不断增加“文化真空”的研究会诱导相似的文化动向进入中心地带（南帆，2020），这种抛离文化差异性的研究可能无法挖掘人们行为背后所蕴藏的真正动机，同时逐渐丢失本土文化中区别于其他文化的精髓部分。

面子文化是中国人特有的文化心理现象，它极大地影响了中国人的日常生活（姜彩芬，2009），但遗憾的是，目前有关面子需要如何影响员工求助行为的直接研究非常少见。此外，受儒家文化影响的中国社会是典型的人情社会（李彬，2017），而强调“报”之法则是人情社会的基本逻辑（李拥军，2021），虽然已有研究就回报影响求助行为进行探讨，但大多研究是以西方的社会交换理论为背景，虽然该经典理论对研究中国人求助行为具有重要的借鉴意义，但通过文献综述中的分析也可知，中国传统文化背景下的“报”之法则相较于社会交换理论所强调的回报原则有诸多方面的差异，而目前已有研究缺乏全面探讨中国“报”文化影响国人求助行为（如中国本土组织中员工求助行为）的实证研究。

2.1.2　问题提出

随着社会的发展和国外文化的涌入，中国传统文化在现代社会所发挥的作用是日渐式微还是依旧焕发活力呢？中华民族拥有至少五千年的灿烂文化，其成员（此处指当代中国人）所表现出的心理与行为是几千年文明的结晶，带有民族文化的烙印（汪凤炎，2017）。总结而言，比较受认可的观点是：中国文化中有着丰富的高端思想，这些思想没有因为历史而褪色；相反，经历了几千年的实践检验之后，却愈发光彩照人（齐善鸿等，2010）。综上，考察中国人的心理与行为，应多关注中国本土文化对其的影响。

组织环境是特殊的社会环境，组织中的员工也更具有追求经济利益和契约精神等特征，但这并不意味着人情、面子等潜在影响人们心理和行为的本土化因素无法约束组织中员工的心理与行为。相反地，毛畅果和孙健敏（2011）认为华人组织中的求助行为会因“人情”“面子”这种本土文化的作用而包含一些独特且有趣的成分，值得进一步探讨。虽然人的工具可能在很短的时间内从马、骆驼过渡到汽车和计算机上来，但这种过渡必须以社会发展和文化融合为基础（赵文学，吴柏祥，1998）。因此，即便在同样重视契约精神和经济效益的华人组织中，人情、面子这些本土文化也会对员工心理与行为产生重要影响（芦慧等，2021；綦萌等，2019；姚圣娟等，2009）。但提到“面子”，人们往往想到“卖面子”“死要面子”等，提到“人情”，人们往往想到“卖人情”“靠人情”等；提到“关系”，人们往往想到“攀关系”“拉关系”等，这些俗语多带贬义，体现的是面子等本土文化在人际交往关系中的负面效应。但从逻辑角度来看，作为几千年文化积淀过程中形成的本土文化，人情、面子、关系等能够在历史的长河中历久弥新，且在现代社会中依然焕发生机和活力，就足以证明这些本土文化对人们的行为（如社会交往行为）而言并非只具备负面效应，关注这些文化概念的激励作用有助于理性、全面地认识传统文化和本土文化对现代人生活和工作的影响，并使对现代社会情境（如组织情境）中人们心理与行为的解释成为“有冠冕之衣服，有本原之水木”。

面子作为关系的重要元素（姚圣娟等，2009），是中国文化的重要组成部分或者说是典型特征（奂平清，2010；贾新明，2015），中国人的面子具有强烈的社会性质（施旭，2013），进而个体形成的“面子需要”这一个性特征具有相对稳定性（宝贡敏，赵卓嘉，2009）。组织中员工的求助行为是典型的社会交往行为，员工的面子需要将会影响其求助行为（雷霁，唐宁玉，2015）。人情是中国文化的核心概念（翟学伟，2014），根据文献综述中的论述可知，差序格局在组织中也有所体现，而差序格局中成功的人情实践本质上是一种施报关系（沈毅，2007a），“报”也可以理解成一种人情交换（李拥军，雷蕾，2016），或者说是一种人情法则（李拥军，2021）。在社会互动的法则上，相较于西方社会，中国社会更重视“报”的规范（奂平清，2018），并且“报”

同面子等一起构成了我们对中国人行为方式的混合性理解（翟学伟，2007），以“报”为核心要义的人情之于面子具有生成性意义（杜鹏，2017；黄金兰，2017），面子需要在“报”之法则的作用下对人们的心理与行为产生影响，因此在面子需要影响员工求助行为的研究中，有必要考虑“报”文化在其中发挥的作用。

鉴于此，本书在探究面子需要和员工求助行为关系的基础上，重点探究“报”之法则在面子需要影响员工求助行为中的作用。从受助者（回报者）的角度看“报”的运作往往涉及两个问题：第一，从回报普遍性方面考虑，面对他人帮助，受助者什么时候回报更合适（回报时机）？第二，从回报针对性方面考虑，面对不同身份的施助者，受助者给予多大程度的回报才更合适（回报对象身份特征）？研究结合文献综述中对“报”之法则的分析总结出两个发现。

首先，研究可以从回报时机的角度入手探究回报即时性和回报延迟性在面子需要影响员工求助行为中的作用。报偿是中国人普遍存在的思维意识和行为方式（李拥军，2021），也是中国的社会法则（李拥军，雷蕾，2016），这说明受助后给予施助者回报是中国人公认的行为准则。从回报时机的角度看可以将回报分为即时回报和延迟回报两种。根据社会交换理论的观点，与无回报相比，即时回报更具优势作用，并且社会交换理论更推崇即时回报，且本土“报”的运行及其结构在相关研究中几乎一直是一个空白，这是因为它的含义被交换理论之发展所掩盖（翟学伟，2007），这也在一定程度上证明了相较于无回报，即时回报所具有的优势作用。但中国式的回报则不仅仅是即时的，更有可能是延迟回报（刘兆明，1993）。鉴于此，我们在研究中将从回报时机的角度考虑回报即时性（相较于无回报）和回报延迟性（相较于即时回报）在不同面子需要水平员工表现积极求助行为中的促进作用。

其次，研究可以从回报对象身份特征的角度入手探究回报对象相对职位、回报高价性和回报对象泛化性在面子需要影响员工求助行为中的作用。上下级关系在组织中人际关系里的地位至关重要（刘冰，李逢雨，2021；于桂兰，付博，2015），因此在对组织中“报”之法则的考察中，回报对象相对职位是不可绕过的重要因素。而在上下级关系中最核心的特征是交换双方权力不对等（陆欣欣，孙嘉卿，2016；Erdogan & Liden，2002），尊上的内在规范在组织中领导与下属之间的关系中表现得十分普遍（郭晓薇，2011），这深刻影响着上级—下级交换双方的角色规范（Kirkman et al.，2009），这使得在上下级关系中，等价交换的互惠信念的适用性会受到限制（Chen et al.，2009）。对于上级—下级关系而言，上级无论是对下级做了分内之事，还是确有偏私照顾，下级往往都倾向给予上级高价回报（王硕，2011；朱苏丽等，2015）。另外，扶弱济贫是中华传统美德中的善举（马永庆，2021），在组织中往往也是上级会给予下级工作、生活等多方面关照（郭晓薇，2011），而当上级需要下级给予自己帮助时则难免出现心理失衡的感觉。根据补偿效应，个体在某些方面得不到满足，可以通过其他方面的满足来对这种不满足感进行弥补（Adler，2010；Staines，1980），因此当上级面对下级施助者时，可能也会通过高价回报来弥补自己在某方面不如下级所导致的心理失衡。此外，泛化的回报对象说明在常见的回报关系中，回报对象并不局限于施助者本人，还可以是施助者的关系他人，从施助者的角度看，回报施助者的关系他人很可能会因施助者面子辐射面的增加而使施助者感到面上有光，这也是给予施助者的变相高价回报。鉴于此，本研究将从回报对象身份特征的角度考虑回报对象相对职位、回报高价性以及回报泛化性在不同面子需要水平员工表现积极求助行为中的促进作用。

鉴于已有相关研究的不足，本研究拟在中国“报”文化视角下探究员工面子需要对求助行为的影响，主要关注以下四类问题：第一，本土组织中员工求助行为包含哪些表现型？相对而言哪些求助行为表现型对员工来说更为积极？哪些为亚积极或消极？第二，本土组织中员工面子需要包含哪些要素？第三，本土组织中员工的面子需要和求助行为有怎样的关系？不同面子需要水平的员工其求助行为表现具有哪些差异性特征？哪几种面子需要类型员工会表现出积极的求助行为？哪几种面子需要类型员工会表现出亚积极或消极的求助行为？第四，“报”之法则在员工面子需要影响其求助行为中具有怎样的作用？如果某种面子需要类型员工倾向选择亚积极或消极的求助行为，那么遵循“报”之法则能否提高他们在困境中选择积极求助行为的倾向？

2.2　研究目的与意义

2.2.1　研究目的

首先，在中国文化背景下，编制具有本土文化特点的员工求助行为问卷和员工面子需要问卷，并在此基础上明确员工求助行为表现型以及员工面子需要包含的要素。

其次，探索本土组织中员工面子需要和求助行为的关系，明晰员工面子需要对其求助行为的影响，进而探索不同面子需要水平员工求助行为表现的差异性特征。

最后，探索“报”之法则（包含回报时机和回报对象身份特征两个方面）在员工面子需要影响其求助行为中所发挥的作用。

2.2.2　研究意义

在理论层面，第一，本书致力于在组织环境中挖掘诸如面子需要和“报”之法则对员工积极行为的促进和激励作用，这是在组织实践中对“两个结合”的有力呼应，即“把马克思主义基本原理同中国具体实际相结合、同中华优秀传统文化相结合”，进而使中华优秀传统文化的地位擢升到前所未有的高度（宇文利，2023），这要求我们深刻认识到中华优秀传统文化的价值性和重要性。第二，本研究立足本土文化，对员工面子需要和求助行为的结构进行深入挖掘，采取自下而上的策略编制员工求助行为问卷和员工面子需要问卷，进一步探索员工求助行为和面子需要的结构，并探索和验证上述两个问卷在本土组织中的适用性，以便更加深入地理解求助行为和面子需要的概念结构和本土文化内涵。第三，以本土文化为背景，以本土组织中的员工为研究对象，探究本土文化概念（“报”、面子需要）对求助行为的作用，突破以西方文化为主导的研究结果的片面性，提供来自本土化研究的视角与证据，从传统文化的视角丰富对员工求助行为的解释机制，使对员工求助行为的解释具有本土文化内涵，这将使对员工求助行为的理论解释更加科学和符合本土文化特征，并回应了学者对该问题进行本土化研究的呼吁（毛畅果，孙健敏，2011）。第四，将中国传统的“报”文化和面子文化纳入对本土组织中员工求助行为的解释之中，并深入探讨二者交互作用对员工求助行为的混合性影响，在拓展该领域研究的基础上，避免单一变量解释所产生的片面性，增加结果的准确程度，进而提高研究的外部推广效度。

在实践层面，第一，本研究提供了有效测量和考察本土组织中员工求助行为和面子需要的测量工具，有助于管理者了解员工求助行为特点和面子需要特点。第二，本研究考察了“报”之法则在面子需要影响员工求助行为中的作用，有助于为管理者更全面地提供有关中国“报”文化和面子需要影响员工求助行为的混合性理解，进而能够有针对性地引导员工形成健康的求助理念，并促使员工表现出健康的求助行为。第三，组织中员工能否表现出必要的求助行为，不仅关乎员工自身发展，还关乎组织的长远发展，文化对员工行为的影响不容忽视。本研究的探索将进一步使组织中相关人士认识到文化因素对员工行为表现的重要作用。第四，有助于组织中工作任务的顺利完成。员工在工作中遇到困难的必然性也导致了员工求助的必然性，本研究通过探索中国传统“报”文化视角下面子需要对员工求助行为的影响，能够为组织在提升员工绩效水平、促进员工成长和专业发展等方面提供有效依据，同时也能够为组织创建有利于员工健康求助的情境提供参考。进一步地，这将对帮助员工顺利完成工作任务，提升组织绩效起到积极作用。

2.3　研究思路与设计

本研究以本土组织中员工为研究对象，在编制能有效测量员工求助行为和面子需要的研究工具，以及明晰员工面子需要和求助行为之间关系的基础上，重点探究“报”之法则在员工面子需要影响求助行为中的作用。本研究包括三个部分，分别为员工求助行为问卷和员工面子需要问卷的编制，员工面子需要和求助行为之间关系的探讨，以及“报”之法则在面子需要影响员工求助行为中的作用，主要包括五个研究，研究的整体框架见图 2–1。

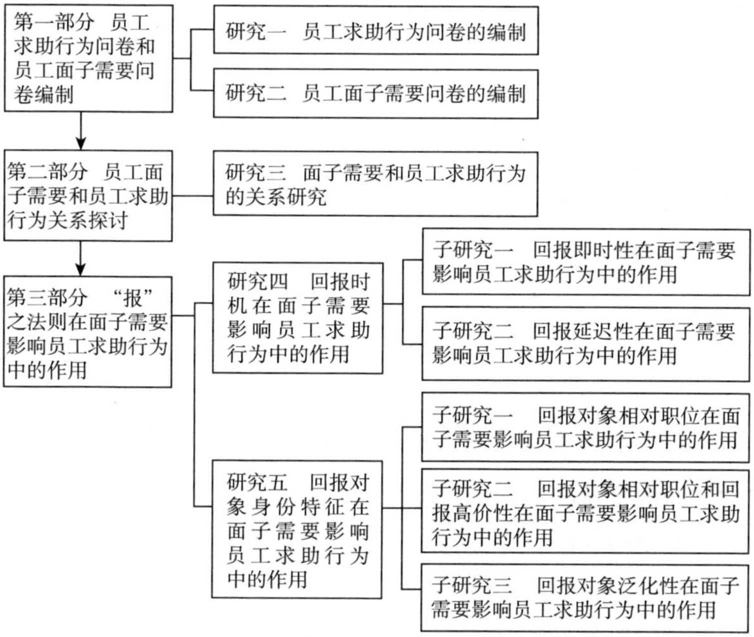

图 2–1　研究的整体框架

第一部分包含两个研究。研究一为员工求助行为问卷的编制，包括：第一，通过质性访谈和开放式问卷调查相结合的方式收集质性材料，对收集到的文本资料采用扎根理论进行分析，探索员工求助行为的结构。第二，采取“自下而上”的方式，以质性材料分析为基础编制员工求助行为问卷，通过问卷调查，以探索性因素分析为主要统计手段对问卷的结构进行探索，通过验证性因素分析检验问卷结构效度，并检验问卷信度。研究二为员工面子需要问卷的编制，采用与研究一相同的方法和程序探索员工面子需要结构，编制员工面子需要问卷，探索问卷结构，检验问卷信效度。

第二部分包含一个研究（研究三）。研究三为面子需要和员工求助行为的关系研究，旨在以研究一中自编的员工求助行为问卷和研究二中自编的员工面子需要问卷为研究工具进行问卷调查，初步探究面子需要和员工求助行为之间的关系，包括：第一，探索面子需要各维度和员工求助行为各维度间的相关关系。第二，探索面子需要对员工求助行为表现型的影响，首先通过潜在剖面分析探索员工求助行为的表现型，以检验是否能析出相对积极、亚积极或消极的求助行为；再以逻辑回归分析为主要统计手段，探索不同面子需要水平员工求助行为表现的差异性特征，如果能够析出不同类型的求助行为，则重点剖析何种面子需要水平的员工求助行为更积极、亚积极或消极。如果研究三能够发现倾向于表现出亚积极或消极求助行为的某种面子需要水平员工，那么后续研究则以引导此类员工（即后续研究中提到的“上述类型员工”）在困境中表现出积极求助行为为目标，引入本土文化背景下的“报”之法则，通过一系列循序渐进的实证研究来探索“报”之法则对上述类型员工积极求助行为表现倾向的促进作用。

第三部分包含两个研究（研究四、研究五）。研究四为回报时机在面子需要影响员工求助行为中的作用，包含两个子研究。子研究一为回报即时性在面子需要影响员工求助行为中的作用。采用被试间实验设计，以方差分析为主要统计手段，探究面子需要水平和即时回报（无回报机会和有即时回报机会）对员工不同求助行为类型选择倾向的混合性影响，初步探索有即时回报机会是否会对上述类型员工积极求助行为选择倾向产生促进作用。子研究一重点考察即时回报的优势作用，而中国文化背景下形成的“报”与其他文化（如西方文化）背景下形成的“报”的显著区别在于本土“报”更强调回报的延迟性。进而在子研究一的基础上，子研究二重点考察回报延迟性在面子需要影响员工求助行为中的作用，采用混合实验设计，以方差分析为主要统计手段，探究面子需要水平和回报延迟性（包括即时回报、延迟一周回报 、延迟六个月回报）对员工不同类型求助行为选择倾向的混合性影响。其中，面子需要水平为被试间变量，回报延迟性为被试内变量。探索回报延迟性是否，以及如何对上述类型员工积极求助行为选择倾向产生促进作用。由于研究四的考察重点为回报即时性和回报延迟性，所以研究四中对回报对象（即施助者）的身份等级不做过多限定，即笼统称为“同事”，但在实际生活中，人们寻求帮助之前势必会考量潜在施助者的身份背景等信息，而上下级关系是组织中普遍的人际关系，对员工求助行为的深入考察有必要区分施助者的相对职位，因此研究五为回报对象身份特征在面子需要影响员工求助行为中的作用，包含三个子研究。子研究一区分回报对象（即施助者）的相对职位，考察回报对象相对职位在面子需要影响员工求助行为中的作用。研究采用混合实验设计，以方差分析为主要统计手段，探究面子需要水平和回报对象相对职位（包括上级、平级、下级）

对员工不同求助行为类型选择倾向的混合性影响。其中，面子需要水平为被试间变量，回报对象相对职位为被试内变量。探索具有何种相对职位的回报对象（施助者）会对员工积极求助行为选择倾向有促进作用。

如果子研究一能够得到预期结果，则说明相对而言会存在具有某种相对职位的回报对象（施助者），他们不对上述类型员工积极求助行为选择倾向产生促进作用，那么当面对这样的回报对象（施助者）时，如何通过“报”之法则提高上述类型员工积极求助行为选择倾向则是子研究二关注的问题。前文提到，与社会交换理论强调的等价回报不同，本土“报”更强调高价回报。鉴于此，子研究二引入回报高价性，探讨回报对象相对职位和回报高价性在面子需要影响员工求助行为中的混合性作用。采用混合实验设计，以方差分析为主要统计手段，探究面子需要水平、回报对象相对职位（包括上级、平级、下级）和回报高价性（等价回报和高价回报）对员工不同类型求助行为选择倾向的混合性影响。其中，面子需要水平和回报高价性为被试间变量，回报对象相对职位为被试内变量。探索当上述类型员工面对上文描述的回报对象（施助者）时，高价回报能否提高他们积极求助行为选择倾向。

研究四和研究五中的子研究一、子研究二中设定的回报对象均为施助者本人，虽然在大多数帮求关系中，求助者的回报对象往往就是施助者本人，但在日常生活中，求助者的回报对象是施助者的关系他人的情况也十分普遍。鉴于此，在前述研究的基础上，子研究三主要考察回报对象泛化性在面子需要影响员工求助行为中的作用。采用混合实验设计，以方差分析为主要统计手段，探究面子需要水平和回报对象泛化性（可回报对象为施助者孩子、施助者朋友、施助者熟人）对员工不同类型求助行为选择倾向的混合性影响。其中，面子需要水平为被试间变量，回报对象泛化性为被试内变量。在本研究中，参考占友龙等（2022）在实证研究中对“朋友”和“熟人”的操作性定义，用“施助者频繁且稳定交往了 3 年以上的同性好友”代表“施助者朋友”，“与施助者仅有点头之交并认识三年以上的同性别同学”代表“施助者熟人”。探索当回报对象为施助者何种关系他人时，会对上述类型员工积极求助行为选择倾向有促进作用。

此外，本研究属于循序渐进的探索性研究，即后续研究的设计与实施均与前面研究所取得的结果密切相关，因此本研究设计是在总结前人研究并提出研究问题的基础上所做的具有笼统性的研究思路阐述，在后续研究中会对研究假设提出等问题进行系统阐释与分析。总体上，研究初步认为，员工的面子需要包含不同的内容，而不同内容的面子需要或可促使员工在困境中选择积极的求助行为，或亚积极或消极的求助行为，并且处于困境中的员工显然不是为了回报潜在施助者才去进行求助，而是考虑到是否可以回报好潜在施助者等方面的因素进而影响到自身的求助决策。在本研究中，虽然我们致力于全面描述和发掘员工的面子需要对其可能存在的积极、亚积极或消极求助行为的影响，但研究重点则放在发掘员工面子需要如何阻碍其积极求助行为，或者说如何激发其亚积极或消极求助行为，并在此基础上重点探究当员工在意识到自己能够更好地回报潜在施助者的前提下，能否克服上述阻碍因素，或者说抑制其亚积极或消极求助行为。

第3章　研究一　员工求助行为问卷的编制

在工作内容复杂化和信息技术复杂化的背景下，员工间的合作与互助受到学界的广泛关注（Hofmann et al.，2009）。以往关于组织合作互助的研究中，施助者往往是主要的关注对象（毛畅果，孙健敏，2011），即与“求助”相比，研究者更多的关注点在“助人”方面。进一步的研究发现，绝大多数的助人行为都是由求助行为引发，在互助过程中，求助起到了主导作用（林颖，2017）。在中国的文化背景下对员工求助行为进行探讨，会使问题进一步细化和聚焦。本研究首先悬置前设并保持思维开放（陈向明，2015），通过深度访谈与开放式问卷调查相结合的质性研究收集一手资料，完全以质性材料为出发点重点探索员工求助行为的结构，并在质性研究的基础上，以归纳分析的文本资料为主要依据，编制员工求助行为问卷，以便在后续研究中可以对员工求助行为进行量化测量。

3.1　研究方法

本研究旨在探究本土组织环境中员工求助行为理论维度，编制员工求助行为问卷。

3.1.1　研究对象

研究通过方便取样建立三个样本库。样本一包含 134 名来自辽宁省、甘肃省和内蒙古自治区企事业单位年龄 18—60 岁的员工，职业主要为中小学教师、企业文员、煤矿安全员、医生等，其中 34 名员工作为访谈对象，100 名员工作为开放式问卷调查对象，男性 68 人，女性 66 人；大专以下学历 16 人，大专及本科学历 86 人，研究生学历 32 人；三年及以下工龄 32 人，三年以上工龄 102 人。样本一用于收集质性文本资料。

样本二包含 588 名来自辽宁省、甘肃省和内蒙古自治区企事业单位年龄 18—60 岁的员工，职业类型同样本一，其中男性 244 人，女性 344 人；大专以下学历 29 人，大专及本科学历 518 人，研究生学历 41 人；三年及以下工龄 150 人，三年以上工龄 438 人。样本二用于项目分析和探索性因素分析。

样本三包含 366 名来自辽宁省、甘肃省和内蒙古自治区企事业单位年龄 20—50 岁的员工，职业类型同样本一，其中男性 135 人，女性 231 人；大专以下学历 29 人，大专及本科学历 317 人，研究生学历 20 人；三年及以下工龄 76 人，三年以上工龄 290 人。样本三用于验证性因素分析和信度检验。

3.1.2 研究工具

开放性问题包括“在工作中，你寻求过哪些帮助”“在工作中，你的同事向你或者其他同事寻求过哪些帮助”“你认为工作中哪些表现代表你 / 同事是在寻求帮助”“在工作中遇到自己解决不了的问题，什么情况下你会寻求帮助，怎样求助”“在工作中遇到自己解决不了的问题，什么情况下你会选择不求助，为什么”“你怎么看待在工作中寻求帮助”，并根据被试者反应有针对性地进行追问。

3.1.3 研究程序

3.1.3.1 质性资料收集和分析

（1）准备阶段

样本一中 34 名员工作为访谈对象，100 名员工作为开放式问卷调查对象。预约被试，研究者在访谈或开放式问卷调查开始前告知研究对象调研时间、内容、注意事项等，就其不清楚的问题进行解答。

（2）访谈和开放式问卷调查阶段

访谈主要采用一对一的方式，尽量采用面对面的方式与访谈对象进行交谈，对于存在地理距离的访谈对象，则采用微信视频的方式进行调研。研究者在访谈开始之前，向访谈对象说明此次访谈主要用于学术研究，所涉及的隐私信息绝对不会泄露给任何人，在征得访谈对象同意的情况下，对访谈过程进行录音记录。在同访谈对象交谈时，研究者根据访谈对象的反应表现，及时调整问题表述方式，并在必要的时候及时进行追问。每次访谈时间为 15 分钟至 35 分钟，共形成 34 份语音资料，将语音资料保持原意逐份转化为文本材料，经过整理后共形成了约 10.8 万字的文本材料。此外，本研究呈现的访谈对象基本信息也已征得访谈对象的同意。在所有访谈对象的支持和配合之下，访谈过程、分析编码过程及研究报告呈现过程都比较顺利。

在进行开放式问卷调查时，由于研究对象为全国各地各行各业的员工，基于实际考虑，无法将其集中到同一地点进行测验，因此根据实际情况采用一对一或一对多的网络测试的方式，通过发放电子版问卷，使用统一指导语来进行开放式问卷调查，最终回收 100 份有效文本，形成了约 1.6 万字文本材料。

（3）分析阶段

以扎根理论为基础对收集到的访谈资料和开放式问卷调查资料进行进一步的归纳、整理和分析。具体而言，将整理好的文本材料导入 NVivo 12.0 和 Microsoft Excel 2003 中进行后续的开放式编码分析、主轴式编码分析和选择式编码分析。

3.1.3.2　问卷编制

（1）初始问卷形成阶段

由研究者和一名文学专业硕士生充分研读质性材料，并通过协商的方式抽取、整合质性材料中代表性语句，转化成描述性句子作为求助行为问卷（原始）题目，反复研读原始问卷题目，保证题目意思与质性材料中对应语句原意相符，保证题目表述简单且无歧义。求助行为问卷采用李克特五点计分（1 = 完全不符合，5 = 完全符合）。

（2）问卷调查和分析阶段

使用求助行为问卷（原始）为测量工具对样本二施测。由于时空条件的限制，本研究采用现场施测和网络施测相结合的方式发放调查问卷，施测前由研究者讲解指导语，就研究对象不清楚的部分及时进行解答，保证其在施测前熟练掌握问卷作答规则。施测过程中由研究对象独立答题，作答完成后由研究对象将调查问卷返回给研究者。使用 SPSS 24.0 软件对回收数据进行项目分析和探索性因素分析，删减题目，形成员工求助行为问卷（正式）。

使用求助行为问卷（正式）对样本三施测，施测程序同上。使用 AMOS 17.0 软件、SPSS 24.0 软件和 Mplus 8.0 软件对回收数据进行验证性因素分析和信度检验。

3.1.4 数据处理

研究使用 NVivo 12.0 和 Microsoft Excel 2003 对访谈资料和开放式问卷资料进行归类和编码等分析处理；使用 SPSS 24.0 对问卷进行项目分析和探索性因素分析，使用 AMOS 17.0 进行问卷验证性因素分析，并使用 SPSS 24.0 和 Mplus 8.0 进行问卷信度检验。

3.2 研究结果

3.2.1 质性资料分析结果

3.2.1.1 开放式编码结果

本阶段由研究者和一名社会学专业博士在充分分析整体文本资料的基础上，以保留访谈对象话语原意和开放式问卷回答内容原意为原则，归纳整理出关键语句 1386 条，删除表述过于简单和观点表达不清晰的条目，保留观点明确、意义清晰的关键语句 969 条，进一步将上述关键语句进行归纳合并，得到 266 个语义清晰的意义单元。

3.2.1.2 主轴式编码结果

本阶段由研究者和一名社会学专业博士分别对 266 个意义单元所描述的内容进行分类，最终将上述意义单元归纳为“思路求助”“经验求助”“建议求助”“注意事项求助”“寻求讨论”“习惯性求助”“求助答案”“依赖性求助”“求助焦虑”“求助顾虑”“不想求助”11 个概念词。

3.2.1.3　选择式编码结果

研究根据主轴式编码的结果，共归纳出 3 个核心类别。“思路求助”“经验求助”“建议求助”“注意事项求助”“寻求讨论”5 个概念词可归纳为“长远受益性求助”；“习惯性求助”“求助答案”“依赖性求助”3 个概念词可归纳为“暂时受益性求助”；“求助焦虑”“求助顾虑”“不想求助”3 个概念词可归纳为“回避求助”。

3.2.1.4　主轴式编码和选择式编码频次

研究将意义单元在概念词和核心类别中出现频次和百分比进行统计和排序，见表 3–1。

表3-1　员工求助行为主轴编码和选择编码的频次分布及排序

概念词	频次	百分比/%	排序	核心类别	频次	百分比/%	排序
思路求助	30	13.27	2	长远受益性求助	139	61.50	1
经验求助	26	11.50	4				
建议求助	35	15.49	1				
注意事项求助	20	8.85	6				
寻求讨论	28	12.39	3				
习惯性求助	16	7.08	7	暂时受益性求助	50	22.12	2
求助答案	24	10.62	5				
依赖性求助	10	4.42	10				
求助焦虑	15	6.64	8	回避求助	37	16.37	3
求助顾虑	14	6.19	9				
不想求助	8	3.54	11				
合计	266	100		合计	266	100	

从概念词和核心类别的频次和百分比排序上可以看出员工在日常工作中求助行为的表现情况。概念词中频次由高到低排序，前六位依次是“建议求助”“思路求助”“寻求讨论”“经验求助”“求助答案”和“注意事项求助”，排在最后两位的是“依赖性求助”和“不想求助”。核心类别中频次由高到低的排序依次为“长远受益性求助”“暂时受益性求助”和“回避求助”。综上，

从编码的情况来看，员工在日常工作中遇到自己无法解决的困难时，往往会表现出长远受益性求助，而对暂时受益性求助和回避求助提及较少，即在寻求帮助的过程中员工以自己解决问题为主，追求问题解决的同时，还注重自己解决问题能力和经验的增长。

3.2.1.5 编码的信度分析

第一，研究者和共同编码者为有访谈经验和问卷调查经验的博士生，对访谈问题、访谈过程、资料整理以及编码都有一定的掌控能力；第二，在访谈语料和开放式问卷调查资料的转录过程中，最大程度地还原被试原始语句，并在转录完成后提交给对应的被试查阅确认，尽力保证转录后的文本材料表达了被试的真实想法；第三，在本研究中，一致性系数为

$$(K) = 2M/(N_1+N_2)$$

其中，M 为两个编码者都同意的编码数，N_1 为第一个编码者的编码数，N_2 为第二个编码者的编码数，编码信度系数为

$$(R) = nK/[1+(n-1)K]$$

其中，n 为编码者人数（见孙传远，刘玉梅，2013）。本研究开放式编码中，研究者形成238个语义清晰的标签，另一名编码者（社会学专业博士）形成234个语义清晰的标签，其中相互同意的标签数为206个，相互不同意的标签数为60个，因此，本研究一致性系数为0.87，编码信度为0.93。

3.2.2 问卷编制结果

3.2.2.1 项目分析

本研究以包含66个项目的员工求助行为问卷（原始，详见附录1）为研究工具，使用样本二中588个有效数据，通过以下两种方法进行项目分析。第一，采用题目的临界比率值（CR）的方法来考察项目的区分度。将问卷的总分按照从高到低的顺序排列，分别取前后27%为高、低分组，对两组被试在每道题上得分的平均数进行独立样本 t 检验，保留问卷中高分组和低分组在0.05水平上差异显著且 $CR > 3.00$ 的题目。结果显示，所有题目的 CR 值范围介于5.95—16.58，均在0.001水平上差异显著。第二，采用题总相关的方法来考察项目的同质性，保留与问卷总分在0.05水平上显著相关且相关系数

大于 0.30 的题目。结果显示，所有题目与总分相关系数介于 0.29—0.58，均在 0.001 水平上显著相关。结合两种方法的结果来看，删除第 57 题（$r = 0.29$，$p < 0.001$），问卷剩余题目均具有较高的区分度和较好的同质性。

3.2.2.2　探索性因素分析

研究将样本二中 588 个有效数据用于自编员工求助行为问卷的探索性因素分析。结果显示 KMO = 0.96，Bartlett 球形检验近似 $c^2 = 27813.01$，$df = 2080$，$p < 0.001$，说明题目之间存在共同因素，数据非常适合进行探索性因素分析。采取主成分分析法并进行斜交旋转提取共同因素。在因子数量的确定上，先使用特征值大于 1 的方法，并结合碎石图，自由探索因子数；再根据保留下来的各因子题目的内涵为各因子命名。删除题项的根据包括：题项在所有因素上载荷均小于 0.40，题项在两个或以上的因素上载荷均大于 0.40，单个因素包含的题项小于 3 项。采用删除一题就重新探索一次的方式，逐步探索出稳定的问卷因子结构。

经过多次探索性因素分析，最终先后删除 55 个题目，保留 11 个题目，提取出 3 个特征值大于 1 的公因子。11 个题项中最低负荷为 0.66，最高负荷为 0.85，且每个题项在其所在的因子上具有唯一较高负荷值。每个公因子包含题项数为 3—5 个，3 个公因子共可解释 62.85% 的变异量。具体情况详见表 3-2。

表3-2　员工求助行为问卷探索性因素分析结果

题目	F1	F2	F3
b56	0.82		
b31	0.79		
b18	0.78		
b34	0.76		
b11	0.67		
b26		0.85	
b22		0.83	
b64		0.66	
b59			0.85
b5			0.78
b60			0.77
特征值	3.21	2.60	1.11
累计方差贡献率 / %	29.15	52.77	62.85

F1 描述的是员工在工作中遇到困难时，选择通过向同事寻求意见或建议，求助同事解决问题的思路和想法，最终通过自己的努力解决问题，此类求助有利于员工经验的积累和解决问题能力的增长，故命名为“长远受益性求助”；F2 描述的是员工在工作中遇到困难时，习惯性地选择完全依赖其他同事，通过将工作推给其他同事完成，直接向其他同事寻求解决问题的答案，来解决自己的工作难题，此类求助只关注当下问题的解决，无益于员工经验的积累和解决问题能力的增长，故命名为“暂时受益性求助行为”；F3 描述的是员工在工作中遇到困难时，不愿意寻求其他同事的帮助，甚至冒着完不成工作任务的风险也不寻求帮助，故命名为“回避求助”。

3.2.2.3 验证性因素分析

问卷经删减最终在三个因子上保留 11 个题目。为进一步考察问卷的结构，参考探索性因素分析结果，使用样本三中的 366 个数据对问卷结构进行验证性因素分析，以单因子模型为竞争模型，进一步验证模型的一阶三因子结构。从模型的各项拟合指标来看，单因子模型拟合指标均不在可接受范围内，一阶三因子模型各项拟合指标均在可接受的范围内，进而接受员工求助行为的一阶三因子模型为最终模型。本研究编制的员工求助行为问卷具有良好的结构效度，模型的拟合情况见表 3-3。

表3-3　员工求助行为问卷验证性因素分析结果

模型	c^2/df	CFI	TLI	IFI	GFI	RMSEA
单因子模型	21.43	0.33	0.17	0.33	0.59	0.24
一阶三因子模型	1.74	0.98	0.97	0.98	0.97	0.05

3.2.2.4 Cronbach’s α 系数和组合信度分析

研究使用样本三中的 366 个数据进行员工求助行为问卷的信度分析。长远受益性求助维度、暂时受益性求助维度和回避求助维度的 Cronbach’s α 系数分别为 0.85、0.76 和 0.76；使用 Mplus 8.0 分别计算三个维度的组合信度，结果显示，长远受益性求助维度、暂时受益性求助维度和回避求助维度的组合信度系数分别为 0.85、0.76 和 0.77，均大于 0.60 的标准（吴明隆，2010）。总体上员工求助行为问卷的信度良好。

3.3　讨论

通过文献梳理我们对员工求助行为有了初步了解，在前置前人研究结论和研究者初步观点的前提下，通过访谈和开放式问卷调查等质性研究手段分析员工求助行为，并在此基础上编制员工求助行为问卷。本研究通过质性分析认为员工的求助行为包括长远受益性求助、暂时受益性求助和回避求助，这其中比较特殊的是回避求助，Nadler（1998）认为回避求助是求助的一种，用以描述求助者回避必要的求助（冯云霞等，2017），但大多数研究并不认可回避求助是求助行为的一种，因为求助行为一般被看作是一种主动行为，而回避求助的重点在于回避，这与主动行为所体现的主动性本质相违背，是极端被动消极的（冯云霞等，2017；毛畅果，孙健敏，2011；Bamberger & Levi，2009；Geller & Bamberger，2012）。Harpaz-Gorodeisky 和 Nadler（2008）编制了一款未公开发表的员工求助行为倾向问卷（see Geller & Bamberger，2012；Nadler，2009），包含自主性求助和依赖性求助两个维度，此后，Komissarouk 等人（2017）在这项初始研究（Geller & Bamberger，2012；Nadler，2009）基础上选取题目完善了求助行为倾向量表，在自主性求助、依赖性求助这两个维度的基础上增加了回避求助维度，但其分析的重点仍然在自主性求助和依赖性求助这两个维度上。本研究通过质性分析发现，在组织中，对于员工而言，其可能因为对求助的种种顾虑而出现回避求助倾向，但完成工作任务为第一要义，因此员工往往会要求自己在必要的时候进行求助。其中，暂时受益性求助具有一定的掩饰作用，多名被访者指出虽然他们更倾向回避求助，但他们仍会在必要的时候采取暂时受益性求助来达到完成工作任务的目的，这是因为暂时受益性求助能够“迷惑”被求助对象，使对方不清楚求助者是否具有解决该问题的能力。因此，在编码的过程中，我们将回避求助编码到员工求助行为中，使研究对员工求助行为的描述更加完整，但结合质性研究资料分析，我们的关注重点仍在长远受益性求助和暂时受益性求助，因此本研究与相关求助研究的主流观点并不违背。

本研究通过探索性因素分析、验证性因素分析和信度检验等统计手段，明晰员工求助行为问卷包含长远受益性求助、暂时受益性求助和回避求助三个维度，这呼应了质性研究结果。其中，长远受益性求助强调员工向同事寻求关于解决问题思路、建议和看法等辅助性帮助，并最终以己为主解决问题，看重的是求助对自身能力增强和经验增长等方面的积极作用，追求的是延迟目标，即希望通过求助实现自己解决问题的能力和经验的增长，在未来遇到类似问题时能够更好地解决。暂时受益性求助强调员工寻求以同事全权解决问题或完全以他人为主解决问题的帮助，看重的是暂时受益性求助具有解决当下问题，以及掩饰自我缺失的作用，追求的是即时目标，即通过依赖他人解决当下遇到的困境。上述两种方式均是员工主动性的表现，而回避求助强调员工在遇到自己无法独立解决的工作难题时，即便冒着完不成工作任务的风险也要回避必要的求助。验证性因素分析表明本研究编制的员工求助行为问卷具有清晰的结构；信度分析表明三个维度的 Cronbach's α 系数和组合信度均在可接受水平内，说明问卷的信度良好。

西方有谚语称“给人鱼帮一顿，教人渔帮一生”，中国也有古语“授人以鱼不如授人以渔”。从求助者的角度看，则可以将长远受益性求助理解为“求渔”，将暂时受益性求助理解为“求鱼”。Komissarouk 和 Nadler（2014）认为，相互依赖的自我意识和相互独立的自我意识（Markus & Kitayama，1991）分别激发了防护性动机和趋近性动机（Higgins，1997），这对个体在遇到困难时选择“求渔”还是“求鱼”产生重要影响。具有相互依赖的自我意识的个体更关注和谐与稳定，在遇到困难时更容易激发其防护性动机，更容易依赖他人来规避风险和失败（Komissarouk et al.，2017），在行动上倾向于表现出“求鱼”行为；而具有相互独立的自我意识的个体更关注对知识经验的掌握和积累，具有趋近性动机（Elliot & Thrash，2010），在遇到困难时更倾向依赖自己，在行动上倾向寻求以自主为导向的援助，即表现出“求渔”行为。

研究表明，员工求助行为问卷由长远受益性求助、暂时受益性求助和回避求助三个维度构成，总共 11 道题目。问卷验证性因素分析的拟合指标较好，问卷具有良好的信度指标，可以作为员工求助行为的测量工具。

第4章 研究二 员工面子需要问卷的编制

面子需要并非国人特有，各国的研究者都针对面子问题展开过诸多调查研究，或通过跨文化对比发现不同国家的人面子需要的特点与区别（Keil et al., 2007）。面子建构理论强调要在特定文化背景下考察面子的运作，且特定的社会文化使人们表现出与之相适应的心理与行为（王馥芸，2018），作为社会文化的产物，面子需要研究也须立足本国的社会文化背景之下。与一般社会环境相比，员工对组织环境中的面子问题更加敏感（王啸天等，2019），因此，与使用一般社会环境中的面子需要测量工具进行员工面子需要探究工作相比，在组织环境背景下探究员工面子需要的结构会更具有针对性，也能够使研究更加细化和聚焦。

本研究保持思维开放（陈向明，2015），通过深度访谈与开放式问卷调查相结合的质性研究收集一手资料，并完全以质性材料为出发点探索员工面子需要的结构，并在质性研究的基础上，以归纳分析的文本资料为主要依据，编制员工面子需要问卷，以便在后续研究中可以对员工面子需要进行量化测量。

4.1 研究方法

研究旨在探究本土组织环境中员工面子需要理论维度，编制员工面子需要问卷。

4.1.1 研究对象

通过方便取样建立三个样本库。

样本一包含 140 名来自辽宁省、甘肃省和内蒙古自治区企事业单位的员工，职业主要为中小学教师、企业文员、煤矿安全员、医生等，其中 30 名员工为访谈对象，110 名员工作为开放式问卷调查对象。年龄 18—60 岁；男性 75 人，女性 65 人；大专以下学历 5 人，大专及本科学历 70 人，研究生学历 65 人；三年及以下工龄 40 人，三年以上工龄 100 人。样本一用于收集质性文本资料。

样本二包含 673 名来自辽宁省、内蒙古自治区和甘肃省企事业单位的员工，职业类型同样本一，其中年龄 18—60 岁；男性 391 人，女性 282 人；大专以下学历 174 人，大专及本科学历 403 人，研究生学历 96 人；三年及以下工龄 199 人，三年以上工龄 474 人。样本二用于项目分析和探索性因素分析。

样本三包含 500 名来自辽宁省、甘肃省和内蒙古自治区企事业单位的员工，职业类型与样本一相同，其中年龄 18—60 岁；男性 193 人，女性 307 人；大专以下学历 20 人，大专及本科学历 451 人，研究生学历 29 人；三年及以下工作经验 209 人，三年以上工作经验 291 人。样本三用于验证性因素分析和信度检验。

4.1.2 研究工具

4.1.2.1 员工面子需要访谈提纲

开放性问题包括“在工作中，什么样的事情会让你觉得很有面子 / 很没面子”“在工作中，什么情况会导致一个人很有面子 / 很没面子”“在工作中，你认为面子需要是什么”“在工作中，你能想到哪些事情或情境体现了你的面子需要”，并根据被试反应有针对性地追问。

4.1.2.2 员工面子需要开放式问卷题目

题目同员工面子需要访谈提纲题目。

4.1.3 研究程序

4.1.3.1 质性资料收集和分析

（1）准备阶段

样本一中 30 名员工作为访谈对象，110 名员工作为开放式问卷调查对象。

预约被试，在访谈或开放式问卷调查开始前告知被试调研时间、内容、注意事项等，就被试不清楚的问题进行解答。

（2）访谈和开放式问卷调查阶段

访谈主要采用一对一的方式，尽量采用面对面的方式与访谈对象进行交谈，对于存在地理距离的访谈对象，则采用微信视频的方式进行调研。在访谈开始之前，研究者向访谈对象说明此次访谈主要用于学术研究，所涉及的隐私信息绝对不会泄露给任何人，在征得访谈对象同意的情况下，对访谈过程进行录音。在同访谈对象交谈时，研究者根据访谈对象的反应，及时调整问题表述方式，并在必要的时候及时追问。每次访谈时间为 15 分钟至 35 分钟，共形成 30 份语音资料。研究者将语音资料保持原意逐份转化为文本材料，经过整理后共形成了约 9 万字的文本材料。

在进行开放式问卷调查时，由于研究对象为全国各地各行各业的员工，基于实际考虑，无法将其集中到同一地点进行测验，因此根据实际情况采用一对一或一对多的网络测试的方式，通过发放电子版问卷，使用统一指导语来进行开放式问卷调查。最终回收 110 份有效文本，形成了约 1 万字文本材料。

（3）分析阶段

以扎根理论为基础对收集到的访谈资料和开放式问卷调查资料进行进一步的归纳、整理和分析。具体步骤包括，将整理好的文本材料导入 NVivo 12.0 和 Microsoft Excel 2003 中进行后续的开放式编码分析、主轴式编码分析和选择式编码分析。

4.1.3.2　问卷编制

（1）初始问卷形成阶段

由研究者和一名文学专业硕士生充分研读质性材料，并通过协商的方式抽取、整合质性材料中代表性语句，转化成描述性句子作为面子需要问卷（原始）题目，反复研读原始问卷题目，保证题目意思与质性材料中对应语句原意相符，保证题目表述简单且无歧义。面子需要问卷采用李克特五点计分（1 = 完全不符合，5 = 完全符合）。

（2）问卷调查和分析阶段

使用面子需要问卷（原始）为测量工具对样本二施测。由于时空条件的限制，本研究采用现场施测和网络施测相结合的方式发放调查问卷，施测前由研究者讲解指导语，就研究对象不清楚的部分及时解答，保证其在施测前熟练掌握问卷作答规则。施测过程中由研究对象独立答题，作答完成后由研究对象将调查问卷返回给研究者。使用 SPSS 24.0 软件对回收数据进行项目分析和探索性因素分析，删减题目，形成面子需要问卷（正式）。

使用面子需要问卷（正式）对样本三施测，施测程序同上。使用 AMOS 17.0 软件、SPSS 24.0 软件和 Mplus 8.0 软件对回收数据进行验证性因素分析和信度检验。

4.1.4 数据处理

使用 NVivo 12.0 和 Microsoft Excel 2003 对访谈资料和开放式问卷资料进行归类和编码等分析处理；使用 SPSS 24.0 对问卷进行项目分析和探索性因素分析，使用 AMOS 17.0 进行问卷验证性因素分析，并使用 SPSS 24.0 和 Mplus 8.0 进行问卷信度检验。

4.2 研究结果

4.2.1 质性资料分析结果

4.2.1.1 开放式编码结果

本阶段由研究者和一名社会学专业博士在充分分析整体文本资料的基础上，以保留访谈对象话语原意和开放式问卷回答内容原意为原则，归纳整理出关键语句 1066 条，删除表述过于简单和观点表达不清晰的条目，保留观点明确、意义清晰的关键语句 928 条，进一步将上述关键语句进行归纳合并，得到 226 个语义清晰的意义单元。

4.2.1.2 主轴式编码结果

本阶段由研究者和一名社会学专业博士分别对 226 个意义单元所描述的内容进行分类，最终将上述意义单元归纳为“工作努力”“经验积累”“能力提升”“成就感”“业绩好”“能力强”“荣誉多”“地位高”“升职快”“阅历丰富”“知晓工作态度”“知晓工作表现”“知晓工作能力”“知晓进取心”“撑架子”“非理性坚持”“退缩”“负面评价忧虑”“出丑忧虑”“犯错忧虑”“避免揭短”“私下建议”“转移负面话题”共 23 个概念词。

4.2.1.3　选择式编码结果

研究者根据主轴式编码结果，共归纳出 6 个核心类别。“工作努力”“经验积累”“能力提升”“成就感”4 个概念词可归纳为“自我促进需要”。“业绩好”“能力强”“荣誉多”“地位高”“升职快”“阅历丰富”6 个概念词可归纳为“竞争胜出需要”。“知晓工作态度”“知晓工作表现”“知晓工作能力”“知晓进取心”4 个概念词可归纳为“他人知晓需要”。“撑架子”“非理性坚持”“退缩”3 个概念词可归纳为“勉为其难需要”。“负面评价忧虑”“出丑忧虑”“犯错忧虑”3 个概念词可归纳为“丢面子忧虑”。“避免揭短”“私下建议”“转移负面话题”3 个概念词可归纳为“形象保护需要”。

4.2.1.4　主轴式编码和选择式编码频次

将意义单元在概念词和核心类别中出现的频次和百分比进行统计和排序，结果见表 4–1。

从概念词和核心类别的频次和百分比排序上可以看出员工面子需要的基本情况。概念词中频次由高到低排序，前六位依次是“业绩好”“工作努力”“能力强”“能力提升”“知晓工作能力”和“负面评价忧虑”，排在最后三位的依次是“知晓进取心”“非理性坚持”和“退缩”。核心类别中频次由高到低依次为“竞争胜出需要”“自我促进需要”“他人知晓需要”“丢面子忧虑”“形象保护需要”和“勉为其难需要”。从综合编码情况来看，组织中员工更在意自己是否能够在工作中通过努力和坚持为自己挣到面子，其次是渴望保护自己的面子不受损失。

表4–1　员工面子需要主轴编码和选择编码的频次分布及排序

概念词	频次	百分比/%	排序	核心类别	频次	百分比/%	排序
工作努力	14	6.19	2	自我促进需要	47	20.80	2
经验积累	10	4.42	11				
能力提升	13	5.75	4				
成就感	10	4.42	11				

续表

概念词	频次	百分比/%	排序	核心类别	频次	百分比/%	排序
业绩好	15	6.64	1	竞争胜出需要	70	30.97	1
能力强	14	6.19	2				
荣誉多	12	5.31	7				
地位高	11	4.87	10				
升职快	10	4.42	11				
阅历丰富	8	3.54	18				
知晓工作态度	7	3.10	19	他人知晓需要	32	14.16	3
知晓工作表现	9	3.98	15				
知晓工作能力	13	5.75	4				
知晓进取心	3	1.33	21				
撑架子	10	4.42	11	勉为其难需要	15	6.64	6
非理性坚持	3	1.33	21				
退缩	2	0.88	23				
负面评价忧虑	13	5.75	4	丢面子忧虑	32	14.16	3
出丑忧虑	7	3.10	19				
犯错忧虑	12	5.31	7				
避免揭短	9	3.98	15	形象保护需要	30	13.27	5
私下建议	12	5.31	7				
转移负面话题	9	3.98	15				
合计	226	100		合计	226	100	

4.2.1.5 编码的信度分析

本研究中对信度的控制同 3.2.1.5。此外，本研究开放式编码中，研究者形成 194 个语义清晰的标签，另一名编码者（社会学专业博士）形成 200 个语义清晰的标签，其中相互同意的标签数为 168 个，相互不同意的标签数为 58 个，因此，本研究一致性系数为 0.85，编码信度为 0.92。

4.2.2 问卷编制结果

4.2.2.1 项目分析

以包含 94 个项目的员工面子需要问卷（原始版样题，详见附录 2）为研究工具，使用样本二中 673 个有效数据，通过以下两种方法进行项目分析。第一，采用题目的临界比率值（*CR*）的方法来考察项目的区分度。将问卷的总分按照从高到低的顺序排列，分别取前后 27% 为高、低分组，对两组被试在每道题上得分的平均数进行独立样本 *t* 检验，保留问卷中高分组和低分组在 0.05 水平上差异显著且 $CR > 3.00$ 的题目，结果表明，所有题目的 *CR* 值介于 6.84—19.74，且均在 0.001 水平上差异显著。第二，采用题总相关的方法来考察项目的同质性。保留与问卷总分在 0.05 水平上显著相关且相关系数大于 0.30 的题目，结果表明，所有题目与总分的相关系数介于 0.36—0.71，且均在 0.001 水平上显著相关。结合两种方法的结果来看，所有题目均具有较高的区分度和较好的同质性。

4.2.2.2　探索性因素分析

将样本二中 673 个有效数据用于自编面子需要问卷的探索性因素分析。结果显示，$KMO = 0.97$，Bartlett 球形检验近似 $c^2 = 57809.85$，$df = 4371$，$p < 0.001$，说明题目之间存在共同因素，数据非常适合进行探索性因素分析。采取主成分分析法并进行斜交旋转提取共同因素。在因子数量的确定上，先使用特征值大于 1 的方法，并结合碎石图，自由探索因子数；再根据保留下来的各因子题目的内涵为各因子命名。删除题项的根据包括：题项在所有因素上载荷均小于 0.40，题项在两个或以上的因素上载荷均大于 0.40，单个因素包含的题项小于 3 项。采用删除一题就重新探索一次的方式，逐步探索出稳定的问卷因子结构。

经过多次探索性因素分析，最终先后删除 68 个题目，保留 26 个题目，提取出 6 个特征值大于 1 的公因子。26 个题项中最低负荷为 0.70，最高负荷为 0.95，且每个题项在其所在的因子上具有唯一较高负荷值。每个公因子包含题项数为 3—7 个，6 个公因子共可解释 73.77% 的变异量。具体情况详见表 4–2。

表4–2　员工面子需要问卷探索性因素分析结果

题目	F1	F2	F3	F4	F5	F6
a2	0.90					
a4	0.88					
a5	0.88					
a3	0.86					

续表

题目	F1	F2	F3	F4	F5	F6
a8	0.84					
a6	0.77					
a22	0.70					
a65		0.88				
a68		0.82				
a70		0.81				
a71		0.80				
a64		0.71				
a92			0.95			
a93			0.89			
a94			0.83			
a90			0.78			
a36				0.88		
a33				0.87		
a35				0.86		
a15				0.77		
a10					0.91	
a7					0.88	
a11					0.87	
a82						0.89
a83						0.86
a81						0.81
特征值	8.90	4.19	2.04	1.56	1.30	1.20
累计方差贡献率 / %	34.21	50.33	58.17	64.16	69.16	73.77

根据负荷值较高题目的意义为因子命名。F1 描述的是员工希望领导和同事对自己正向的工作态度、工作能力、工作准备等有所认识，故命名为“他人知晓”；F2 描述的是当员工在工作中犯错之后，希望能够被私下提醒、不被当众批评和惩罚、不四处宣扬，以及不被同事揭短的需要，故命名为“形象保护”；F3 描述的是员工对领导和同事对自己的负面评价有忧虑心理，故命名为“丢面子忧虑”；F4 描述的是员工希望自己与单位一般同事相比，能够更快速升职、有更出色的工作业绩、有更强的工作能力、获得更多的荣誉奖励，

故命名为“竞争胜出”；F5 描述的是员工渴望自己在工作中努力学习、增强工作实力、让自己越来越强，进而能够让自己得到面子，故命名为“自我促进”；F6 描述的是员工有坚持做明知道做不来的工作等方面的需要，故命名为“勉为其难”。

由于因子一的单独方差解释率较高（郑彩花等，2018），并且各因子间存在两两显著相关，参考前人（赵福菓等，2021）的研究，进一步对 6 个因子进行高阶因子分析，按照题目的归属计算每个因子得分并进行探索性因素分析，结果表明 $KMO = 0.77$，Bartlett 球形检验 $c^2 = 1066.47$，$df = 15$，$p < 0.001$，说明可进行进一步的二阶因素分析。结果表明，特征值大于 1 的公因子有 2 个，累计解释了总方差的 66.75%，具体情况见表 4–3。

表4–3　员工面子需要问卷二阶因子负荷情况

一阶因子	二阶因子1	二阶因子2
他人知晓	0.85	
竞争胜出	0.79	
自我促进	0.78	
勉为其难		0.89
丢面子忧虑		0.82
形象保护		0.66
特征值	2.75	1.25
累计方差贡献率 / %	45.88	66.75

根据每个维度包含的一阶因子的含义为二阶因子命名，二阶因子 1 命名为“挣面子需要”，二阶因子 2 命名为“护面子需要”。

4.2.2.3　验证性因素分析

经过删减，问卷最终在六个因子上共保留 26 个题目。为进一步考察问卷的结构，参考探索性因素分析结果，以单因子模型为竞争模型，并进一步验证模型的一阶六因子结构和二阶六因子结构，使用样本三中的 500 个数据进行验证性因素分析。从三个模型的各项拟合指标来看，一阶六因子模型和二阶六因子模型的各项拟合指标均在可接受的范围内，结合前期的探索性因素分析结果，接受员工面子需要的二阶六因子模型为最终模型。研究编制的员工面子需要问卷具有良好的结构效度，模型的拟合情况见表 4–4。

表4-4　员工面子需要问卷模型验证性因素分析的拟合情况

模型	c^2/df	CFI	TLI	IFI	GFI	RMSEA
单因子	14.02	0.37	0.32	0.37	0.49	0.16
一阶六因子	2.31	0.94	0.93	0.93	0.91	0.05
二阶六因子	2.37	0.94	0.93	0.94	0.90	0.05

4.2.2.4　Cronbach’s α 系数和组合信度分析

使用样本三中的500个数据进行员工面子需要问卷的信度检验。挣面子需要维度和护面子需要维度的Cronbach’s α 系数分别为0.86和0.84；使用Mplus 8.0分别计算挣面子需要维度和护面子需要维度的组合信度，结果显示，挣面子需要维度和护面子需要维度的组合信度系数分别为0.92和0.93，均大于0.60的标准（吴明隆，2010）。

4.3　讨论

在问卷的测量学指标方面，在质性研究的基础上，经过研究人员的多次研讨，形成了共94道原始题目的员工面子需要问卷。经过项目分析，证明初始问卷各题目的项目区分度和同质性都达到了测量学要求，都具有较高的区分度和较好的同质性；再经过探索性因素分析，删除了因子载荷低和交叉载荷的题目共68道，形成最终问卷。该问卷由挣面子需要（14道题目）和护面子需要（12道题目）两个维度组成，总共26道题目。验证性因素分析结果表明，员工面子需要问卷的一阶六因子模型和二阶六因子模型拟合都较好，结合探索性因素分析结果，接受二阶六因子模型为员工面子需要问卷的最终模型。编制的员工面子需要问卷符合心理测量学要求，信度较好。

员工面子需要包含挣面子需要和护面子需要两个结构，与以往研究相符（陈之昭，2006；Chou，1996；Zhang et al.，2011）。其中，挣面子需要代表了员工对组织中可能出现的他人赞许的渴望，即个体渴望获取组织中他人的重视和赞赏；护面子需要代表了员工对组织中可能出现的负面评价的忧虑，即个体渴望掩饰自我缺失。个体挣面子和护面子的判别标准并非一致，其中，挣面子的判别标准来源于社会期望，而护面子的判别标准则依据社会标准（雷霁，唐宁玉，2015）。在组织中，一方面，社会期望类似于组织期望，即员工能更多地创造企业价值，因此当员工各方面表现比其他员工优秀的时候，往往就代表其挣得了面子，满足挣面子需要，但如果做不到最出色，也不至于丢了面子；另一方面，社会标准类似于在组织中少犯错误、少被批评和惩罚等，如果一个员工没有满足这一要求，他可能会体会到丢面子的感觉，需要维护面子，但如果其满足了这一标准，其可能也不会觉得挣得了面子，因为作为一个员工理应如此。

印象管理理论指出人们会在意外界对他们的看法与评价，并在人际交往过程中自主控制他人形成对自己的期望印象，包括个体提升或发展自己在他人眼中的印象，以及避免自己在他人眼中的印象受到损害等（Bozeman & Kacmar，1997），这与员工面子需要所主张的挣面子需要和护面子需要两方面相契合。而让个体感到不丢面子的事不一定会让其觉得挣到面子，同样地，个体感到不挣面子的事也不一定让其觉得丢面子，有些个体倾向于在人际互动中挣面子，而有些个体则更倾向于在人际互动中不致面子受损，可见挣面子与护面子并不是单个面子维度的两极，而是面子不同的两个方面（黄光国，2006；梁凤华，段锦云，2018；Zhang et al.，2011）。换言之，挣面子和护面子并不是单一结构的两级，而是两个结构（Zhang et al.，2011）。

挣面子需要分问卷包含三个因子。因子一命名为“他人知晓”，该因子包含工作单位领导和同事对自己正向的工作态度、工作状态、工作能力、工作准备等一系列个体具备的积极工作特质的认知。在人际互动过程中，当个体出现某一行为后，如果他人没有任何相应的行为，个体也可能因对他人评价的想象，凸显出面子的感受和体验。面子作为一种复杂的社会心理现象，既涉及来自他人、社会的客观评价，也受到个人主观判断的影响（刘继富，2008；王铁楠，杨中芳，2005）。因此，并非只有在对方明确给予员工正向反馈的情况下，才会使员工感受到挣得了面子，在员工知道对方了解了自己所具备的优势的情况下，凭借个体对对方反馈的想象，也可以满足挣面子需要。因子二命名为“竞争胜出”，高分则表示个体希望自己与单位其他同事相比，能够更快速升职、有更出色的工作业绩、有更强的工作能力、获得更多的荣誉奖励，这表明员工不仅有自己在内在工作能力方面胜出的需要，还有得到因工作带来的外在回报方面的需要。因子三命名为“自我促进”，高分即表示员工有在工作中努力学习、增强工作实力、让自己越来越强，进而挣到面子的需要，这代表员工为了能够在组织中挣到面子而愿意付出踏实的努力。由质性资料分析和问卷题目编制可知，员工挣面子需要中包含员工渴望通过踏实的努力来增强工作能力和增长工作经验，但员工能力和经验的增长是一个长期而缓慢的过程，这就使得与完成当下任务相比，挣面子需要水平高的员工倾向立足长远，获取未来成就，即挣面子需要关注延迟目标，希望获得延迟满足。例如有多位研究对象表示，给自己挣面子是一个艰苦且漫长的事情，但丢面子就是一瞬间的事。

护面子需要分问卷包含三个因子。因子一命名为“勉为其难”，高分则代表员工倾向坚持做明知道做不来的工作，有“打肿脸充胖子”的意味；因子二命名为“丢面子忧虑”，高分指员工对领导和同事可能给予自己的负面评价有忧虑心理，包括员工不希望领导和同事对自己诸如工作效率、工作能力等方面有消极的认知和评判，因为这些有关工作的消极认知和评判会让员工觉得丢面子；因子三命名为“形象保护”，高分则表示当员工在工作中犯错之后，希望能够被私下提醒、不被当众批评和惩罚、不四处宣扬，以及不被同事揭短的需要，即员工出现工作失误后也希望能够下得了台，具有希望能够在私下里体面地解决问题或弥补错误的需要。由质性资料分析和问卷题目编制可知，员工护面子需要中包含渴望掩饰当下自我缺失不被发现的成分。正如上文所指，多位研究对象表示，丢面子是一瞬间的事，那么与挣面子需要着眼长远、关注延迟目标相比，护面子需要则更强调着眼当下，即保护自己在当下情境中不暴露出自己的不足、笨拙等自我缺失的方面。

研究表明，员工面子需要问卷包括挣面子需要和护面子需要两个二阶因子，他人知晓、竞争胜出、自我促进、勉为其难、丢面子忧虑和形象保护六个一阶因子，总共 26 道题目。问卷验证性因素分析的拟合指标较好，问卷具有良好的信度指标，可以作为员工面子需要的测量工具。

第5章　研究三　面子需要和员工求助行为的关系研究

研究一和研究二探究了员工求助行为和面子需要的结构，并在此基础上编制了员工求助行为问卷和员工面子需要问卷。区别于以往诸多研究中将求助通过二分法区分为求助和不求助，研究一中编制的员工求助行为问卷包含长远受益性求助、暂时受益性求助和回避求助三个维度。其中，长远受益性求助有助于员工自身解决问题能力和经验增长，它强调员工以自主解决问题为主要手段，求助只代表员工暂时需要他人从旁协助，暂时受益性求助有助于员工解决当下问题，但无益于员工能力和经验增长，它强调员工依赖他人解决问题，将当下困难“外包”给潜在施助者，这种求助反映的是员工对困难、风险和失败的规避。上述两种求助方式分别对应了Komissarouk等人（2017）提出的自主性求助倾向和依赖性求助倾向。目前的研究对于员工具有怎样的求助行为表现还需进一步探究，并且以往研究中广泛使用的以变量为中心的统计手段无法将研究结果进行整合。在研究三中，将以个体为中心，综合长远受益性求助、暂时受益性求助和回避求助三方面信息，探究员工求助行为表现型。

印象管理理论将人们的印象管理策略进一步区分出自我肯定性印象管理和防御性印象管理两种（Tedeschi & Melburg，1984）。其中，自我肯定性印象管理促使个体增强或创造他人对自己正面形象的肯定，而防御性印象管理强调个体因害怕给他人留下负面印象而采取针对性行为，如规避风险、回避失败等（雷霁，2016）。员工挣面子需要强调员工对受他人重视的渴望，与自我肯定性印象管理相对应，更倾向表现出能够增强自身能力和经验的行为，以期超越他人，为自己挣到面子，遵循脆弱理论；而员工护面子需要强调员工有在组织中他人面前掩饰自我缺失的渴望，与防御性印象管理相对应，更倾向采取回避策略来保护自己的面子不受伤害或损失，遵循一致性理论。特质心理学强调人的内在特质会对其外在行为表现产生重要作用，即便个体行为相当丰富，但其都是由潜藏在行为背后的人的内在特质所决定（刘立新等，2016）。面子需要作为一种相对稳定的个性特征类因素（宝贡敏，赵卓嘉，2009；张翠娟，白凯，2015），将对求助行为产生影响。由于员工的面子需要包括挣面子需要和护面子需要两个结构，二者并不是单一维度的高低两级（Zhang et al.，2011），且员工求助行为问卷也包含长远受益性求助、暂时受益性求助和回避求助三个维度。研究一和研究二中提到，挣面子需要和长远受益性求助均强调立足长远，关注延迟目标；而护面子需要和暂时受益性求助均强调着眼当下，关注即时目标，那么挣面子需要是否能激发员工长远受益性求助行为，护面子需要是否能激发员工暂时受益性求助行为，面子需要和员工求助行为之间的关系究竟如何，则需要进一步探究。

在以往的研究中，稳定的个人特性被认为是影响求助的重要因素（陈英敏等，2021；高斌等，2020；郝志红，孔雪燕，2021），研究三将在前人研究和前期研究的基础上，从面子需要这一具有中国文化特色的个人特性入手，通过量化分析的手段探究面子需要和员工求助行为的关系。我们通过研究一中编制的员工求助行为问卷发现，确实存在相对积极和亚积极的员工求助行为，即长远受益性求助和暂时受益性求助，这与问题提出中所预期的相一致。结合上述分析以及文献综述中的相关分析，我们假设：挣面子需要与员工长远受益性求助呈正相关，会促使员工表现出长远受益性求助行为；护面子需要与员工暂时受益性求助呈正相关，会促使员工表现出暂时受益性求助行为。进一步地，我们将在研究三中探索员工求助行为的表现型，以在此基础上更加明确面子需要对员工求助行为的作用。

5.1 研究方法

研究旨在探究面子需要与员工求助行为的相关关系，员工求助行为表现型，以及不同面子需要水平员工求助行为表现型的差异性特征。

5.1.1　研究对象

通过方便取样在网络平台和现场发放问卷，共发放问卷 500 份，回收有效问卷 485 份。受调者中，男性 264 人，女性 222 人；18—30 岁年龄段 195 人，31—40 年龄段 190 人，41—50 年龄段 53 人，51—60 年龄段 47 人；专科以下 161 人，专科 65 人，本科 259 人；国有单位 143 人，民营单位 342 人；3 年以下工龄 116 人，3 年及以上工龄 369 人；研究对象主要是来自辽宁省和内蒙古自治区企事业单位，职业主要为中小学教师、企业文员和医生等。

5.1.2　研究工具

自编的员工面子需要问卷，采用李克特五点计分（1 = 完全不符合，5 = 完全符合），包括挣面子需要（14 道题目）和护面子需要（12 道题目）两个维度。在本研究中，两个维度的 Cronbach' s *a* 系数分别为 0.91 和 0.84。

自编的员工求助行为问卷，采用李克特五点计分（1 = 完全不符合，5= 完全符合），包括长远受益性求助（5 道题目）、暂时受益性求助（3 道题目）和回避求助（3 道题目）三个维度。在本研究中，上述三个维度的 Cronbach' s *a* 系数依次为 0.83、0.83 和 0.63。

5.1.3　研究程序

受时间和地域条件的限制，本研究采用现场施测和网络施测相结合的方式发放调查问卷。施测前由研究者讲解指导语，就研究对象不清楚的部分及时进行解答，保证研究对象在施测前熟练掌握问卷作答规则，明确告知研究对象所有题目均为必答题。施测过程中由被试独立答题，作答完成后由研究对象将调查问卷返回给研究者。由研究者进行数据整理、统计和分析。

5.1.4 数据处理

使用 SPSS 24.0 软件和 Mplus 8.0 软件对回收的有效数据进行整理、统计和分析。第一步，检验本研究是否存在严重的共同方法偏差；第二步，对面子需要和员工求助行为进行描述统计和相关分析；第三步，探究面子需要对员工求助行为表现型的影响，先通过潜在剖面分析探究员工求助行为表现型，再通过逻辑回归分析探究不同面子需要水平员工求助行为表现型的差异性特征。

5.2 研究结果

5.2.1 共同方法偏差检验

使用 Harman 单因子检验的方法对员工面子需要和求助行为所有题项进行探索性因素分析，以完成共同方法偏差检验。结果表明，第一个因子的总体方差解释率为 23.61%，小于临界值 40%（Podsakoff et al., 2003），故本研究不存在严重的共同方法偏差。

5.2.2 各变量描述性统计和相关分析

为分析面子需要和员工求助行为间的相关关系，将虚拟化的性别、年龄段、学历、单位类型和工龄这些人口学变量作为控制变量，分析员工面子需要各维度和员工求助行为各维度间的相关关系，各维度的均值、标准差，以及相关关系见表 5–1。

由表 5–1 可知，挣面子需要与护面子需要（$r = 0.29$，$p < 0.001$）、员工长远受益性求助（$r = 0.42$，$p <0.001$）均呈显著正相关，与暂时受益性求助呈显著负相关（$r = -0.31$，$p <0.001$），与回避求助无显著相关（$r = 0.05$，$p > 0.05$）；

护面子需要与员工长远受益性求助（$r = -0.23$，$p < 0.001$）呈显著负相关，与暂时受益性求助呈显著正相关（$r = 0.11$，$p < 0.05$），与回避求助无显著相关（$r = -0.01$，$p > 0.05$）；长远受益性求助与暂时受益性求助呈显著负相关（$r = -0.53$，$p < 0.001$），与回避求助呈显著负相关（$r = -0.20$，$p < 0.001$）；暂时受益性求助与回避求助呈显著正相关（$r = 0.17$，$p < 0.001$）。结果表明员工的面子需要和求助行为之间存在显著的相关关系。

表5-1　员工面子需要和求助行为各维度的描述性统计和相关分析（$N = 485$）

变量	挣面子需要	护面子需要	长远受益求助	暂时受益求助	回避求助
挣面子需要	1				
护面子需要	0.29***	1			
长远受益性求助	0.42***	−0.23***	1		
暂时受益求助	−0.31***	0.11*	−0.53***	1	
回避求助	0.05	−0.01	−0.20***	0.17***	1
平均数（M）	3.64	3.43	3.40	2.49	1.76
标准差（SD）	0.78	0.68	1.01	1.14	0.73

注　* $p < 0.05$，*** $p < 0.001$，表格中四舍五入保留两位小数。

5.2.3　面子需要对员工求助行为表现型的影响

5.2.3.1　基于潜在剖面分析探究员工求助行为表现型

基于研究对象在长远受益性求助、暂时受益性求助和回避求助三个维度上的得分情况，依次将员工求助行为划分出 1 类至 4 类不同组别数进行潜在剖面分析的模型拟合估计。其中，AIC、BIC 和 aBIC 值越小代表模型拟合越好，Entrop 不小于 0.80 时表示分类准确率高于 90%，LMR 和 BLRT 指标的 $p < 0.05$ 时代表第 k 个模型要显著优于第 $k-1$ 个模型，每个类别中的被试数目不能过少，除了考虑上述拟合指标外，还需要考虑每个类别的解释意义（徐鑫锫等，2022；Jung & Wickrama，2008；B. Muthén & L. K. Muthén，2000）。各类拟合指标结果见表 5-2。

由表 5-2 可知，随着类别数的增加，AIC、BIC 和 aBIC 值逐渐变小，代表模型拟合越来越好，且在 3 类之后 AIC、BIC 和 aBIC 值下降幅度较小；2 类模型、3 类模型和 4 类模型的 Entrop 值均大于 0.90；3 类和 4 类 LMR 指标的 p

值均大于 0.05，说明 2 类模型拟合情况明显优于 3 类模型和 4 类模型的拟合情况；兼顾各模型类别概率情况、各模型类别的解释意义，以及模型的简约性，最终考虑接受 2 类模型。

表5-2　员工求助行为的潜在剖面分析拟合指标（N = 485）

模型	AIC	BIC	aBIC	Entropy	LMR	BLRT	类别概率 / %
1类	3963.43	3988.53	3969.49				
2类	3632.22	3674.07	3642.33	0.90	<0.001	<0.001	0.60/0.40
3类	3443.41	3501.98	3457.55	0.95	>0.05	<0.001	0.65/0.31/0.04
4类	3400.31	3475.62	3418.49	0.90	>0.05	<0.001	0.09/0.64/0.24/0.03

进一步地，员工求助行为的潜在剖面情况见图 5-1。

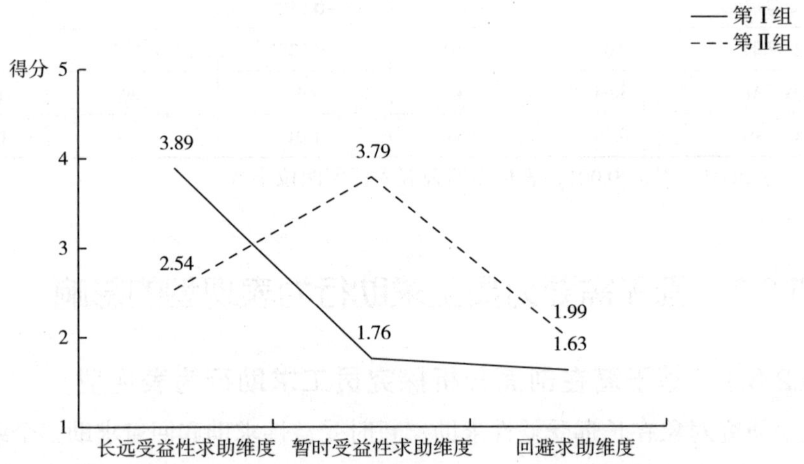

图5-1　员工求助行为剖面图

第Ⅰ组在长远受益性求助维度上得分（3.89 ± 0.62）较高，在暂时受益性求助维度上得分（1.76 ± 0.60）和回避求助维度上得分（1.63 ± 0.59）均较低，换言之，该组研究对象在需要帮助时更多地表现出长远受益性求助行为，而非暂时受益性求助行为和回避求助，故命名为“长远受益性求助行为表现组”；第Ⅱ组在暂时受益性求助维度上得分（3.79 ± 0.54）较高，在长远受益性求助维度上得分（2.54 ± 0.99）和回避求助维度上得分（1.99 ± 0.89）均较低，换言之，该组研究对象在需要帮助时更多地表现出暂时受益性求助行为，而非长远受益性求助行为和回避求助，故命名为“暂时受益性求助行为表现组”。根据潜在剖面分析可知，员工在工作中遇到困难时均倾向于表现出求助行为。具体而言，员工或表现出长远受益性求助，或表现出暂时受益性求助，而非“坐以待毙”，回避求助。

5.2.3.2　挣、护面子需要影响员工求助行为表现型的回归分析

采用二元逻辑回归分析考察挣面子需要和护面子需要，以及二者的交互作用对员工求助行为的预测作用。将虚拟化后的性别、年龄段、学历、单位类型和工龄，以及中心化后的挣面子需要、护面子需要和二者的交互项作为自变量，将员工求助行为表现型（Ⅰ组编码为“0”，Ⅱ组编码为“1”）作为因变量纳入回归模型进行逐步逻辑回归分析，结果见表 5–3。

表5–3　面子需要影响员工求助行为表现型的二元逻辑回归统计指标（N=485）

变量	暂时受益性求助行为表现组[a]		
	B	*Exp*（*B*）	95% 置信区间
年龄			
18—30岁	0		
31—40岁	0.75^{**}	2.11	[1.27，3.50]
41—50岁	1.69^{***}	5.42	[2.46，11.91]
51—60岁	0.82^{*}	2.26	[1.07，4.79]
单位类型			
民营单位	0		
国有单位	1.49^{***}	4.42	[2.48，7.90]
挣面子需要	-1.26^{***}	0.28	[0.20，0.41]
护面子需要	0.86^{***}	2.37	[1.61，3.50]
护、挣面子交互项	0.67^{**}	1.95	[1.23，3.08]

注　$^{*}p<0.05$，$^{**}p<0.01$，$^{***}p<0.001$；a 表示以“长远受益性求助行为表现组”为对照组；表格仅显示被纳入模型中的变量。

由表 5–3 可知，挣面子需要、护面子需要，以及二者的交互项对员工求助行为表现型均有显著的预测作用。具体而言，在工作中遇到困难时：挣面子需要对员工被纳入暂时受益性求助行为表现组有负向影响（B=−1.26，p < 0.001），即相较于被纳入长远受益性求助行为表现组，挣面子需要水平越高的员工越不倾向于被纳入暂时受益性求助行为表现组；护面子需要对员工被纳入暂时受益性求助行为表现组有正向影响（B = 0.86，p <0.001），即相较于被纳入长远受益性求助行为表现组，护面子需要水平越高的员工越倾向于被纳入

暂时受益性求助行为表现组。

挣面子需要和护面子需要的交互作用显著（$B = 0.67$，$p < 0.01$）。进一步探究不同面子需要水平员工求助行为表现型的差异性特征。以往研究多以中位数、平均数为基准对面子水平高低进行划分（Chou，1996；梁凤华，段锦云，2018；王轶楠，杨中芳，2007），本研究以减少研究对象浪费，并争取各面子需要水平人数均衡以维护回归模型稳健性为立足点，以挣、护面子需要平均数为界限，基于大于或小于平均数原则（吴云龙，张玉柱，2021；Gillespie et al.，2013），划分出四类面子需要类型：挣面子型（挣高和护低），护面子型（护高和挣低），挣—护面子双高型（挣高和护高）和挣—护面子双低型（挣低和护低）。

单因素方差分析对面子需要类型分组有效性检验结果表明，就挣面子需要分数而言，$M_{挣面子型}$=4.05，$M_{护面子型}$=2.98，$M_{挣—护面子双高型}$=4.35，$M_{挣—护面子双低型}$=3.17；就护面子需要分数而言，$M_{挣面子型}$=2.82，$M_{护面子型}$=3.84，$M_{挣—护面子双高型}$=4.00，$M_{挣—护面子双低型}$=2.86；四个面子需要类型分组在挣面子需要分数和护面子需要分数上均具有显著差异（$F_{挣面子需要(3,\ 409)}=275.10$，$p<0.001$，$\eta_p^2 = 0.67$；$F_{护面子需要(3,\ 409)}=229.70$，$p<0.001$，$\eta_p^2=0.63$）。进一步的事后检验表明，就挣面子需要分数而言，$M_{挣—护面子双高型} > M_{挣面子型} > M_{挣—护面子双低型} > M_{护面子型}$；就护面子需要分数而言，$M_{挣—护面子双高型} > M_{护面子型} > M_{挣面子型} = M_{挣—护面子双低型}$，表明对面子需要类型分组的操纵有效。

将虚拟化后的性别、年龄、学历、单位类型和工龄，以及不同面子需要类型分组作为自变量，将员工求助行为表现型（Ⅰ组编码为“0”，Ⅱ组编码为“1”）作为因变量纳入回归模型进行逐步逻辑回归分析，总共有413个研究数据被纳入模型分析，结果见表5-4。

结果表明，与挣面子型员工相比，护面子型员工（$B = 1.88$，$p<0.001$）、挣—护面子双高型员工（$B=1.11$，$p<0.01$）和挣—护面子双低型员工（$B=1.04$，$p<0.05$）更倾向被纳入暂时受益性求助行为表现组。

表5-4　面子需要影响员工求助行为表现型的二元逻辑回归统计指标（$N = 413$）

变量	暂时受益性求助行为表现组[a]		
	B	*Exp*（*B*）	95%置信区间
年龄			
18—30岁	0		

续表

变量	暂时受益性求助行为表现组[a]		
	B	*Exp*（*B*）	95%置信区间
31—40岁	0.11	1.11	[0.64，1.94]
41—50岁	1.19**	3.29	[1.46，7.39]
51—60岁	0.69	1.99	[0.90，4.40]
学历			
专科以下	0		
专科	–0.53	0.59	[0.28，1.23]
本科	–0.95**	0.39	[0.22，0.69]
单位类型			
民营单位	0		
国有单位	0.71*	2.03	[1.10，3.72]
面子需要类型			
挣面子型	0		
护面子型	1.88***	6.53	[2.69，15.87]
挣—护面子双高型	1.11**	3.03	[1.39，6.60]
挣—护面子双低型	1.04*	2.83	[1.22，6.55]

注　$^{*}p<0.05$，$^{**}p<0.01$，$^{***}p<0.001$；a 表示以“长远受益性求助行为表现组”为对照组；表格仅显示被纳入模型中的变量。

5.3　讨论

以往的研究多是以变量为中心，将同一问卷测量得到的求助行为不同维度分别作为因变量来探究求助行为各维度的前因变量，但人的认知往往是整合性而非孤立性的（Macrae & Bodenhausen，2000；Woo et al.，2018），上述研究方式往往过于简化（Woo et al.，2018），且往往会得出孤立性结论，而孤立地对特定变量进行研究则解释效力有限（Aguinis & Gottfredson，2010），以个体为中心开展研究得以更加接近现实情境（Mäkikangas & Kinnunen，2016；Morin et al.，2018），也使得对变量的描述和解释更加直观（Robins & Tracy，2003）。本研究以个体为中心，整合员工长远受益性求助维度得分、暂时受益性求助维度得分和回避求助维度得分，采用潜在剖面分析的方法探究员工求助行为的共性和差异性特征，综合各类指标和对各类型意义的可解释性，最终接受存在两个员工求助行为潜在剖面：长远受益性求助行为表现组和暂时受益性求助行为表现组，并未析出回避求助组。这说明在日常工作中，员工在遇到自己解决不了的困难时，一般会表现出主动求助行为来使问题得以解决，并不会回避求助来消极对待工作中遇到的困难。就暂时受益性求助而言，其本质是求助者依赖施助者，以施助者为主导解决问题，虽然这样能够帮助员工解决当下面临的即时困难，但通过此种方式求助只能使员工获得解决问题的答案，而非解决问题的思路，进而无益于员工自身能力和经验的增长，且此种求助方式虽然由个体主动发起，但仍代表了员工回避风险和回避失败的倾向，在一定程度上是在重视业绩的组织环境中对回避求助的替代。

面子是人情社会中的潜规则（杜伟宇，许伟清，2014；黄海洋等，2021；潘煜等，2014），在社会生活中扮演着兼具复杂性和重要性的角色（傅根跃，蒋培丽，2003），面子现象存续于社会中的方方面面（傅根跃，孙永珍，2003）。在以往的研究中，有研究者注意到挣面子和护面子对员工能力和行为等方面的相反预测作用，这是一种独特的作用机制，如挣面子会正向影响员工创造力，护面子会负向影响员工创造力（王国保，2014）；挣面子会促进员工知识共享，而护面子会阻碍员工知识共享（段光等，2018；金辉，段光等，2019）等，这充分说明个体的面子意识往往会影响其行为决策（段锦云等，2020；罗钊，石文典，2007；吴道友等，2014），面子需要对员工行为的影响是多方面且复杂的。

首先，能够得到更多的面子可以使员工获得赞赏、荣耀、自豪等心理酬赏，这会激励员工表现出为自己积极挣面子的行为（王国保，2014），如信息搜寻行为（Hwang et al.，2003）。在组织中，业绩往往是衡量员工价值的重要指标，与优秀业绩直接相关的则是员工本身的才能，并且通过自身才能获得社会认可的声望和成就也是体现人们有脸面的重要渠道（陈虎强，1999）。鉴于此，对挣面子的渴望会促使员工表现出能够增强自己工作能力和经验的行为。而相较于暂时受益性求助，长远受益性求助更倾向于以员工主动思考解决问题为主，以他人提示和协助为辅，强调的是员工对自己解决类似问题的能力和经验的培养，即强调员工能力和经验的增长，而不是仅针对当下问题的解决。

其次，丢面子会导致个体出现诸如尴尬、难堪、窘迫等负面情绪反应，他人的批评、嘲笑等负面反馈会使员工产生挫败感并使员工自尊心受到伤害，并引起员工对自身形象的担忧（吴隆增等，2009；Schaubroeck et al.，2016），进而激发个体对维护自己面子的渴望，使得个体易出于对维护自己面子的需要而表现出回避策略（陈炳，高猛，2010）。在这种重视业绩和任务完成的组织环境中，消极回避问题显然是不被接受和认可的应对策略，而暂时受益性求助指向的是个体依赖他人解决问题，通过直接求助解决问题的答案来完成任务，这本身就具有一定的掩饰性（Komissarouk et al.，2017），即施助者很难完全了解求助者是否确实不具备解决此困难的能力。因此与长远受益性求助相比，暂时受益性求助既能够帮助求助者解决当下遇到的困难，又能够在一定程度上维护求助者的面子。

研究根据挣、护面子需要水平的高低划分出挣面子型、护面子型、挣—护面子双高型和挣—护面子双低型这四个面子需要类型。具体而言，挣面子型员工有较高水平的挣面子需要，同时又具有较低水平的护面子需要，一方面，此类型员工希望组织中他人知晓自己在工作中的优异表现，渴望自己比其他人表现得更为优秀，并愿意为之付出踏实的努力以满足自己对获得面子的渴望。另一方面，此类型员工懂得“量力而行”，不会因为撑面子而勉为其难地做自己不会的事情，也不会因为一时的犯错而徒增忧虑，他们更注重对自己长远形象的维护，而非当下即时形象的维护，即立足长远，关注长远成就和延迟目标。总体而言，挣面子型员工更关注自我积极信息，而非自我消极信息，与其他面子需要类型员工相比，挣面子型员工更倾向长远受益性求助；护面子型员工有较高水平的护面子需要，同时又具有较低水平的挣面子需要，此类型员工更关注自我消极信息，而非自我积极信息；挣—护面子双高型员工同时有较高水平的挣面子需要和护面子需要，此类型员工既关注有关的自我积极信息，又关注自我消极信息；挣—护面子双低型员工同时有较低水平的挣面子需要和护面子需要，此类型员工既不关注有关的自我积极信息，又不关注有关的自我消极信息。本研究发现，与挣面子型员工相比，护面子型员工、挣—护面子双高型员工和挣—护面子双低型员工均更倾向暂时受益性求助，这说明挣面子型员工倾向通过长远受益性求助来积累自己的能力和经验，进而积累有关自我的积极信息，强调获取未来成就，立足长远，关注延迟目标。而相对而言其他三种面子需要类型员工则更倾向于着眼当下，关注即时目标。

研究表明，首先，存在两个员工求助行为潜在剖面：长远受益性求助行为表现组和暂时受益性求助行为表现组。总体上，员工在困境中更倾向主动寻求帮助，而非回避求助。员工的挣面子需要与长远受益性求助行为呈显著正相关，与暂时受益性求助行为呈显著负相关；护面子需要与长远受益性求助行为呈显著负相关，与暂时受益性求助行为呈显著正相关；挣、护面子需要与回避求助均无显著相关性。

其次，研究根据挣面子和护面子需要水平（高或低）划分出四种不同的面子需要类型：挣面子型（挣面子需要水平高且护面子需要水平低）、护面子型（挣面子需要水平低且护面子需要水平高）、挣—护面子双高型（挣、护面子需要水平均高）和挣—护面子双低型（挣、护面子需要水平均低）。与挣面子型员工相比，护面子型员工、挣—护面子双高型员工和挣—护面子双低型员工均倾向采取暂时受益性求助行为，而非长远受益性求助行为。这说明挣面子型对员工表现长远受益性求助具有优势作用，而其他三种面子需要类型员工的长远受益性求助行为选择倾向还有待提高。

第6章　研究四　回报时机在面子需要影响员工求助行为中的作用

6.1　子研究一：回报即时性在面子需要影响员工求助行为中的作用

研究三发现，与挣面子型员工相比，护面子型员工、挣—护面子双高型员工和挣—护面子双低型员工更倾向暂时受益性求助，而非长远受益性求助。从长远看，长远受益性求助不仅有利于员工获得工作经验，提高工作能力，还可以通过员工自身成长进一步促进组织发展，那么怎样提升护面子型员工、挣—护面子双高型员工和挣—护面子双低型员工长远受益性求助倾向则是本节要考虑的问题。报者，天下之利也。在传统观念里，“五伦”（五种人伦或人与人之间的关系，包括父子、君臣、夫妇、长幼和朋友）是几千年来支配中国人道德生活的最有力量的传统观念之一，是维系中华民族群体的纲纪（张学智，2005），是人与人交往的五种最基本的关系，且五伦的实质并非依赖，而是“报”（杜维明，1992；王硕，2011）。在传统社会中，“报”是影响中国人生活方式的重要文化基因（李拥军，2021）。在现代社会中，“报”仍然是中国社会关系的重要基础，潜移默化地影响着中国人，尤其是组织中员工的行为方式（付博等，2021）。

一方面，社会交换理论认为人际交往的核心是互惠原则，而互利互惠中隐含着一定的回报预期，即当事人对自己所做出的付出都有一定的回报预期（赵华丽等，2018；Blau，1964；Gouldner，1960），且付出有回报被看作是社会通则之一（马溧莉，张建新，2009）。多项研究表明，希望获得回报往往是人们向他人提供帮助的重要原因。基于合作互惠模型和代际交换模型，祖父母提供隔代抚养帮助往往源于明确的回报预期，如希望以此改善自身生活和养老质量（王也，2022）；亲社会行为伴随着人们对行为结果的奖赏预期，包括外在物质回报预期（唐蕾等，2022），和推动社会关系良好发展、提高声誉等非物质回报预期（Declerck et al.，2013）。在人际交往中，人们更倾向同自己有亲密关系的人做人情，根据回报预期原则，人们在做人情过程中会期待能够得到回报（王静等，2015），并且对朋友等社会距离近的人有较高的回报预期（解晓娜，李小平，2018）。因此可以进一步推测，在组织环境中，施助者在表现出帮助行为时也会期待求助者给予回报，即求助过程中施助者会持有回报预期。有研究表明公仆型领导通过帮助下属发展等行为会产生较高的心理权力水平，即较高水平的回报预期感知，且付出越多，个体的心理权力水平就越高（高日光等，2021；Naumann et al.，2002），且员工即便是无私地提供知识帮助，其主要原因也是希望能够通过自己的无私奉献得到相应的回报（Bock et al.，2005），这也进一步佐证了在组织环境背景下，施助者会对自己的助人行为可能获得的回报有所期待。而当人们感知到资源投入后可能无法收获预期回报时便会产生压力感，进而出现停止资源投入以保存现有资源的倾向（Hobfoll，1989；Hobfoll et al.，1990）。综上，鉴于施助者在帮求关系中会产生回报预期，因此求助者为了提高求助成功率会选择向自己有机会即时提供回报的潜在施助者进行求助。在组织环境中，与暂时受益性求助相比，长远受益性求助往往会耗费施助者更多的时间和精力，这势必会使施助者更加在意求助者能否向其提供回报。鉴于这一点，与没有回报机会的情况相比，员工在有即时回报机会的情况下会更倾向长远受益性求助，以期在互惠的基础上通过求助来增加自己的工作经验并提升自己的工作能力。

如果将“报”理解为“回报”“报答”等含义，那么“报”就并非是中国社会交往中所独有的现象，英文中“reciprocate”“retribution”等单词的含义与“回报”“报答”的含义相对应，在人类社会交往生活中，“报”都被看作是伦理道德的基础，“报”运作过程中所具有的道德性质不可忽视（覃江华，2013；Gouldner，1960）。在“报”运作的过程中往往会涉及回报方（受助方）和受报方（施助方），上文已经从回报预期的角度论述了受报方（施助方）在助人时往往会对回报方（受助方）可能给予自己的回报有所期待，那么在这一潜在规则的作用下，人们往往会寻找那些自己有机会给予回报的潜在施助者进行深度求助。从求助者的角度看，寻求帮助、接受帮助后给予回报可以理解为人类道德的行为规范，只接受帮助而不对提供帮助的人有所回报，实则是打破了人与人之间心照不宣的交往规则，使求助者感受到来自自我和他人的双重谴责，进而产生心理压力。对于对外界评价敏感的护面子型员工和挣—护面子双高型员工而言，在没有机会回报施助者的情况下，只受益不付出的行为往往会使其倍感压力，进而可能回避长远受益性求助。此外，“万人之上”是对挣面子型员工所追求目标的形象概括，这种对工作中高声望、高地位的渴望促使员工产生更为积极的工作态度（戴万亮等，2022），为了进一步满足自己的面子需要，挣面子型员工在工作中往往会采取各种手段来提高自身能力。鉴于此我们初步认为相较于无回报机会，护面子型员工和挣—护面子双高型员工在有即时回报施助者机会的前提下会更倾向于长远受益性求助；但无论有无机会回报施助者，挣面子型员工均会倾向于长远受益性求助，且他们的长远受益性求助的倾向水平在有机会和无机会回报施助者这两种情况下无明显差异。对于挣—护面子双低型员工而言，其挣面子和护面子需要水平均较低，当引入即时回报这一前提条件时，能否给予施助者回报则成为挣—护面子双低型员工采取行动需要考虑的重要因素。鉴于这一点，与没有回报机会的情况相比，挣—护面子双低型员工在有即时回报机会的前提下可能会更倾向于长远受益性求助。

本研究拟考察回报机会对护面子型员工、挣—护面子双高型员工和挣—护面子双低型员工长远受益性求助表现的促进作用，进一步提出假设：无论有无机会回报潜在施助者，挣面子型员工均倾向于长远受益性求助，且两种情况无显著差异；相较于无回报机会情况，护面子型员工、挣—护面子双高型员工和挣—护面子双低型员工在自己有机会即时回报潜在施助者的前提下会更倾向于长远受益性求助。

6.1.1　研究目的

研究旨在考察回报即时性和面子需要对员工求助行为的影响，探究回报即时性在面子需要影响员工求助行为中的作用，重点探索相较于无等价回报机会的情况，有即时等价回报机会能否提高护面子型员工、挣—护面子双高型员工和挣—护面子双低型员工在困境中选择长远受益性求助的倾向。

6.1.2 研究方法

6.1.2.1 被试

本研究通过方便取样选取辽宁省铁岭市企事业单位员工 269 人。其中，男性 129 人，女性 140 人；平均年龄为 36.42 ± 3.73 岁；专科 155 人，本科 114 人；国有单位 208 人，民营单位 61 人；均为 3 年及以上工龄；被试职业主要为小学教师、企业文员、销售员和医生。

6.1.2.2 研究工具

自编的员工面子需要问卷，采用李克特五点计分（1 = 完全不符合，5 = 完全符合），包括挣面子需要（14 道题目）和护面子需要（12 道题目）两个维度。在本研究中，两个维度的 Cronbach's *α* 系数分别为 0.95 和 0.79。

任务项目改编自历年公务员录用考试行政职业能力测验中与组织运转相关的题目，并删除必要信息使题目无解，以创造确需被试求助的必要条件。本部分任务项目为“甲、乙、丙三人投资成立一家公司，公司估值上涨 50% 时三人进行了二期投资，甲投入了与初期投资相同的金额，乙投入了其初期投资金额的二倍，丙投入了其初期投资金额的一半，二期总投入是 700 万元，此时甲、乙、丙三人的持股比例为 5 ∶ 14 ∶ 16，那么初期投资中甲、乙、丙分别投入多少资金”。

6.1.2.3 研究设计

采用 4（面子需要分组：挣面子型、护面子型、挣—护面子双高型、挣—护面子双低型）× 2（即时回报：无、有）被试间实验设计，因变量为被试对长远受益性求助或暂时受益性求助的选择倾向[1]。

[1] 研究三通过潜剖面分析探索员工求助行为表现型时发现，员工求助行为表现型包括长远受益性求助行为表现型（倾向于长远受益性求助而非暂时受益性求助）和暂时受益性求助行为表现型（倾向于暂时受益性求助而非长远受益性求助），未析出回避求助型，因而研究四及后续研究将因变量设定为被试对长远受益性求助或暂时受益性求助的选择倾向。

基于实验条件的限制，为减少被试浪费并保持各水平人数平均，根据大于或小于平均数原则（吴云龙，张玉柱，2021；Gillespie et al.，2013）将被试区分出四个面子需要水平组，再分别将每个面子需要水平被试随机平均分成无回报机会组和有即时回报机会组，如表 6–1 所示。

表6-1　面子需要和回报即时性对员工求助行为的影响研究被试分布情况（N= 269）

自变量		人数
无回报机会	挣面子型	33
	护面子型	35
	挣—护面子双高型	35
	挣—护面子双低型	32
有即时回报机会	挣面子型	32
	护面子型	35
	挣—护面子双高型	36
	挣—护面子双低型	31

6.1.2.4　研究程序

被试被告知将要参加一项组织行为实验，首先由被试填写研究者自编的面子需要问卷，并根据问卷得分和即时回报分组，分组结果见表 6–1。

告知被试他们将被分配一项给定的工作任务，提醒被试在自己完不成任务的情况下不要胡乱填写答案。他们可以通过填写求助卡求助，求助对象为其同性别同事（虚拟）。该同事知晓该任务的详细解决步骤和最终答案，由于条件限制目前该同事在另一个房间。

发给被试李克特六点计分求助卡，告知被试共有两种求助方案供其选择：方案 1 为完全依赖同事（虚拟），将这项工作推给同事（虚拟）完成，或直接向同事（虚拟）求助解决这项任务的答案；方案 2 为向同事（虚拟）求助解决这一任务的意见、建议、思路或想法，最终通过自己的努力解决问题。要求被试根据自己倾向方案 1 还是方案 2 的程度在六点计分的求助卡上选择相应的数字（“1”表示“完全倾向方案 1”，“6”表示“完全倾向方案 2”）。让被试熟悉求助卡，并告知被试在答题过程中根据自己真实意愿在求助卡对应题号后勾选自己想表现出的求助行为倾向。

其中，研究者告知无回报机会组的被试另一个房间的同事（虚拟）也在完成类似实验，同事（虚拟）需要解决的是与被试不同的任务，由于客观条件的限制无法将同事（虚拟）需要解决任务的解决思路和答案告知被试，同事（虚拟）在完成任务过程中遇到困难时也无法通过求助卡向被试求助；研究者向有即时回报机会组的被试发放一额外任务的解决思路和最终答案，并告知该组被试另一个房间的同事（虚拟）也在完成类似实验，同事（虚拟）要完成的任务正是被试掌握思路和答案的这个任务，在作答过程中，同事（虚拟）如果无法自己独立完成任务，也可能会通过求助卡向被试求助。

被试提交求助卡后实验结束。

请被试就自己感知是否有机会回报潜在施助者进行两点评分，“0”代表“无机会回报可能提供帮助的同事”，“1”代表“有机会即时回报可能提供帮助的同事”。

实验结束后，研究者对被试进行简短询问，以了解被试在整个实验过程中的体验。

6.1.3 研究结果

研究通过 c^2 检验对回报即时性操纵有效性进行检验。结果表明，在无回报机会组（135 名被试）中，有 130 名被试认为自己无机会回报潜在施助者，5 名被试认为自己有机会即时回报潜在施助者，c^2 检验显示无机会和有机会即时回报潜在施助者的人数之间存在显著差异，$c^2(1) = 115.74$，$p < 0.001$，$\varphi = 0.93$，这说明在无回报机会组中，被试普遍认为自己无机会回报潜在施助者；在有即时回报机会组（134 名被试）中，有 130 名被试认为自己有机会即时回报潜在施助者，4 名被试认为自己无机会回报潜在施助者，c^2 检验显示有机会和无机会即时回报潜在施助者的人数之间存在显著差异，$c^2(1) = 118.48$，$p < 0.001$，$\varphi = 0.94$，这说明在有即时回报机会组中，被试普遍认为自己有机会即时回报潜在施助者。这表明对即时回报的操纵有效。

研究通过方差分析对面子需要分组的有效性进行检验。删除无回报机会组中 5 名认为自己有机会即时回报潜在施助者的被试和有即时回报机会组中 4 名认为自己无机会回报潜在施助者的被试后，通过单因素方差分析对面子需要分组有效性进行检验，结果表明（描述统计结果见图 6–1），就挣面子需要分数而言，$M_{挣面子型}=4.25$，$M_{护面子型}=2.59$，$M_{挣—护面子双高型}=4.27$，$M_{挣—护面子双低型}=2.61$；就护面子需要分数而言，$M_{挣面子型}=2.63$，$M_{护面子型}=3.60$，$M_{挣—护面子双高型}=3.63$，$M_{挣—护面子双低型}=2.71$；四个面子需要水平组在挣面子需要分数和护面子需要分数上均具有显著差异（$F_{挣面子需要(3,256)}=216.05$，$p<0.001$，$\eta_p^2=0.72$；$F_{护面子需要(3,256)}=81.86$，$p<0.001$，$\eta_p^2=0.49$）。进一步的事后检验表明，就挣面子需要分数而言，$M_{挣面子型}=M_{挣—护面子双高型}>M_{护面子型}=M_{挣—护面子双低型}$；就护面子需要分数而言，$M_{护面子型}=M_{挣—护面子双高型}>M_{挣面子型}=M_{挣—护面子双低型}$，表明对面子需要水平的操纵有效。

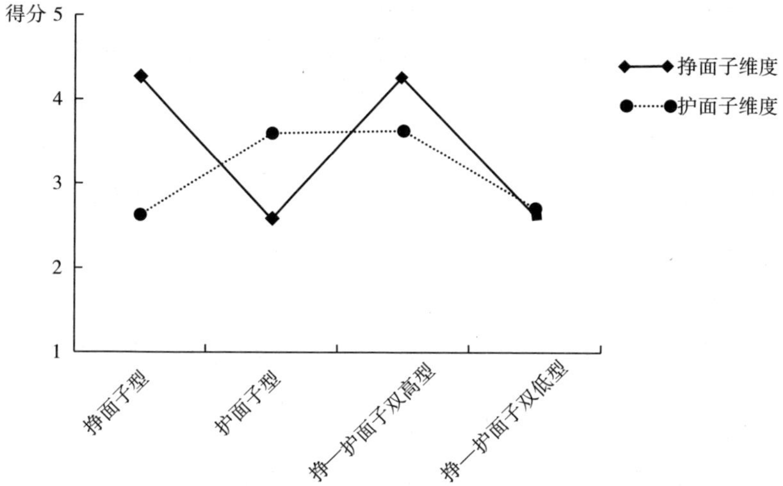

图 6-1　四个面子需要水平组被试在挣面子需要和护面子需要水平上得分情况（$N=260$）

各组被试分布最终情况见表 6-2。

表6-2　回报即时性和面子需要影响员工求助行为研究被试分布情况（$N=260$）

自变量		人数
无回报机会	挣面子型	30
	护面子型	34
	挣—护面子双高型	35
	挣—护面子双低型	31
有即时回报机会	挣面子型	31
	护面子型	34
	挣—护面子双高型	34
	挣—护面子双低型	31

将面子需要分组（挣面子型、护面子型、挣—护面子双高型、挣—护面子双低型）和即时回报（无、有）均作为被试间因素进行两因素方差分析（描述统计结果见表 6–3，方差分析结果见表 6–4），结果表明：

面子需要的主效应显著，$F(3, 252) = 109.99$，$p < 0.001$，$\eta_p^2 = 0.57$。进一步的事后检验发现，挣面子型被试求助行为表现倾向评分（$M = 4.54$，$SD = 0.59$）显著高于挣—护面子双高型被试（$M = 3.16$，$SD = 0.72$），$p < 0.001$；挣—护面子双高型被试求助行为表现倾向评分（$M = 3.16$，$SD = 0.72$）与挣—护面子双低型被试（$M = 3.21$，$SD = 0.79$）无显著差异，$p > 0.05$；挣—护面子双低型被试求助行为表现倾向评分（$M = 3.21$，$SD = 0.79$）显著高于护面子型被试（$M = 2.94$，$SD = 0.88$），$p < 0.001$。这说明相较于挣—护面子双高型被试、挣—护面子双低型被试和护面子型被试，挣面子型被试更倾向长远受益性求助。

回报即时性的主效应显著，$F(1, 252) = 166.57$，$p < 0.001$，$\eta_p^2 = 0.40$，在有即时回报机会情况下被试求助行为表现倾向评分（$M = 3.89$，$SD = 0.60$）显著高于无即时回报机会情况（$M = 2.98$，$SD = 1.06$）。这说明相较于无即时回报机会情况，被试在自己有机会即时回报潜在施助者的情况下更倾向于长远受益性求助。

面子需要和回报即时性的交互作用显著（图 6–2），$F(3, 252) = 20.26$，$p < 0.001$，$\eta_p^2 = 0.19$。简单效应检验表明，挣面子型被试在有即时回报机会情况下求助行为表现倾向评分（$M = 4.55$，$SD = 0.51$）与无回报机会情况（$M = 4.53$，$SD = 0.68$）无显著差异，$F(1, 252) = 0.13$，$p > 0.05$，$\eta_p^2 = 0.01$；护面子型被试在有即时回报机会情况下求助行为表现倾向评分（$M = 3.68$，$SD = 0.48$）显著大于无回报机会情况（$M = 2.21$，$SD = 0.48$），$F(1, 252) = 122.17$，$p < 0.001$，$\eta_p^2 = 0.33$；挣—护面子双高型被试在有即时回报机会情况下求助行为表现倾向评分（$M = 3.62$，$SD = 0.49$）显著大于无回报机会情况（$M = 2.71$，$SD = 0.62$），$F(1, 252) = 47.60$，$p < 0.001$，$\eta_p^2 = 0.16$；挣—护面子双低型被试在有即时回报机会情况下求助行为表现倾向评分（$M = 3.77$，$SD = 0.43$）显著大于无回报机会情况（$M = 2.65$，$SD = 0.66$），$F(1, 252) = 65.66$，$p < 0.001$，$\eta_p^2 = 0.21$。这说明无论有无即时回报机会，挣面子型被试均倾向于长远受益性求助，且两种情况下无显著差异；但相较于无回报机会情

况，护面子型被试、挣—护面子双高型被试和挣—护面子双低型被试在自己有机会即时回报潜在施助者的情况下会更倾向于长远受益性求助。

表6-3　不同组别被试在不同即时回报机会条件下求助行为倾向评分*M*（*SD*）

自变量	无回报机会	有即时回报机会
挣面子型	4.53（0.68）	4.55（0.51）
护面子型	2.21（0.48）	3.68（0.48）
挣—护面子双高型	2.71（0.62）	3.62（0.49）
挣—护面子双低型	2.65（0.66）	3.77（0.43）

表6-4　面子需要和回报即时性对员工求助行为倾向的影响

变异来源	*df*	*F*	*p*	η_p^2
面子需要	3	109.99	<0 .001	0.57
回报即时性	1	166.57	<0.001	0.40
面子需要 × 回报即时性	3	20.26	<0.001	0.19

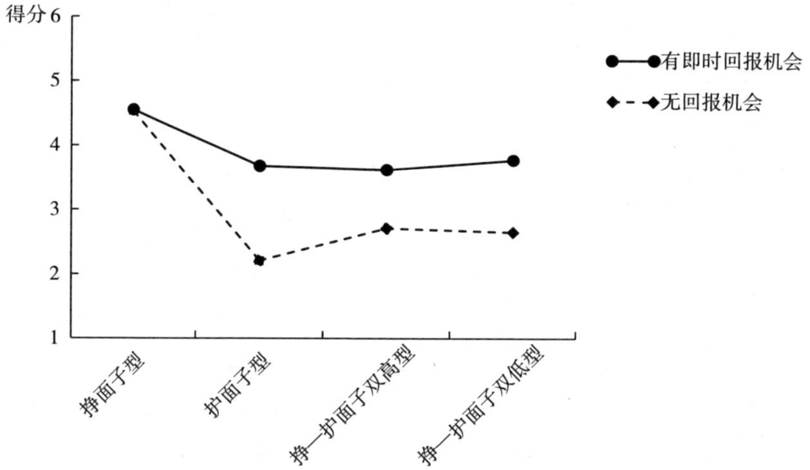

图 6–2　面子需要和即时回报的交互作用

6.1.4　讨论

本研究表明，相较于无回报机会情况，被试在自己有机会即时回报潜在施助者的情况下更倾向于长远受益性求助。有即时回报机会能够在一定程度上缓解个体因求助而“矮一头”的窘迫局面，适当提高个体的心理地位以期与潜在施助者相“抗衡”，而长远受益性求助的本质是向潜在施助者求助解决问题思路和建议，适当寻求潜在施助者帮助，最终依靠求助者自己的力量解决问题。在有机会即时回报对方的情况下，个体因表现出长远受益性求助所带来的心理压力得到有效缓解，这就会促使不同面子需要水平的员工，尤其是护面子需要水平高的员工更倾向于表现出长远受益性求助，以谋求自身能力的提高和解决问题经验的积累。

本研究表明，相较于无机会回报情况，护面子型被试、挣—护面子双高型被试和挣—护面子双低型被试在自己有机会即时回报潜在施助者的情况下会更倾向于长远受益性求助。无论有无机会即时回报潜在施助者，挣面子型被试均倾向于长远受益性求助，且两种情况无显著差异。对于挣面子型员工而言，他们更看重如何借助外界的力量，并结合自己的努力来提升能力，积累经验，并达到受到他人称赞和看重的目的。并且挣面子型员工具有较低水平的护面子需要，也就是说，他们不容易因曝光暂时的自我缺失而有自我威胁感和心理压力，这就使其不容易受到施助者获得回报可能性的影响，即无论施助者获得回报可能性大还是小，挣面子型员工都更倾向于在必要的时候寻求长远受益性求助。

对于护面子需要水平高的个体，其特点是渴望掩饰自我缺失，当他们暴露出自我缺失时，往往也代表较高水平的自我威胁感随之产生，而这种自我威胁感是影响个体求助意愿或行为的核心内容（毛畅果，孙健敏，2011）。因此，缓解护面子需要水平较高者有较高的自我威胁感。自我威胁是对自我概念的伤害（Campbell & Sedikides，1999），一致且积极的自我概念能够帮助人们有效应对自我威胁（Choi et al.，2019；Dufner et al.，2019；Smith & Kim，2007）。自我概念存在自我和他者两个视角，能够区分出个人自我和社会自我两个维度，每个维度又都包含现实自我、理想自我和应该自我三方面内容（孙洪杰等，2021；Higgins，1987；Mason et al.，2019）。无论是个人层面真实自我和理想自我出现不一致，还是社会层面真实自我和理想自我出现不一致，都会使个体产生自我威胁。当个体感受到自我受到威胁时，可以通过社会自我的提升来应对，而社会自我与个体觉知到的他人如何看待自己有关（孙洪杰等，2021）。因此，在组织中，如果存在一些条件，能够使护面子需要水平高的员工觉知到当自己表现出长远受益性求助时，自己也不会感受到别人给予自己消极评价，那么他们将更有可能在遇到自己无法解决的困难时表现出长远受益性求助。

对于护面子需要水平高的员工而言，害怕暴露自我缺失使其在采取主动行为时更容易感受到较大的自我威胁并产生心理压力，在求助者无机会回报潜在施助者的情况下，无法因能够回报对方而缓解长远受益性求助引起的心理压力和自我威胁，即他们在展示自我缺失进而“矮一头”的情况下，无法通过回报行为（即其他方面有能力）“扳回一局”，因此当求助者无机会回报施助者时，护面子需要水平高的员工便不倾向于在必要时候采取长远受益性求助，而是采取具有“迷惑”对方、掩饰自我缺失作用的暂时受益性求助。有被试表示，其在实验中选择暂时受益性求助的原因在于直接求助答案并不能让潜在施助者确认自己缺乏解决问题的能力，这在一定程度上能够保护自己不因暴露出能力不足而丢面子。护面子型员工和挣—护面子双高型员工在向施助者寻求长远受益性求助时往往会因为技不如人而产生“矮一头”的心理压力，根据低地位补偿理论，低地位会威胁到自我价值，这促使个体主动通过其他补偿行为或措施来达到自我保护的目的，以降低低地位威胁所引发的压力感（Bäckman & Dixon，1992；Henry，2009）。结合社会交换理论和儒家思想对“报”的推崇，与求助者无机会回报施助者的情况相比，护面子型被试和挣—护面子双高型被试在有机会即时回报施助者的情况下会因为报的存在而缓解帮求过程中自己比施助者“矮一头”的心理压力和自我威胁感，表现在求助行为上则是长远受益性求助倾向提高，暂时受益性求助倾向降低。

当求助者无机会回报施助者时，与挣面子型员工相比，挣—护面子双低型员工更倾向于暂时受益性求助，而非长远受益性求助。这说明没有挣面子需要加持，即便个体护面子需要水平较低，也很难在必要时候表现出长远受益性求助，这说明一味地强调面子需要的消极作用、忽视面子需要的积极作用是片面的观点，进一步说明在研究中需要区分出面子需要的不同成分，分别考察面子需要不同成分对个体行为的作用，才能使我们对面子需要如何影响人们的心理与行为有更加全面的认识。研究通过后续与挣—护面子双低型被试的交流发现，挣—护面子双低型被试主要关注即时目标，而且有一种得过且过的心理，行为上遵循当下努力最小化原则，即通过最小化的付出来达到完成任务的目的，因此他们会关注即时目标，于困境中在行为上倾向于依赖他人解决问题的暂时受益性求助。但与无机会回报施助者的情况相比，挣—护面子双低型被试在有机会回报施助者的情况下可能需要给予施助者一定量的付出，此时他们又遵循付出—回报均衡原则，需要施助者也多付出以让自己收支平衡，更加划算，即“酒换酒来，茶换茶”，而据挣—护面子双低型被试反馈，他们普遍认为自己进行长远受益性求助时施助者的付出量要大于暂时受益性求助时的付出量，因此挣—护面子双低型员工在有机会回报施助者情况下会倾向于长远受益性求助，而非暂时受益性求助。

研究表明，无论有无机会即时回报（等价回报）施助者，挣面子型员工均倾向于长远受益性求助，且两种情况无显著差异；相较于无机会回报情况，护面子型员工、挣—护面子双高型员工和挣—护面子双低型员工在自己有机会即时回报施助者的情况下会倾向于长远受益性求助。

6.2 子研究二：回报延迟性在面子需要影响员工求助行为中的作用

子研究一证明了有即时回报机会对护面子型员工、挣—护面子双高型员工和挣—护面子双低型员工表现长远受益性求助的促进作用，但子研究一是以即时回报为背景，从“报”文化的视角探究员工的面子需要对求助行为的影响。鉴于延迟性是“报”的特征之一，因此本研究在前述研究的基础上进一步探究回报延迟性是否对护面子型员工、挣—护面子双高型员工和挣—护面子双低型员工表现长远受益性求助具有促进作用。

在中国文化背景下，求助—帮助过程往往涉及施恩方和受恩方这两组对象，并且受恩方往往倾向对施恩方进行延迟回报。在资源紧缺的情境下，人们会通过互助互惠的方式，并通过延迟回报来解决问题（卢成仁，2015），这是因为回报或者说报恩需要受恩方具有一定的能力和资源，而尚且需要他人帮助的受恩方往往身处困境，可能缺乏即时回报的能力和资源，在现实条件的限制下，受恩方需要在日后提升自己的能力、获取更多的资源且具有合适机会的时候完成报恩（潘安成等，2016）。

另外，如果受恩方在受恩后立即选择用自己的其他资源或其他方式回报施恩方，这可能代表受恩方急于清算双方关系，容易使施恩方产生误解，觉得自己是因为有所图才会对受恩方施以援手，进而可能会增加施恩方和受恩方关系的尴尬与难堪程度。因此，延迟回报使社会交换更具人情味（潘安成等，2016）。一般地，经济交换往往具有即时性，而社会交换更加复杂，具有延迟性，即接受赠礼后并不强调接受方立即偿还（Blau，1964）。在人情交往过程中，受惠方往往会有意支出比所受之惠更有价值的东西（即剩余价值物）以使对方产生债务感，这可以作为一种储蓄以备自己将来在急需的时候能够寻求对方的帮助。在人情交往这一过程中，交往双方能够不断强化彼此之间的关系，因此社会交换的双方都不急于清算彼此受益，而是相继制造对方的亏欠（李拥军，雷蕾，2016），这种独具特色的跨时间、相互亏欠的交往方式体现了延迟回报对亲和、稳定彼此关系具有积极的作用（翟学伟，2007）。因此，延迟回报比即时回报对员工表现长远受益性求助更具积极的作用。

情感性关系（如家庭、密友、朋侪团体等原级团体中的人际关系）、工具性关系（店员和顾客等因获得某些期望的物质目标而建立的暂时且不稳定的人际关系）和混合性关系（同事等介于情感性关系和工具性关系之间的人际关系）是中国社会中个体可能拥有的三大类人际关系，而这些人际关系均建立在“报”的规范之上（黄光国，1985）。中国社会虽然鼓励“施恩不望报”，但是却更强调“投我以桃，报之以李”，这种道德性潜规则受到施恩方和受恩方的默认，因此施恩方对受恩方给予的回报也会有所期待（Hobfoll，1989；Hobfoll et al.，1990）。但回报的期限会因施报双方的关系而有所不同，在情感性关系中往往没有限制，可在混合性关系中，施恩方在面对受恩方时会因为考虑到回报期限等问题而陷入人情困境（黄光国，1985），虽然延迟回报更容易被交往双方接受，但如果施恩方感知到获得回报遥遥无期，则可能会影响到施恩方的施助决策。因此求助者从施助者的角度考虑，相较于需要延迟较长时间回报，求助者在能够延迟较短时间回报的情况下可能会倾向于长远受益性求助。另外，接受他人帮助后长时间不回报对方也可能会使求助者背负因长期亏欠对方而产生的心理压力，因此出于对减轻心理负担的考虑，相较于延迟较长时间回报，求助者可能会在能够延迟较短时间回报的情况下更加倾向于长远受益性求助。

本研究拟考察回报延迟性对护面子型员工、挣—护面子双高型员工和挣—护面子双低型员工长远受益性求助表现的促进作用，进一步提出假设：相较于能即时等价回报和能延迟六个月等价回报，护面子型员工、挣—护面子双高型员工和挣—护面子双低型员工在能延迟一周等价回报的情况下会更倾向于长远受益性求助。

6.2.1 研究目的

本研究考察回报延迟性和面子需要对员工求助行为的影响，探究回报延迟性在面子需要影响员工求助行为中的作用，重点探索相较于能即时等价回报和能延迟六个月等价回报的情况，能延迟一周等价回报能否提高护面子型员工、挣—护面子双高型员工和挣—护面子双低型员工在困境中选择长远受益性求助的倾向。

6.2.2 研究方法

6.2.2.1 被试

本研究通过方便取样选取辽宁省铁岭市企事业单位员工 152 人。其中，男性 62 人，女性 90 人；平均年龄为 36.25 ± 3.28 岁；专科 98 人，本科 54 人；国有单位 121 人，民营单位 31 人；均为 3 年及以上工龄；被试职业主要为小学教师、企业文员、销售员和医生。

6.2.2.2 研究工具

自编的员工面子需要问卷，采用李克特五点计分（1 = 完全不符合，5 = 完全符合），包括挣面子需要（14 道题目）和护面子需要（12 道题目）两个维度。在本研究中，两个维度的 Cronbach's α 系数分别为 0.95 和 0.77。

任务项目改编自历年公务员录用考试行政职业能力测验中与组织运转相关的题目，并删除必要信息使题目无解，以创造确需被试求助的必要条件。本部分任务项目之一为“某单位上半年公开招聘本科毕业生若干人后，本科与研究生之比为 3∶1，下半年通过引才计划引入研究生若干人后，本科生与研究生之比为 15∶8，已知该年度引进的本科生比研究生多 11 人，则该单位原有本科与研究生学历职工各多少人”。任务项目之二为“某企业通过网络直播销售本企业产品，总共直播 6 次，其中第 2 次直播销售额比第 1 次高 40%，比第 3 次低 12.5%。直播 3 次后电视台报道了此新闻，此后销量大幅度提升。后 3 次直播总销售额是前 3 次总销售额的 3 倍，其中第 5 次直播销售额比第 4 次直播高 10%，比第 6 次直播少 16 万元。则 6 次直播的销售额分别为多少万元”。任务项目之三为“一个工作组共有赵、钱、孙、李、周、吴 6 位成员，现有 A、B、C、D、E、F6 个项目，他们每个人至少参加过其中的 1 个项目，已知赵、钱、孙、李、周分别参加过其中的 2 个、2 个、4 个、3 个和 5 个项目，而项目 A、B、C、D、E 分别被工作组中的 1 人、4 人、2 人、2 人、2 人参加过，那么吴参加上述 6 个项目的概率分别是多少”。

6.2.2.3　研究设计

采用 4（面子需要分组：挣面子型、护面子型、挣—护面子双高型、挣—护面子双低型）× 3（回报延迟性：能即时回报、能延迟一周回报、能延迟六个月回报）混合实验设计，其中面子需要分组为被试间变量，回报延迟性为被试内变量，因变量为被试对长远受益性求助或暂时受益性求助的选择倾向。

为减少被试浪费并保持各水平人数平均，本研究根据大于或小于平均数原则（吴云龙，张玉柱，2021；Gillespie et al.，2013）将被试区分出四个面子需要水平（表 6–5）。

表6–5　面子需要和回报延迟性对员工求助行为的影响研究被试分布情况（$N=152$）

自变量	人数
挣面子型	37
护面子型	38
挣—护面子双高型	39
挣—护面子双低型	38

6.2.2.4　研究程序

被试被告知将要参加一项组织行为实验，首先由被试填写研究者自编的面子需要问卷，并根据问卷得分分组，分组结果见表 6–5。

研究者告知被试他们将被依次分配三项给定的工作任务，提醒被试在自己完不成任务的情况下不要胡乱填写答案，可以通过填写求助卡求助。其中，任务之一的求助对象为其同性别同事（虚拟），研究者告知被试该同事知晓该任务的详细解决步骤和最终答案，由于条件限制目前该同事在另一个房间。研究者发给被试李克特六点计分求助卡，告知被试共有两种求助方案供其选择：方案 1 为完全依赖同事（虚拟），将这项工作推给同事（虚拟）完成，或直接向同事（虚拟）求助解决这项任务的答案；方案 2 为向同事（虚拟）求助解决这一任务的意见、建议、思路或想法，最终通过自己的努力解决问题。要求被试根据自己倾向方案 1 还是方案 2 的程度在六点计分的求助卡上选择相应的数字（“1”表示“完全倾向方案 1”，“6”表示“完全倾向方案 2”）。研究者向被试发放一项额外任务的解决思路和最终答案，并告知被试另一个房间的同事（虚拟）也在完成类似实验，他要完成的任务正是被试掌握思路和答案的这个任务，在作答过程中，如果同事（虚拟）无法自己独立完成任务，也可能会通过求助卡向被试求助。

任务之二的求助对象为其同性别同事（虚拟），实验程序同上述任务之一，不同点在于研究者告知被试将在一周后向其发放一项额外任务的解决思路和最终答案，并告知被试另一个房间的同事（虚拟）将在一周后完成类似实验，他要完成的任务正是被试掌握思路和答案的这个任务，在作答过程中，如果同事（虚拟）无法自己独立完成任务，也可能会通过求助卡向被试求助。

任务之三的求助对象为其同性别同事（虚拟），实验程序同上述任务之一，不同点在于研究者告知被试将在六个月后向其发放一项额外任务的解决思路和最终答案，并告知被试另一个房间的同事（虚拟）将在六个月后完成类似实验，他要完成的任务正是被试掌握思路和答案的这个任务，在作答过程中，如果同事（虚拟）无法自己独立完成任务，也可能会通过求助卡向被试求助。

本研究为了平衡顺序效应，采用随机次序进行三个任务的交替呈现。被试提交一次求助卡后开始下一任务，被试提交全部求助卡后实验结束。

实验结束后，研究者对被试进行简短询问，以了解被试在整个实验过程中的体验。

6.2.3　研究结果

本研究通过单因素方差分析对面子需要分组有效性进行检验，结果表明（描述统计结果见图 6–3），就挣面子需要分数而言，$M_{挣面子型} = 4.29$，$M_{护面子型} =$

2.42，$M_{\text{挣—护面子双高型}} = 4.19$，$M_{\text{挣—护面子双低型}} = 2.48$；就护面子需要分数而言，$M_{\text{挣面子型}} = 2.53$，$M_{\text{护面子型}} = 3.69$，$M_{\text{挣—护面子双高型}} = 3.66$，$M_{\text{挣—护面子双低型}} = 2.82$；四个面子需要水平组在挣面子需要分数和护面子需要分数上均具有显著差异（$F_{\text{挣面子需要}(3,\ 148)} =190.36$，$p <0.001$，$\eta_p^2 = 0.79$；$F_{\text{护面子需要}(3,\ 148)} =62.57$，$p <0.001$，$\eta_p^2 = 0.56$）。进一步的事后检验表明，就挣面子需要分数而言，$M_{\text{挣面子型}} = M_{\text{挣—护面子双高型}} > M_{\text{护面子型}} = M_{\text{挣—护面子双低型}}$；就护面子需要分数而言，$M_{\text{护面子型}} = M_{\text{挣—护面子双高型}} > M_{\text{挣—护面子双低型}} > M_{\text{挣面子型}}$，表明对面子需要水平的操纵有效。

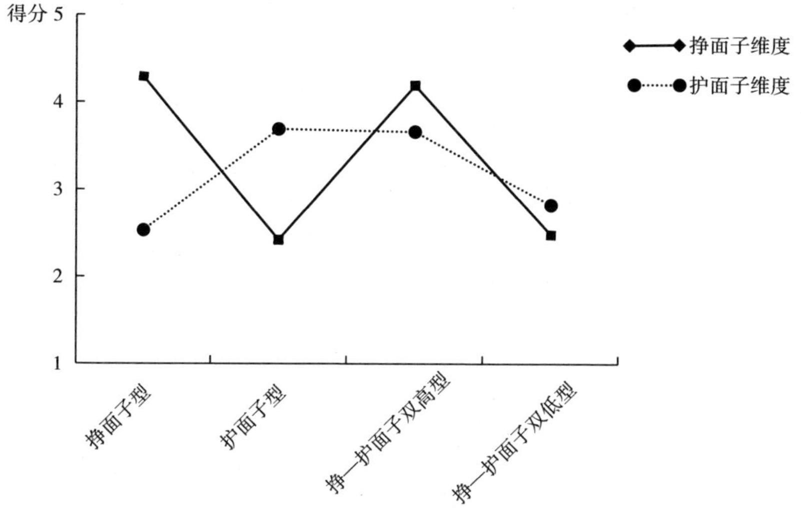

图 6–3　四个面子需要水平组被试在挣面子需要和护面子需要水平上得分情况（$N = 152$）

将面子需要分组（挣面子型 、护面子型、挣—护面子双高型、挣—护面子双低型）作为被试间变量，回报延迟性（能即时回报 、能延迟一周回报、能延迟六个月回报）作为被试内变量进行两因素方差分析（描述统计结果见表 6–6，方差分析结果见表 6–7），结果如下。

表6–6　不同组别被试在不同回报延迟条件下求助行为倾向评分*M*（*SD*）

自变量	即时回报	延迟一周回报	延迟六个月回报
挣面子型	4.19（0.52）	4.38（0.59）	4.11（0.66）
护面子型	3.26（0.45）	4.03（0.72）	3.05（0.61）
挣—护面子双高型	3.90（0.55）	4.28（0.46）	3.33（0.74）
挣—护面子双低型	3.79（0.53）	4.05（0.52）	3.21（0.66）

表6-7 面子需要和回报延迟性对员工求助行为倾向的影响

变异来源	df	F	p	η_p^2
面子需要	3	30.17	<0.001	0.38
回报延迟性	2	67.42	<0.001	0.31
面子需要 × 回报延迟性	6	4.59	<0.001	0.09

首先，面子需要的主效应显著，$F(3, 148) = 30.17$，$p < 0.001$，$\eta_p^2 = 0.38$。进一步的事后检验发现，挣面子型被试求助行为表现倾向评分（$M = 4.23$，$SD = 0.34$）显著高于挣—护面子双高型被试（$M = 3.84$，$SD = 0.34$），$p < 0.001$；挣—护面子双高型被试求助行为表现倾向评分（$M = 3.84$，$SD = 0.34$）与挣—护面子双低型被试（$M = 3.68$，$SD = 0.34$）无显著差异，$p > 0.05$；挣—护面子双低型被试求助行为表现倾向评分（$M = 3.68$，$SD = 0.34$）显著高于护面子型被试（$M = 3.45$，$SD = 0.43$），$p < 0.01$。这说明相较于挣—护面子双高型被试、挣—护面子双低型被试和护面子型被试，挣面子型被试更倾向于长远受益性求助。

其次，回报延迟性的主效应显著，$F(2, 296) = 67.42$，$p < 0.001$，$\eta_p^2 = 0.31$。进一步的多重比较结果显示，被试在能延迟一周回报时的求助行为表现倾向评分（$M = 4.18$，$SD = 0.59$）要显著高于能即时回报时的评分（$M = 3.78$，$SD = 0.61$），$p < 0.001$；被试在能即时回报时的求助行为表现倾向评分（$M = 3.78$，$SD = 0.61$）要显著高于能延迟六个月回报时的评分（$M = 3.42$，$SD = 0.78$），$p < 0.001$。这说明相较于能即时回报和能延迟六个月回报的情况，被试在能延迟一周回报时更倾向于长远受益性求助。

再次，面子需要和回报延迟性的交互作用显著（见图6-4），$F(6, 296) = 4.59$，$p < 0.001$，$\eta_p^2 = 0.09$。简单效应检验表明，挣面子型被试在能即时回报、延迟一周回报和延迟六个月回报时的求助行为表现倾向评分均无显著差异，$F(2, 296) = 2.19$，$p > 0.05$，$\eta_p^2 = 0.01$；护面子型被试在能即时回报、延迟一周回报和延迟六个月回报时的求助行为表现倾向评分有显著差异，$F(2, 296) = 30.72$，$p < 0.001$，$\eta_p^2 = 0.17$；挣—护面子双高型被试在能即时回报、延迟一周回报和延迟六个月回报时的求助行为表现倾向评分有显著差异，$F(2, 296) = 27.35$，$p < 0.001$，$\eta_p^2 = 0.16$；挣—护面子双低型被试在能即时回报、延迟一周回报和延迟六个月回报时的求助行为表现倾向评分有显著差异，$F(2, 296) =$

21.72，$p<0.001$，$\eta_p^2=0.13$。

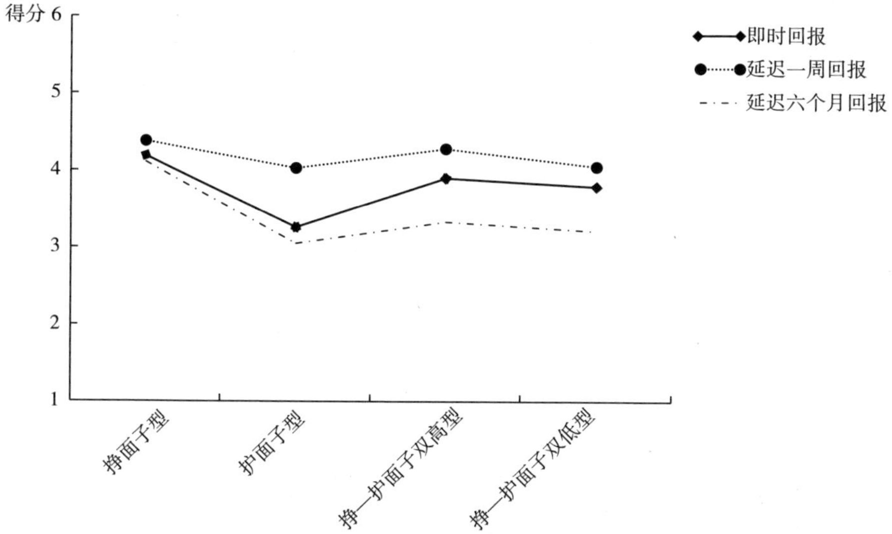

图 6–4　面子需要和回报延迟性的交互作用

最后，进一步的简单效应检验后的多重比较表明，对于护面子型被试而言，相较于能即时回报（M=3.26，SD=0.45）和能延迟六个月回报（M=3.05，SD=0.61），当能延迟一周回报（M=4.03，SD=0.72）时，其求助行为表现倾向评分明显更高，$p<0.001$，而护面子型被试在能即时回报时的求助行为表现倾向评分与能延迟六个月时无显著差异，$p>0.05$；对于挣—护面子双高型被试而言，其在能延迟一周回报时的求助行为表现倾向评分（M=4.28，SD=0.46）显著高于能即时回报时的评分（M=3.90，SD=0.55），$p<0.001$，而其在能即时回报时的求助行为表现倾向评分（M=3.90，SD=0.55）又显著高于能延迟六个月回报时的评分（M=3.33，SD=0.74），$p<0.001$；对于挣—护面子双低型被试而言，相较于能即时回报（M=3.79，SD=0.53）和能延迟六个月回报（M=3.21，SD=0.66），当能延迟一周回报（M=4.05，SD=0.52）时，其求助行为表现倾向评分明显更高，$p<0.05/0.001$，而挣—护面子双低型被试在能即时回报时的求助行为表现倾向评分（M=3.79，SD=0.53）又显著高于能延迟六个月回报时的评分（M=3.21，SD=0.66），$p<0.001$。这说明相较于能即时回报和延迟六个月回报，护面子型被试、挣—护面子双高型被试和挣—护面子双低型被试在能延迟一周回报的情况下会更倾向于长远受益性求助。

6.2.4 讨论

本研究的主要结论是相较于能即时回报和延迟六个月回报，护面子型被试、挣—护面子双高型被试和挣—护面子双低型被试在能延迟一周回报的情况下会更倾向于长远受益性求助。在社会互动中，当个体感知到自己的行为表现尚未达到可接受水平时，个体便更容易对如何维护住自己的面子加以关注（何斌，叶存军，2022），怕丢面子的动机促使个体表现出护面子行为如一些符合社会期望的行为等（马蓓等，2018；赵卓嘉，2012）。护面子需要水平高的个体给予施助者即时回报，会因为表现出急于清算与施助者的关系而引发非议而产生心理压力，但在接受施助者帮助后长时间不回报对方，也会因回报的不确定性导致受助者长时间感到对施助者有所亏欠，这种欠债感也会给受助者带来心理压力。因此对于护面子型员工和挣—护面子双高型员工而言，能够在得到施助者帮助后的短期内回报对方，既可以通过跨时间求助—施恩—还报这种往来维护和巩固求助—施助双方的关系，又不会因为长时间拖延回报而使施助者因预感获得回报遥遥无期而在花费较大精力施助之前陷入人情困境。给他人造成麻烦也会使护面子型员工和挣—护面子双高型员工产生心理压力，那么从这个角度来看，延迟一周回报（可认为是恰当的及时回报）会比即时回报（可认为是过于急切回报）和延迟六个月回报（可认为是过于不及时回报）更能让护面子型员工和挣—护面子双高型员工在遇到工作困难时安心地选择长远受益性求助。对于挣—护面子双低型员工而言，虽然他们具有较低水平的护面子需要，但本研究的结果发现，相较于能即时回报和延迟六个月回报，挣—护面子双低型被试也会在能延迟一周回报的情况下更倾向于长远受益性求助。挣—护面子双低型被试表示，长远受益性求助代表了自己对掌握基本工作技能的渴望，而延迟一周回报所表现出的优越性代表了“报”之法则的积极作用，延迟一周回报比延迟六个月回报更具优越性的观念则类似“好借好还，再借不难”的观点，即受惠后选择恰当的时机及时还报，起到了避免施助者担心回报收益的作用。

总体上，相较于能延迟六个月回报，能延迟一周回报对护面子型被试、挣—护面子双高型被试和挣—护面子双低型被试长远受益性求助表现具有促进作用，这是因为延迟六个月回报会使施助者感到获得回报遥遥无期，因此他们在做出是否提供帮助的决策时容易陷入人情困境。根据被试的反馈，他们（求助者）在做出是否倾向长远受益性求助的决策前也意识到了这一点。在社会性交换中，人情关系尤为重要（侯勇，孙君，2021），而对受惠方将来反馈的回报的预期是施助者做人情前需要考虑的重要因素。给予他人帮助可以理解为施助者在帮求关系中需要付出的代价，而对当下付出的代价与预期回报之间的考量容易使施助者（资源支配者）陷入人情困境（黄光国，2010；欧先涛，王宣喻，2010）。相较于延迟一周回报，延迟六个月回报显然会因为回报期限的延长而使回报更具不确定性，也会使施助者在做出施助决定前更容易陷入人情困境，而这也是求助者在寻求帮助之前会考虑的问题。根据护面子型被试的反馈，其认为相较于暂时受益性求助，长远受益性求助需要花费施助者更多的时间、精力等成本，即需要施助者在帮求关系中付出更大的代价，如何在延迟回报的基础上维护自己与施助者之间的关系，并尽力降低施助者陷入人情困境的概率，即在求助过程中为自己利益着想的同时也充分考虑对方（施助者）的感受，是影响他们采取长远受益性求助时所考虑的重要因素。

研究表明，相较于能即时等价回报和能延迟六个月等价回报，护面子型员工、挣—护面子双高型员工和挣—护面子双低型员工在能延迟一周等价回报的情况下倾向于长远受益性求助。

6.3　小结

本研究的结果显示，相较于无即时等价回报机会，护面子型员工、挣—护面子双高型员工和挣—护面子双低型员工在能即时等价回报施助者的时候倾向于长远受益性求助；相较于能即时等价回报和能延迟六个月等价回报的情况，上述三种面子需要类型员工在可以延迟一周等价回报施助者的时候倾向于长远受益性求助，这说明能即时等价回报和能延迟一周等价回报对护面子型员工、挣—护面子双高型员工和挣—护面子双低型员工的长远受益性求助选择倾向均有促进作用，且相比之下回报延迟性的优势作用更大，但该优势作用有度的限制。本研究的结果还显示，无论有无即时等价回报、延迟一周等价回报和延迟六个月等价回报的机会，挣面子型员工长远受益性求助选择倾向水平均较高，且在上述两种情况下均无显著差异，这说明等价回报即时性和等价回报延迟性对挣面子型员工的长远受益性求助选择倾向没有促进作用。

第7章　研究五　回报对象身份特征在面子需要影响员工求助行为中的作用

7.1　子研究一：回报对象相对职位在面子需要影响员工求助行为中的作用

研究四的子研究二发现相较于能即时回报和能延迟六个月回报，护面子型员工、挣—护面子双高型员工和挣—护面子双低型员工在能延迟一周回报的情况下会更倾向于长远受益性求助。但在研究四中，“同事”是对潜在施助者身份的笼统描述，而组织中存在着层级，这对组织中员工的交流互动有重要影响（Magee & Galinsky，2008）。尤其是在华人组织环境中，上下级关系是重要的人际关系（刘慧，王晓庄，2016），是员工，尤其是下级进行工作行为决策时会考量的最重要因素之一（郑伯埙，1999），也是影响组织绩效的关键因素之一（梁建，王重鸣，2001），可以直接影响员工的工作绩效等（Wong et al.，2010）。员工在与自己的上级、平级和下级同事交往时的心态有所不同，因此在考察组织中求助行为时需要对潜在施助者（回报对象）的相对职位进行细化。

面子等具有中国特色的文化概念对中国人的思想、行为等方面有重要影响（陈文平等，2013），是解释中国人行为的关键性因素（翟学伟，2005），这一观点也已通过研究三和研究四得到验证。面子在混合性关系（如上下级关系）中，对各方互动也存在不可忽视的作用（黄光国，2010；梁潇杰等，2019）。上级往往被认为拥有更多专业领域方面的相关知识（张振刚等，2016），而上级反馈具有高感知价值，往往被看作是组织中最普遍的反馈方式之一（王永丽，时勘，2004；Ashford & Tsui，1991）。员工如果能够得到上级发展性反馈，则能够获得与自身发展和学习相关的有价值的信息，即获得积极的信息支持（王端旭，洪雁，2010；Zhou，1998）。这说明员工在遇到工作困难时，向上级寻求解决问题的思路、方法、经验等，即寻求长远受益性求助对员工自身发展而言是大有裨益的。但另一方面，虽然总体而言下级对专业知识较多的上级领导持有更积极的态度（Pornpitakpan，2004），但上级掌握着考评员工的主要权力，而寻求有关解决问题思路、经验等方面的帮助可能被认为是缺乏能力的表现（Ashford & Cummings ，1983），并且上级往往对更专业、更有能力的员工更为青睐（Whiting et al.，2012），因此员工表现出专业能力缺失往往对其考评具有消极作用。尽管挣—护面子双低型员工兼具低水平的挣面子需要和护面子需要，但也无法忽略与自身生存相关联的绩效考评，并且即便挣—护面子双低型员工可以通过等价回报作为潜在施助者的上级，也很难掩饰自己在本职工作方面所表现出的无能。但如果潜在施助者是挣—护面子双低型员工的平级同事，则相对而言受助者就无须过多考虑与自身生存相关的绩效考评，且因为他们具有低水平的护面子需要，因而采取长远受益性求助不会使其有丢面子或矮一头的感觉，并且当挣—护面子双低型员工能够回报作为潜在施助者的平级同事时，他们将因互利互惠、合作共赢等信念而更倾向于长远受益性求助。前文提到，上级对下级做了分内之事，也会让下级感恩戴德，试图多多回报（王硕，2011），这种将上级的非恩惠行为理解为施恩行为也说明下级往往高估上级对自己的恩惠。并且与暂时受益性求助相比，施助者在求助者采取长远受益性求助时给予求助者帮助将花费更多的时间和精力，即付出更大成本。鉴于此，相较于能够等价回报平级同事的情境，挣—护面子双低型员工可能会认为自己在向上级进行长远受益性求助时，即便自己能够给予上级等价回报，但在心理层面上也很难抵消上级为自己提供帮助时的付出。综上本研究假设，相较于施助者（等价回报对象）为上级的情况，挣—护面子双低型员工在施助者（等价回报对象）为平级同事的情况下会更倾向于长远受益性求助。

根据资源保存理论，与获取资源相比，等量的资源损失对个体的影响更大（Hobfoll，2001）。因此，对于挣—护面子双高型员工而言，虽然其挣面子需要水平和护面子需要水平均较高，但护面子需要水平对员工行为的作用不容忽视。社会比较理论将社会比较区分出上行比较、下行比较和平行比较三种，当人们在进行上行比较时，如果其自我评价水平背离其比较目标，则会出现对比效应，使人们产生挫败等消极情绪（刘德鹏等，2020；Blanton，2001；Collins，1996）。护面子型员工和挣—护面子双高型员工的护面子需要水平均较高，因而他们往往更在意他人对自己的认识和评价，当在与上级交往，即上行比较时，会担心长远受益性求助使上级认为他们（护面子型员工和挣—护面子双高型员工）无能，并威胁到绩效考评的成绩和面子。根据相似—吸引理论，相似性高的个体会相互吸引并形成内群体，群体内成员间会表现出积极行为（如相互帮助），而对群体外成员则较少表现出帮助行为（Schaubroeck & Lam，2002；Van Knippenberg & Schippers，2007），而同级同事在工作内容、职位职责、工作目标等方面均存在诸多相似性，并且有权力的个体往往会被视为不可接近的（Ji et al.，2015），因此无论是从求助成功率角度还是共情角度来看，相较于面对的施助者为上级，护面子型员工和挣—护面子双高型员工在面对的施助者为平级同事时，可能会更倾向于长远受益性求助。综上本研究假设，相较于施助者（等价回报对象）为上级的情况，护面子型员工和挣—护面子双高型员工在施助者（等价回报对象）为平级同事的情况下会更倾向于长远受益性求助。

根据社会比较理论，当人们进行下行比较时，如果产生对比效应，即自我评价水平背离比较目标，则会提升其自我评价水平（Blanton，2001）。如求职者面对外表邋遢且能力不足的竞争对手时会提升其自我评价水平（Stapel & Suls，2004），而学生与能力比自己低的同伴比较时也会提升其自我评价水平（Marsh & Hau，2003）。鉴于此，当员工在与下属交往过程中的表现优于下属时更易持有积极的自我评价；另外，当人们进行下行比较时，如果产生同化效应，即自我评价水平趋同于比较目标（Collins，1996），则会降低其自我评价水平（Blanton，2001），因此当下行比较出现同化效应时，人们会因为关注到自己与对方存在相似之处而获得消极情绪体验（吴晶等，2020）。鉴于此，当员工在与下属交往过程中的表现与下属相似时则更易持有消极的自我评价，即认为自己的工作能力不足以超越下属。进一步地，如果员工在工作中向下属进行长远受益性求助，则等同于承认自己在某些方面的能力不如下属，根据社会比较理论，员工会产生更为消极的情绪体验。综上本研究假设，相较于施助者（等价回报对象）为下级的情况，护面子型员工、挣—护面子双高型员工和挣—护面子双低型员工在施助者（等价回报对象）为平级同事的情况下更倾向于长远受益性求助。

人们在组织中存在多种动机（魏昕，张志学，2014；De Dreu et al.，2007），不同动机的优先程度会影响人们对行为决策等方面的评估（Menon et al.，2006）。对于挣面子型员工而言，增强自身能力并增加工作经验、为自己挣到面子是主要目标，因此无论其面对的施助者（等价回报对象）是自己的上级、平级还是下级，挣面子型员工均可能倾向于长远受益性求助，且上述三种情境下挣面子型员工对长远受益性求助的倾向程度可能无明显差异。

本研究拟探索当回报对象（施助者）具有何种相对职位时会对护面子型员工、挣—护面子双高型员工和挣—护面子双低型员工长远受益性求助表现具有促进作用，并进一步提出假设：等价回报对象（施助者）为上级、平级或下级的情况下，挣面子型员工均倾向于长远受益性求助，且三种情况无显著差异；相较于等价回报对象（施助者）为上级或下级的情况，护面子型员工、挣—护面子双高型员工和挣—护面子双低型员工在等价回报对象（施助者）为平级同事的情况下会更倾向于长远受益性求助。

7.1.1 研究目的

本研究考察回报对象相对职位和面子需要对员工求助行为的影响，探究回报对象相对职位在面子需要影响员工求助行为中的作用，重点探索相较于等价回报对象（施助者）是员工（求助者）上级或下级的情况，等价回报对象是员工平级的情况能否提高护面子型员工、挣—护面子双高型员工和挣—护面子双低型员工在困境中选择长远受益性求助的倾向。

7.1.2 研究方法

7.1.2.1 被试

本研究通过方便取样选取辽宁省铁岭市企事业单位员工 142 人。其中，男性 55 人，女性 87 人；平均年龄为 36.57 ± 3.24 岁；专科 90 人，本科 52 人；

国有单位 112 人，民营单位 30 人；均为 3 年及以上工龄；被试职业主要为小学教师、企业文员、销售员和医生。

7.1.2.2　研究工具

自编的员工面子需要问卷，采用李克特五点计分（1 = 完全不符合，5 = 完全符合），包括挣面子需要（14 道题目）和护面子需要（12 道题目）两个维度。在本研究中，两个维度的 Cronbach' s α 系数分别为 0.95 和 0.77。

任务项目改编自历年公务员录用考试行政职业能力测验中与组织运转相关的题目，并删除必要信息使题目无解，以创造确需被试求助的必要条件。本部分任务项目之一为“某上市公司今年招聘实习生 180 名，这批实习生需要在 A、B、C 三个部门进行轮岗。第一个月，A 部门的部分实习生调往 B 部门和 C 部门，此时 B、C 两个部门实习生的数量都增加一倍；第二个月，一部分实习生又从 B 部门调往 A 部门和 C 部门，此时 A 部门和 C 部门实习生的数量也增加一倍；第三个月，一部分实习生又从 C 部门调往 A 部门和 B 部门，此时 A 部门和 B 部门实习生的数量同样增加一倍，那么最初分配给 A、B、C 三个部门各多少名实习生”。任务项目之二为“采购部门小张连续四天采买办公用品，前三天共采买了 65 次，其中第二天采买次数比第一天多 50%，第四天采买次数比第一天的 2 倍少 5 次，那么小张采买次数最多和最少的日子，单日采买次数相差 36 次的可能性有多大”。任务项目之三为“工厂在做好防疫工作的前提下全面复工复产，复工后第一天的产能即恢复到停产前日产能的 60%。复工后每生产四天，日产能都会比前四天的水平提高 1000 件 / 日。已知复工 80 天后，总产量相当于停工前 88 天的总产量。那么复工后的总产量达到 100 万件是在复工后的第几天”。

7.1.2.3　研究设计

采用 4（面子需要分组：挣面子型、护面子型、挣—护面子双高型、挣—护面子双低型）× 3（等价回报对象相对职位：上级、平级、下级）混合实验设计，其中面子需要分组为被试间变量，回报对象相对职位为被试内变量，因变量为被试对长远受益性求助或暂时受益性求助的选择倾向。

研究为减少被试浪费并保持各水平人数平均，根据大于或小于平均数原则（吴云龙，张玉柱，2021；Gillespie et al.，2013）将被试区分出四个面子需要水平（表 7–1）。

表7-1 面子需要和回报对象相对职位对员工求助行为的影响研究被试分布情况（N= 142）

自变量	人数
挣面子型	34
护面子型	37
挣—护面子双高型	37
挣—护面子双低型	34

7.1.2.4 研究程序

被试被告知将要参加一项组织行为实验，首先由被试填写研究者自编的面子需要问卷，并根据问卷得分分组，分组结果见表 7–1。

研究者告知被试他们将被依次分配三项给定的工作任务，提醒被试在自己完不成任务的情况下不要胡乱填写答案，可以通过填写求助卡求助。其中，任务之一的求助对象为被试同性别上级（虚拟），研究者告知被试该上级知晓该任务的详细解决步骤和最终答案，由于条件限制目前该上级在另一个房间。研究者发给被试李克特六点计分求助卡，告知被试共有两种求助方案供其选择：方案 1 为完全依赖上级，将这项工作推给上级完成，或直接向上级求助解决这项任务的答案；方案 2 为向上级求助解决这一任务的意见、建议、思路或想法，最终通过自己的努力解决问题。要求被试根据自己倾向方案 1 还是方案 2 的程度在六点计分的求助卡上选择相应的数字（“1”表示“完全倾向方案 1”，“6”表示“完全倾向方案 2”）。研究者告知被试将在一周后向其发放一项额外任务的解决思路和最终答案，并告知被试另一个房间的上级将在一周后完成类似实验，他要完成的任务正是被试掌握思路和答案的这个任务，在作答过程中，上级如果无法自己独立完成任务，也可能会通过求助卡向被试求助。

任务之二的求助对象为被试同性别平级同事（虚拟），研究者告知被试该平级同事知晓该任务的详细解决步骤和最终答案，由于条件限制目前该平级同事在另一个房间。研究者发给被试李克特六点计分求助卡，告知被试共有两种求助方案供其选择：方案 1 为完全依赖平级同事，将这项工作推给平级同事完成，或直接向平级同事求助解决这项任务的答案；方案 2 为向平级同事求助解决这一任务的意见、建议、思路或想法，最终通过自己的努力解决问题。要求被试根据自己倾向方案 1 还是方案 2 的程度在六点计分的求助卡上选择相应的数字（“1”表示“完全倾向方案 1”，“6”表示“完全倾向方案 2”）。研究者告知被试将在一周后向其发放一项额外任务的解决思路和最终答案，并告知被试另一个房间的平级同事将在一周后完成类似实验，他要完成的任务正是被试掌握思路和答案的这个任务，在作答过程中，平级同事如果无法自己独立完成任务，也可能会通过求助卡向被试求助。

任务之三的求助对象为其同性别下级（虚拟），研究者告知被试该下级知晓该任务的详细解决步骤和最终答案，由于条件限制目前该下级在另一个房间。研究者发给被试李克特六点计分求助卡，告知被试共有两种求助方案供其选择：方案 1 为完全依赖下级，将这项工作推给下级完成，或直接向下级求助解决这项任务的答案；方案 2 为向下级求助解决这一任务的意见、建议、思路或想法，最终通过自己的努力解决问题。要求被试根据自己倾向方案 1 还是方案 2 的程度在六点计分的求助卡上选择相应的数字（“1”表示“完全倾向方案 1”，“6”表示“完全倾向方案 2”）。研究者告知被试将在一周后向其发放一项额外任务的解决思路和最终答案，并告知被试另一个房间的下级将在一周后完成类似实验，他要完成的任务正是被试掌握思路和答案的这个任务，在作答过程中，下级如果无法自己独立完成任务，也可能会通过求助卡向被试求助。

实验为了平衡顺序效应，采用随机次序进行三个任务的交替呈现。被试提交一次求助卡后开始下一任务，被试提交全部求助卡后实验结束。

实验结束后，研究者会对被试进行简短询问，以了解被试在整个实验过程中的体验。

7.1.3　研究结果

研究通过单因素方差分析对面子需要分组有效性进行检验，结果表明（描述统计结果见图 7–1），就挣面子需要分数而言，$M_{挣面子型} = 4.29$，$M_{护面子型} = 2.47$，$M_{挣—护面子双高型} = 4.20$，$M_{挣—护面子双低型} = 2.50$；就护面子需要分数而言，$M_{挣面子型} = 2.40$，$M_{护面子型} = 3.68$，$M_{挣—护面子双高型} = 3.66$，$M_{挣—护面子双低型} = 2.85$；四个面子需要水平组在挣面子需要分数和护面子需要分数上均具有显著差异（$F_{挣面子需要(3, 138)}$ =178.39，p <0.001，η_p^2 = 0.80；$F_{护面子需要(3, 138)}$ =78.69，p <0.001，η_p^2 = 0.63）。进一步的事后检验表明，就挣面子需要分数而言，$M_{挣面子型} = M_{挣—护面子双高型} > M_{护面子型} = M_{挣—护面子双低型}$；就护面子需要分数而言，$M_{护面子型} = M_{挣—护面子双高型} > M_{挣—护面子双低型} > M_{挣面子型}$，表明对面子需要水平的操纵有效。

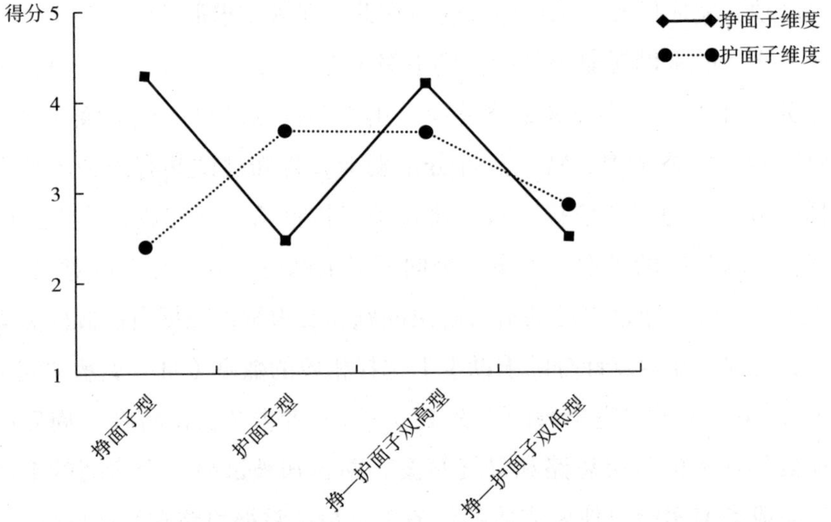

图 7–1　四个面子需要水平组被试在挣面子需要和护面子需要水平上得分情况（N = 142）

将面子需要分组（挣面子型、护面子型、挣—护面子双高型、挣—护面子双低型）作为被试间变量，等价回报对象相对职位（上级、平级、下级）作为被试内变量进行两因素方差分析（描述统计结果见表 7–2，方差分析结果见表 7–3），结果如下。

表7–2　各组别被试面对不同等价回报对象的求助行为倾向评分M（SD）

自变量	回报对象为上级	回报对象为平级同事	回报对象为下级
挣面子型	4.44（0.66）	4.62（0.60）	4.41（0.78）
护面子型	3.14（0.75）	3.65（0.59）	3.14（0.63）
挣—护面子双高型	3.62（0.59）	4.00（0.53）	3.14（0.48）
挣—护面子双低型	3.44（0.56）	4.00（0.55）	3.24（0.61）

表7–3　面子需要和等价回报对象相对职位对员工求助行为倾向的影响

变异来源	df	F	p	η_p^2
面子需要	3	61.95	<0.001	0.57

续表

变异来源	df	F	p	η_p^2
回报对象相对职位	2	37.36	<0.001	0.21
面子需要 × 回报对象相对职位	6	2.84	<0.05	0.06

首先，面子需要的主效应显著，F（3，138）= 61.95，p <0.001，η_p^2 = 0.57。进一步的事后检验发现，挣面子型被试求助行为表现倾向评分（M = 4.49，SD = 0.45）显著高于挣—护面子双高型被试（M = 3.59，SD = 0.30），p <0.001；挣—护面子双高型被试求助行为表现倾向评分（M = 3.59，SD = 0.30）与挣—护面子双低型被试（M = 3.56，SD = 0.36）无显著差异，p >0.05；挣—护面子双低型被试求助行为表现倾向评分（M = 3.56，SD = 0.36）显著高于护面子型被试（M = 3.31，SD = 0.43），p <0.05。这说明相较于挣—护面子双高型被试、挣—护面子双低型被试和护面子型被试，挣面子型被试更倾向于长远受益性求助。

其次，等价回报对象相对职位的主效应显著，F（2，276）= 37.36，p <0.001，η_p^2 = 0.21。进一步的多重比较结果显示，被试在等价回报对象为平级同事时的求助行为表现倾向评分（M = 4.07，SD = 0.66）要显著高于等价回报对象为上级时的评分（M = 3.66，SD =0.80），p <0.001；被试在等价回报对象为上级时的求助行为表现倾向评分（M = 3.66，SD = 0.80）要显著高于等价回报对象为下级时的评分（M = 3.48，SD = 0.82），p <0.05。这说明相较于等价回报对象为上级或下级的情况，被试在等价回报对象为平级同事时会更倾向于长远受益性求助。

再次，面子需要和等价回报对象相对职位的交互作用显著（见图 7–2），F（6，276）= 2.84，p <0.05，η_p^2 = 0.06。简单效应检验表明，挣面子型被试在等价回报对象为上级、平级同事和下级时的求助行为表现倾向评分均无显著差异，F（2，276）= 1.23，p >0.05，η_p^2 = 0.01；护面子型被试在等价回报对象为上级、平级和下级时的求助行为表现倾向评分有显著差异，F（2，276）= 9.47，p <0.001，η_p^2 = 0.06；挣—护面子双高型被试在等价回报对象为上级、平级同事和下级时的求助行为表现倾向评分有显著差异，F（2，276）= 20.26，p <0.001，η_p^2 = 0.13；挣—护面子双低型被试在等价回报对象为上级、平级同事和下级时的求助行为表现倾向评分有显著差异，F（2，276）= 15.51，p < 0.001，η_p^2 = 0.10。

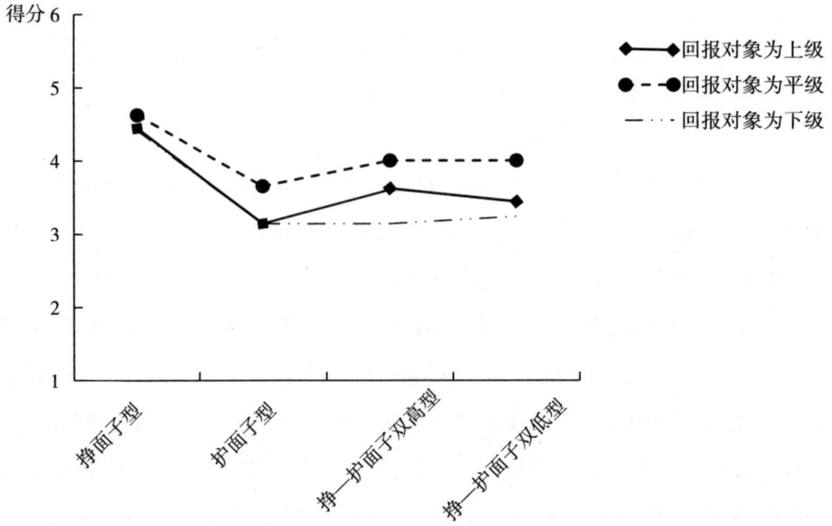

图 7-2　面子需要和等价回报对象相对职位的交互作用

最后，进一步的简单效应检验后的多重比较表明，对于护面子型被试而言，相较于等价回报对象为上级（M = 3.14，SD = 0.75）和下级（M = 3.14，SD = 0.63），当等价回报对象为平级同事（M = 3.65，SD = 0.59）时，其求助行为表现倾向评分明显更高，p <0.001，而护面子型被试在等价回报对象为上级时的求助行为表现倾向评分与等价回报对象为下级时无显著差异，p >0.05；对于挣—护面子双高型被试而言，其在等价回报对象为平级同事时的求助行为表现倾向评分（M = 4.00，SD = 0.53）显著高于等价回报对象为上级时的评分（M = 3.62，SD = 0.59），p <0.01，而其在等价回报对象为上级时的求助行为表现倾向评分（M = 3.62，SD = 0.59）又显著高于等价回报对象为下级时的评分（M = 3.14，SD = 0.48），p <0.001；对于挣—护面子双低型被试而言，相较于等价回报对象为上级（M = 3.44，SD = 0.56）和下级（M = 3.24，SD = 0.61），当等价回报对象为平级同事（M = 4.00，SD = 0.55）时，其求助行为表现倾向评分明显更高，p <0.001，而挣—护面子双低型被试在等价回报对象为上级时的求助行为表现倾向评分与等价回报对象为下级时无显著差异，p >0.05，说明相较于等价回报对象（施助者）为上级或下级的情况，护面子型被试、挣—护面子双高型被试和挣—护面子双低型被试在等价回报对象（施助者）为平级同事的情况下会更倾向于长远受益性求助。

7.1.4 讨论

本研究在研究四的基础上对等价回报对象（施助者）进行进一步细化，从求助者—施助者相对职位的角度，通过设置等价回报对象（施助者）为被试的上级、平级和下级，来进一步探究等价回报对象（施助者）相对职位在面子需要影响员工求助行为中的作用。研究表明，在等价回报对象（施助者）分别为上级、平级或下级的情况下，挣面子型被试均倾向于长远受益性求助，且三种情况无显著差异。具有挣面子倾向的个体更渴望获得面子（Chou，1996），进而倾向表现出自己能力强或博学等方面的优势，以期得到他人的称赞（王国保，2014；Wang，2002）。但展示自身优势的前提是本身具有优势，因而具有挣面子倾向的个体希望通过努力工作等方式获得他人的认可与尊重以挣到面子（陈昊等，2016；Lau & Fu Keung Wong，2008）。由于挣面子往往伴随着光荣、得意、骄傲、喜悦等心理酬赏，这就会为个体奋斗提供动力，使个体持续搜寻有价值的信息，激发个体更为积极的工作态度和表现积极行为的意愿（戴万亮等，2022；丁水平，林杰，2020；Ranjbar & Maheswaran，2014），因此挣面子需要体现了面子的激励性（段光等，2018）。在本研究中，有挣面子型被试表示，自己在工作中更希望能挣到“未来面子”，即通过当下努力来增长知识和技能，提升自己解决问题的能力，以期在日后工作中能够获得他人赞誉和尊重，因此他们并不排斥向自己的上级或下级求助寻求问题的思路、经验、方法等。并且挣面子型被试认为在工作中遇到困难具有普遍性，自己采取积极的长远受益性求助反而会在上级心中留下虚心好学的好印象，这也可能使上级因为自己拥有好下属而觉得面上有光，这与童俊等（2017）提出的“徒弟的积极工作行为反过来也能给师傅挣面子”的观点类似。

研究表明，相较于等价回报对象（施助者）为上级或下级的情况，护面子型被试、挣—护面子双高型被试和挣—护面子双低型被试在等价回报对象（施助者）为平级同事的情况下更倾向于长远受益性求助。对面子的维护体现了面子的约束性（段光等，2018），代表个体具有不希望他人看不起自己的期望（张正林，庄贵军，2008）。护面子型员工和挣—护面子双高型员工都具有较高水平的护面子需要，而高水平的护面子需要往往会使人们为了维护自己的面子不致丢失而约束自身行为，甚至减少与他人的必要沟通以避免出错（刘蕤，2012；朱瑞玲，1987）。总体上，护面子倾向使人们对负面评价更加敏感，即对与丢面子可能相关的信息和线索更加敏感，当个体感知到面子受到威胁时更易诱发防御机制，表现出保护面子的行为（施卓敏，郑婉怡，2017；张翠娟，白凯，2015）。因此，不做出丢面子的事情是护面子需要水平高的个体的行为核心宗旨（Chou，1996），即使付出相当大的代价也要保住自己的面子（张正林，庄贵军，2008），这与人际交往中自我展示行为之一——隐藏自己的消极品质——相吻合（张翠娟，白凯，2015；Roth et al.，1986）。护面子型被试和挣—护面子双高型被试表示，相较于等价回报对象（施助者）为平级同事，当面对的施助者为上级时，他们会更多地考虑到上级对其顺利完成任务的期望以及上级持有的对其绩效考评的权力；当面对的施助者为下级时，他们会产生自己理应优于下级的想法，这使得护面子型被试和挣—护面子双高型被试在面对上级或下级施助者时会感受到更强烈的丢面子威胁，此种情况下选择长远受益性求助更不利于保护自己的面子。此外，挣—护面子双低型被试表示，他们在面对上级或下级施助者时，自己无法完成任务这一事实与上级或下级施助者对其理应顺利完成任务这一期望相矛盾，进而产生认知失调。根据认知失调理论，人总是寻求一种平衡的协调状态，当个体认知失调时则会产生心理压力，进而对表现积极主动的行为产生阻碍作用（梁彦清，刘伟鹏，2021），并且挣—护面子双低型被试普遍认为长远受益性求助比暂时受益性求助更具有积极主动的性质，这也是相较于等价回报对象（施助者）为上级或下级的情况，挣—护面子双低型被试在施助者为平级同事的情况下更倾向于长远受益性求助的重要原因。

7.2 子研究二：回报对象相对职位和回报高价性在面子需要影响员工求助行为中的作用

子研究一发现，相较于等价回报对象（施助者）为上级或下级的情况，护面子型员工、挣—护面子双高型员工和挣—护面子双低型员工在等价回报对象（施助者）为平级同事的情况下更倾向于长远受益性求助。本研究则重点考察什么情况下护面子型员工、挣—护面子双高型员工和挣—护面子双低型员工会提高在回报对象（施助者）为上级或下级时的长远受益性求助倾向。本研究认为，在上述三种面子需要类型员工面对上级或下级施助者（回报对象）时，相较于给予施助者等价回报，上述三种面子需要类型员工在能高价回报潜在施助者时均倾向于长远受益性求助。

子研究一提到，当护面子型员工、挣—护面子双高型员工和挣—护面子双低型员工在面对施助者（等价回报对象）为上级或下级的情况时，让其表现长远受益性求助往往会比面对平级的施助者时具有更大的心理压力，这就需要从其他方面着手来缓解这种心理压力，以期通过补偿效应来提高上述三类员工的长远受益性求助倾向。“补偿”意指提供某些好的东西来平衡或降低某种损失的效应（王永丽等，2018），心理学意义上的补偿也常被视为一种健康的心理调适机制，当个体在某些方面存在不足时，一般会努力通过其他方面的优势来缓解不足方面所带来的消极体验（Adler，2010）。换句话说，个体在某些方面得不到满足，可以通过其他方面的满足来对这种不满足感进行弥补（Staines，1980）。在中国这样一个人情社会，行事合乎人情是普通人日常待人接物的方式（冯友兰，2011），在人情逻辑的作用下，面对他人施惠则需要给予对方回报，且超量性（即受惠方的付出量大于从施惠方的得到量）是人情回报的主要特性之一（陈午晴，2018），能够有效缓解受助带来的需要归还因受助所得好处的心理压力（Emmons，2004）。

高价回报相当于施报者在报的过程中制造了剩余价值物，这反而会使受报方产生债务感（付博等，2021；李拥军，2021；李拥军，雷蕾，2016；翟学伟，2007），进而会扭转求助者在求助—受助关系中的心理弱势地位，即有效缓解长远受益性求助所造成的“手心向上，矮人三分”的心理压力。此外，高价回报往往代表施报者需要在某方面寻求他人帮助，但是在其他方面却有能力向受报方提供超额资源，因此提供给上级或下级施助者高价回报能够有效缓解求助者因某方面能力不足所造成的“矮一头”的心理压力。综上可以认为，高价回报施助者可以作为一种手段缓解护面子型员工、挣—护面子双高型员工和挣—护面子双低型员工在工作中遇到困难时选择长远受益性求助所带来的心理压力或顾虑。

本研究拟考察当面对的回报对象（施助者）是自己的上级或下级时，能给予对方高价回报对护面子型员工、挣—护面子双高型员工和挣—护面子双低型员工长远受益性求助行为表现的促进作用，进一步提出假设：无论面对的施助者是上级还是下级，相较于等价回报，护面子型员工、挣—护面子双高型员工和挣—护面子双低型员工在能高价回报施助者时均倾向于长远受益性求助。

7.2.1 研究目的

本研究考察回报对象相对职位、回报高价性和面子需要对员工求助行为的影响，探究回报对象相对职位和回报高价性在面子需要影响员工求助行为中的作用。重点探索当回报对象（施助者）为员工（求助者）的上级或下级时，相较于能等价回报施助者，能高价回报施助者能否提高护面子型员工、挣—护面子双高型员工和挣—护面子双低型员工在困境中选择长远受益性求助的倾向。

7.2.2 研究方法

7.2.2.1 被试

本研究通过方便取样选取辽宁省铁岭市企事业单位员工 284 人。其中，男性 140 人，女性 144 人；平均年龄为 36.36 ± 3.75 岁；专科 166 人，本科 118 人；国有单位 217 人，民营单位 67 人；均为 3 年及以上工龄；被试职业主要为小学教师、企业文员、销售员和医生。

7.2.2.2 研究工具

研究者自编的员工面子需要问卷采用李克特五点计分（1 = 完全不符合，5 = 完全符合），包括挣面子需要（14 道题目）和护面子需要（12 道题目）两个维度。在本研究中，两个维度的 Cronbach’s α 系数分别为 0.95 和 0.79。

任务项目改编自历年公务员录用考试行政职业能力测验中与组织运转相关的题目，并删除必要信息使题目无解，以创造确需被试求助的必要条件。本部分任务项目之一为“单位选拔 170 多名优秀人才分成 7 组参加培训。在选拔出的人才中，党员人数比非党员人数多 3 倍，接受培训的党员中的 10% 在培训结束后被随机派往甲单位等 12 个基层单位进一步锻炼，已知每个基层单位至少分配 1 人，则甲单位分配人数多于 1 和少于 4 的概率分别为多少”。任务项目之二为“单位计划派 45 名实习生分别前往 A、B、C、D 四个地区参加活动，其中 A 地区实习生人数要比 B 地区实习生人数多 4 人，C 地区实习生人数是 A、B 两地人数之和的五分之一，D 地区实习生人数不超过 B 地，则 A 地区至少和至多各派了多少名实习生”。任务项目之三为“单位的 80 名员工通过相互投票选出 6 名年度优秀职工，每人都只投一票，最终 A、B、C、D、E、F 这 6 个人当选。已知 A 票数最多，共 20 票；B 和 C 票数相同；D 和 E 票数也相同；F 获得 10 票，排在第四位。那么 B 和 C 获得选票最多和最少各为多少张”。

7.2.2.3　研究设计

采用 4（面子需要分组：挣面子型、护面子型、挣—护面子双高型、挣—护面子双低型）× 3（回报对象相对职位：上级、平级、下级）× 2（回报高价性：能等价回报、能高价回报）混合实验设计，其中面子需要分组和回报高价性为被试间变量，回报对象相对职位为被试内变量，因变量为被试对长远受益性求助或暂时受益性求助的选择倾向。

本研究为减少被试浪费并保持各水平人数平均，根据大于或小于平均数原则（吴云龙，张玉柱，2021；Gillespie et al.，2013）将被试区分出四个面子需要水平，再分别将每个面子需要水平被试随机平均分成等价回报组和高价回报组（表 7–4）。

表7–4　面子需要、回报对象相对职位和回报高价性对员工求助行为的影响研究被试分布情况（N = 284）

自变量		人数
能等价回报	挣面子型	35
	护面子型	36
	挣—护面子双高型	37
	挣—护面子双低型	33
能高价回报	挣面子型	36
	护面子型	36
	挣—护面子双高型	37
	挣—护面子双低型	34

7.2.2.4 研究程序

被试被告知将要参加一项组织行为实验，首先由被试填写研究者自编的面子需要问卷，并根据问卷得分和回报高价性分组，分组结果见表 7–4。

研究者告知被试他们将被依次分配三项给定的工作任务，并提醒被试在自己完不成任务的情况下不要胡乱填写答案，可以通过填写求助卡求助。其中，任务之一的求助对象为其同性别上级（虚拟），研究者告知被试该上级知晓该任务的详细解决步骤和最终答案，由于条件限制目前该上级在另一个房间，发给被试李克特六点计分求助卡，告知被试共有两种求助方案供其选择：方案 1 为完全依赖上级，将这项工作推给上级完成，或直接向上级求助解决这项任务的答案；方案 2 为向上级求助解决这一任务的意见、建议、思路或想法，最终通过自己的努力解决问题。要求被试根据自己倾向方案 1 还是方案 2 的程度在六点计分的求助卡上选择相应的数字（“1” 表示 “完全倾向方案 1”，“6” 表示 “完全倾向方案 2”）。针对能等价回报组，研究者告知被试将在一周后向其发放一项额外任务的解决思路和最终答案，并告知被试另一个房间的上级将在一周后完成类似实验，他要完成的任务正是被试掌握思路和答案的这个任务，在作答过程中，上级如果无法自己独立完成任务，也可能会通过求助卡向被试求助；针对能高价回报组，研究者告知被试将在一周后向其发放五项额外任务的解决思路和最终答案，并告知被试另一个房间的上级将在一周后完成类似实验，他要完成的任务正是被试掌握思路和答案的这五个任务，在作答过程中，上级如果无法自己独立完成任务，也可能会通过求助卡向被试求助。

任务之二的求助对象为其同性别平级同事（虚拟），研究者告知被试该平级同事知晓该任务的详细解决步骤和最终答案，由于条件限制目前该平级同事在另一个房间，发给被试李克特六点计分求助卡，告知被试共有两种求助方案供其选择：方案 1 为完全依赖平级同事，将这项工作推给平级同事完成，或直接向平级同事求助解决这项任务的答案；方案 2 为向平级同事求助解决这一任务的意见、建议、思路或想法，最终通过自己的努力解决问题。要求被试根据自己倾向方案 1 还是方案 2 的程度在六点计分的求助卡上选择相应的数字（“1” 表示 “完全倾向方案 1”，“6” 表示 “完全倾向方案 2”）。针对能等价回报组和能高价回报组的操作同任务一，不同点在于将上级替换为平级同事。

任务之三的求助对象为其同性别下级（虚拟），告知被试该下级知晓该任务的详细解决步骤和最终答案，由于条件限制目前该下级在另一个房间，发给被试李克特六点计分求助卡，告知被试共有两种求助方案供其选择：方案 1 为完全依赖下级，将这项工作推给下级完成，或直接向下级求助解决这项任务的答案；方案 2 为向下级求助解决这一任务的意见、建议、思路或想法，最终通过自己的努力解决问题。要求被试根据自己倾向方案 1 还是方案 2 的程度在六点计分的求助卡上选择相应的数字（“1”表示“完全倾向方案 1”，“6”表示“完全倾向方案 2”）。针对能等价回报组和能高价回报组的操作同任务一，不同点在于将上级替换为下级。

实验为了平衡顺序效应，采用随机次序进行三个任务的交替呈现。被试提交一次求助卡后开始下一任务，被试提交全部求助卡后实验结束。

研究者请被试就回报高价性进行两点评分，“1”代表“能给予潜在施助者的是等价回报”，“2”代表“能给予潜在施助者的是高价回报”。

实验结束后，研究者对被试进行简短询问，以了解被试在整个实验过程中的体验。

7.2.3　研究结果

本研究通过 c^2 检验对回报高价性操纵有效性进行检验。结果表明，在能等价回报组（141 名被试）中，有 137 名被试认为自己能给予潜在施助者等价回报，4 名被试认为自己能给予潜在施助者高价回报。经 c^2 检验，认为能给予潜在施助者等价回报和高价回报的人数之间存在显著差异，$c^2(1) = 125.46$，$p < 0.001$，$\varphi = 0.94$，这说明在能等价回报组中，被试普遍认为自己能给予潜在施助者等价回报，而非高价回报；在能高价回报组（143 名被试）中，有 134 名被试认为自己能给予潜在施助者高价回报，9 名被试认为自己能给予潜在施助者等价回报，经 c^2 检验，认为能给予潜在施助者高价回报和等价回报的人数之间存在显著差异，$c^2(1) =109.27$，$p < 0.001$，$\varphi = 0.87$，这说明在能高价回报组中，被试普遍认为自己能给予潜在施助者高价回报，而非等价回报。这表明对回报高价性的操纵有效。

研究通过方差分析对面子需要分组有效性进行检验。删除能等价回报组中

4 名认为自己能高价回报潜在施助者的被试和能高价回报组中 9 名认为自己能等价回报潜在施助者的被试后，通过单因素方差分析对面子需要分组有效性进行检验，结果表明（描述统计结果见图 7–3），就挣面子需要分数而言，$M_{挣面子型}=4.25$，$M_{护面子型}=2.60$，$M_{挣—护面子双高型}=4.28$，$M_{挣—护面子双低型}=2.63$；就护面子需要分数而言，$M_{挣面子型}=2.62$，$M_{护面子型}=3.60$，$M_{挣—护面子双高型}=3.63$，$M_{挣—护面子双低型}=2.73$；四个面子需要水平组在挣面子需要分数和护面子需要分数上均具有显著差异（$F_{挣面子需要(3,\ 267)}=223.35$，$p<0.001$，$\eta_p^2=0.72$；$F_{护面子需要(3,\ 267)}=85.77$，$p<0.001$，$\eta_p^2=0.49$）。进一步的事后检验表明，就挣面子需要分数而言，$M_{挣面子型}=M_{挣—护面子双高型}>M_{护面子型}=M_{挣—护面子双低型}$；就护面子需要分数而言，$M_{护面子型}=M_{挣—护面子双高型}>M_{挣—护面子双低型}=M_{挣面子型}$，表明对面子需要水平的操纵有效。

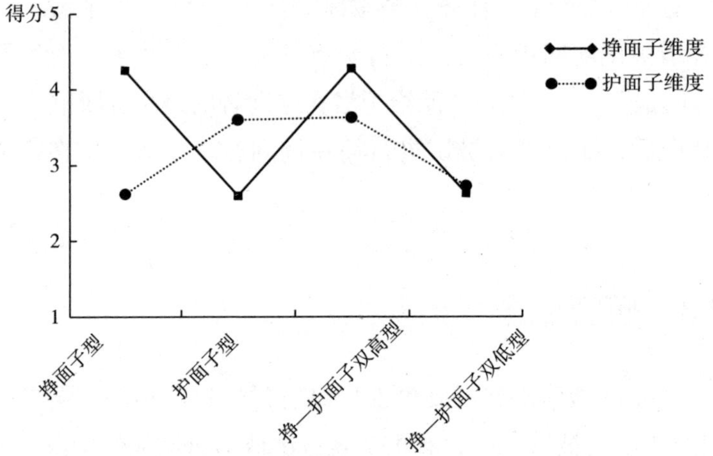

图7–3　四个面子需要水平组被试在不同面子需要水平上得分情况（$N=271$）

最终各组被试分布情况见表 7–5。

表7–5　面子需要、回报对象相对职位和回报高价性对员工求助行为的影响研究被试分布情况（$N=271$）

自变量		人数
等价回报	挣面子型	33
	护面子型	36
	挣—护面子双高型	36
	挣—护面子双低型	32
高价回报	挣面子型	32

续表

自变量		人数
高价回报	护面子型	35
	挣—护面子双高型	35
	挣—护面子双低型	32

将面子需要分组（挣面子型、护面子型、挣—护面子双高型、挣—护面子双低型）和回报高价性（能等价回报、能高价回报）作为被试间变量，回报对象相对职位（上级、平级、下级）作为被试内变量进行方差分析，描述统计结果见表 7–6，方差分析结果见表 7–7。

表7–6　不同组别被试求助行为倾向评分*M*（*SD*）

自变量	挣面子型		护面子型		挣—护面子双高型		挣—护面子双低型	
	等价报	高价报	等价报	高价报	等价报	高价报	等价报	高价报
向上求助	4.55（0.67）	4.97（0.65）	3.03（0.77）	4.40（0.88）	3.53（0.74）	4.97（0.45）	3.41（0.56）	5.03（0.70）
平级求助	4.39（0.50）	4.97（0.65）	3.61（0.55）	4.57（0.61）	4.17（0.45）	5.03（0.62）	4.09（0.53）	5.00（0.57）
向下求助	4.36（0.70）	5.00（0.67）	2.94（0.67）	4.34（0.84）	3.00（0.54）	5.11（0.63）	3.09（0.59）	4.88（0.75）

表7–7　面子需要、回报对象相对职位和回报高价性对员工求助行为倾向的影响

变异来源	*df*	*F*	*p*	η_p^2
面子需要	3	50.58	<0.001	0.37
回报对象相对职位	2	33.01	<0.001	0.11
回报高价性	1	447.09	<0.001	0.63
面子需要 × 回报对象相对职位	6	4.27	<0.001	0.05
面子需要 × 回报高价性	3	6.93	<0.001	0.08
回报对象相对职位 × 回报高价性	2	23.45	<0.001	0.08
面子需要 × 回报对象相对职位 × 回报高价性	6	4.41	<0.001	0.05

实验结果表明，面子需要的主效应显著，F（3，263）= 50.58，p <0.001，η_p^2 = 0.37。进一步的事后检验发现，挣面子型被试求助行为表现倾向评分（*M*= 4.70，*SD* = 0.47）显著高于挣—护面子双高型被试（*M* = 4.29，*SD* = 0.86），p <0.001；挣—护面子双高型被试求助行为表现倾向评分（*M* = 4.29，*SD* =

0.86）与挣—护面子双低型被试（$M = 4.25$，$SD = 0.86$）无显著差异，$p > 0.05$；挣—护面子双低型被试求助行为表现倾向评分（$M = 4.25$，$SD = 0.86$）显著高于护面子型被试（$M = 3.81$，$SD = 0.82$），$p < 0.001$。这说明相较于挣—护面子双高型被试、挣—护面子双低型被试和护面子型被试，挣面子型被试更倾向于长远受益性求助。

回报对象相对职位的主效应显著，$F(2, 526) = 33.01$，$p < 0.001$，$\eta_p^2 = 0.11$。进一步的多重比较结果显示，被试在回报对象为平级同事时的求助行为表现倾向评分（$M = 4.47$，$SD = 0.73$）要显著高于回报对象为上级时的评分（$M = 4.22$，$SD = 1.02$），$p < 0.001$；被试在回报对象为上级时的求助行为表现倾向评分（$M = 4.22$，$SD = 1.02$）要显著高于回报对象为下级时的评分（$M = 4.07$，$SD = 1.11$），$p < 0.001$。这说明相较于回报对象为上级或下级的情况，被试在回报对象为平级同事时更倾向于长远受益性求助。

回报高价性的主效应显著，$F(1, 263) = 447.09$，$p < 0.001$，$\eta_p^2 = 0.63$。被试在能高价回报时的求助行为表现倾向评分（$M = 4.85$，$SD = 0.57$）要显著高于能等价回报时的评分（$M = 3.67$，$SD = 0.60$），这说明相较于等价回报的情况，被试在能高价回报的情况下更倾向于长远受益性求助。

面子需要和回报对象相对职位的交互作用显著，$F(6, 526) = 4.27$，$p < 0.001$，$\eta_p^2 = 0.05$。简单效应检验表明，挣面子型被试在回报对象为上级、平级和下级时的求助行为表现倾向评分均无显著差异，$p > 0.05$，$\eta_p^2 = 0.01$；护面子型被试在回报对象为上级、平级和下级时的求助行为表现倾向评分有显著差异，$p < 0.001$，$\eta_p^2 = 0.04$；挣—护面子双高型被试在回报对象为上级、平级和下级时的求助行为表现倾向评分有显著差异，$p < 0.001$，$\eta_p^2 = 0.06$；挣—护面子双低型被试在回报对象为上级、平级同事和下级时的求助行为表现倾向评分有显著差异，$p < 0.001$，$\eta_p^2 = 0.05$。

进一步的简单效应检验后的多重比较表明，对于护面子型被试而言，相较于回报对象为上级（$M = 3.70$，$SD = 1.07$）和下级（$M = 3.63$，$SD = 1.03$），当回报对象为平级同事（$M = 4.08$，$SD = 0.75$）时，其求助行为表现倾向评分明显更高，$p < 0.001$，而护面子型被试在回报对象为上级时的求助行为表现倾向评分与回报对象为下级时无显著差异，$p > 0.05$；对于挣—护面子双高型被试而言，其在回报对象为平级同事时的求助行为表现倾向评分（$M = 4.59$，

$SD = 0.69$）显著高于回报对象为上级时的评分（$M = 4.24$，$SD = 0.95$），$p < 0.001$，而其在回报对象为上级时的求助行为表现倾向评分（$M = 4.24$，$SD = 0.95$）又显著高于回报对象为下级时的评分（$M = 4.04$，$SD = 1.21$），$p < 0.05$；对于挣—护面子双低型被试而言，相较于回报对象为上级（$M = 4.22$，$SD = 1.03$）和下级（$M = 3.98$，$SD = 1.12$），当回报对象为平级同事（$M = 4.55$，$SD = 0.71$）时，其求助行为表现倾向评分明显更高，而挣—护面子双低型被试在回报对象为上级时的求助行为表现倾向评分显著高于回报对象为下级时的评分，$p < 0.05$。这说明相较于回报对象为上级或下级，护面子型被试、挣—护面子双高型被试和挣—护面子双低型被试在回报对象为平级同事的情况下会更倾向于长远受益性求助。

面子需要和回报高价性的交互作用显著，$F(3, 263) = 6.93$，$p < 0.001$，$\eta_p^2 = 0.08$。进一步的简单效应检验发现，挣面子型被试在能高价回报情况下求助行为表现倾向评分（$M = 4.98$，$SD = 0.39$）显著大于能等价回报情况（$M = 4.43$，$SD = 0.38$），$F(1, 263) = 22.10$，$p < 0.001$，$\eta_p^2 = 0.08$；护面子型被试在能高价回报情况下求助行为表现倾向评分（$M = 4.44$，$SD = 0.60$）显著大于能等价回报情况（$M = 3.19$，$SD = 0.45$），$F(1, 263) = 135.08$，$p < 0.001$，$\eta_p^2 = 0.34$；挣—护面子双高型被试在能高价回报情况下求助行为表现倾向评分（$M = 5.04$，$SD = 0.46$）显著大于能等价回报情况（$M = 3.56$，$SD = 0.40$），$F(1, 263) = 185.52$，$p < 0.001$，$\eta_p^2 = 0.41$；挣—护面子双低型被试在能高价回报情况下求助行为表现倾向评分（$M = 4.97$，$SD = 0.58$）显著大于能等价回报情况（$M = 3.53$，$SD = 0.30$），$F(1, 263) = 159.47$，$p < 0.001$，$\eta_p^2 = 0.38$。这说明相较于能等价回报情况，挣面子型被试、护面子型被试、挣—护面子双高型被试和挣—护面子双低型被试均会在自己能高价回报潜在施助者的情况下倾向于长远受益性求助。

回报对象相对职位和回报高价性的交互作用显著，$F(2, 526) = 23.45$，$p < 0.001$，$\eta_p^2 = 0.08$。简单效应检验表明，在能等价回报情况下，被试在回报对象为上级、平级和下级时的求助行为表现倾向评分有显著差异，$p < 0.001$，$\eta_p^2 = 0.17$；在能高价回报情况下，被试在回报对象为上级、平级和下级时的求助行为表现倾向评分无显著差异，$p > 0.05$，$\eta_p^2 = 0.01$。进一步的简单效应检验后的多重比较表明，在能等价回报情况下，被试在回报对象为平级同事时的求助行为表现倾向评分（M = 4.06，SD = 0.58）要显著高于回报对象为上级时的评分（M = 3.61，SD = 0.89），p <0.001；而被试在回报对象为上级时的求助行为表现倾向评分（M = 3.61，SD = 0.89）要显著高于回报对象为下级时的评分（M = 3.34，SD = 0.85），p <0.001。

面子需要、回报对象相对职位和回报高价性的交互作用显著，F（6，526）= 4.41，p <0.001，η_p^2 = 0.05。简单效应检验表明，当面对的求助对象（回报对象）为上级时（图 7–4），挣面子型被试在能够高价回报时的求助行为表现倾向评分（M = 4.97，SD = 0.65）显著高于只能等价回报时的评分（M = 4.55，SD = 0.67），p <0.01，η_p^2 = 0.04；护面子型被试在能够高价回报时的求助行为表现倾向评分（M = 4.40，SD = 0.88）显著高于只能等价回报时的评分（M = 3.03，SD = 0.77），p <0.001，η_p^2 = 0.16；挣—护面子双高型被试在能够高价回报时的求助行为表现倾向评分（M = 4.97，SD = 0.45）显著高于只能等价回报时的评分（M = 3.53，SD = 0.74），p <0.001，η_p^2 = 0.17；挣—护面子双低型被试在能够高价回报时的求助行为表现倾向评分（M = 5.03，SD = 0.70）显著高于只能等价回报时的评分（M = 3.41，SD = 0.56），p <0.001，η_p^2 = 0.19。结合效应量大小可知，当面对的求助对象（回报对象）为上级时，相较于挣面子型员工，回报高价性对护面子型员工、挣—护面子双高型员工和挣—护面子双低型员工表现长远受益性求助行为的促进作用更大。

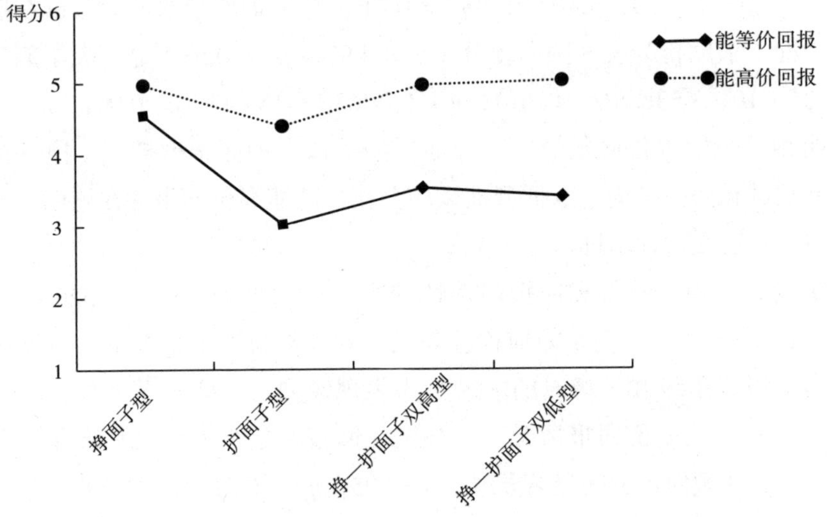

图 7–4　向上求助时被试在回报等价和高价条件下求助行为倾向评分

当面对的求助对象（回报对象）为平级同事时（图 7–5），挣面子型被试在能够高价回报时的求助行为表现倾向评分（M = 4.97，SD = 0.65）显著高于只能等价回报时的评分（M = 4.39，SD = 0.50），p <0.001，η_p^2 = 0.09；护面子型被试在能够高价回报时的求助行为表现倾向评分（M = 4.57，SD = 0.61）显著高于只能等价回报时的评分（M = 3.61，SD = 0.55），p <0.001，η_p^2 = 0.13；挣—护面子双高型被试在能够高价回报时的求助行为表现倾向评分（M = 5.03，SD = 0.62）显著高于只能等价回报时的评分（M = 4.17，SD = 0.45），p <0.001，η_p^2 = 0.11；挣—护面子双低型被试在能够高价回报时的求助行为表现倾向评分（M = 5.00，SD = 0.57）显著高于只能等价回报时的评分（M = 4.09，SD = 0.53），p <0.001，η_p^2 = 0.11。结合效应量大小可知，当面对的求助对象（回报对象）为平级同事时，相较于挣面子型员工，回报高价性对护面子型员工、挣—护面子双高型员工和挣—护面子双低型员工表现长远受益性求助行为的促进作用更大。

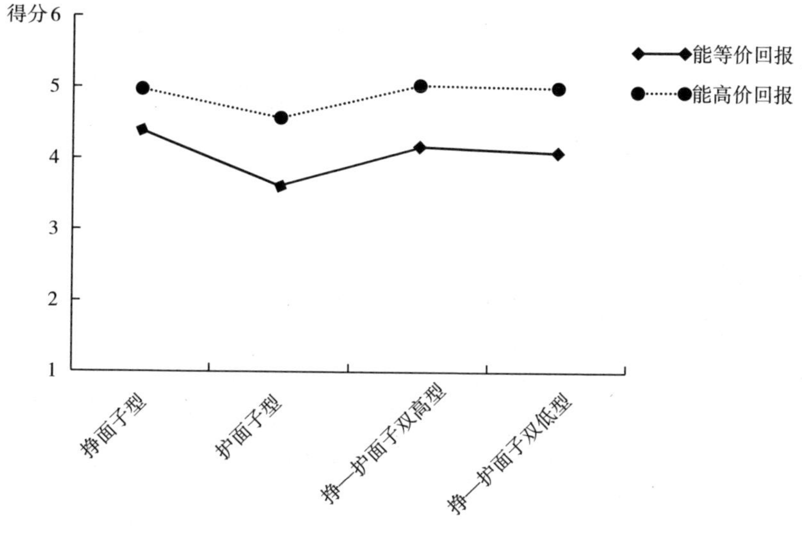

图 7–5　平行求助时被试在回报等价和高价条件下求助行为倾向评分

当面对的求助对象（回报对象）为下级时（图 7–6），挣面子型被试在能够高价回报时的求助行为表现倾向评分（M = 5.00，SD = 0.67）显著高于只能等价回报时的评分（M = 4.36，SD = 0.70），p <0.001，η_p^2 = 0.06；护面子型被试在能够高价回报时的求助行为表现倾向评分（M = 4.34，SD = 0.84）显著高于只能等价回报时的评分（M = 2.94，SD = 0.67），p <0.001，η_p^2 = 0.17；挣—

护面子双高型被试在能够高价回报时的求助行为表现倾向评分（M = 5.11，SD=0.63）显著高于只能等价回报时的评分（M = 3.00，SD = 0.54），p <0.001，η_p^2 =0.31；挣—护面子双低型被试在能够高价回报时的求助行为表现倾向评分（M = 4.88，SD = 0.75）显著高于只能等价回报时的评分（M = 3.09，SD = 0.59），p <0.001，η_p^2 = 0.22。结合效应量大小可知，当面对的求助对象（回报对象）为下级时，相较于挣面子型员工，回报高价性对护面子型员工、挣—护面子双高型员工和挣—护面子双低型员工表现长远受益性求助行为的促进作用更大。

上述结果说明，与能等价回报相比，挣面子型被试、护面子型被试、挣—护面子双高型被试和挣—护面子双低型被试在能高价回报潜在施助者（无论上级、平级还是下级）时均倾向长远受益性求助；相较于挣面子型员工，回报高价性对护面子型员工、挣—护面子双高型员工和挣—护面子双低型员工表现长远受益性求助行为的促进作用更大。

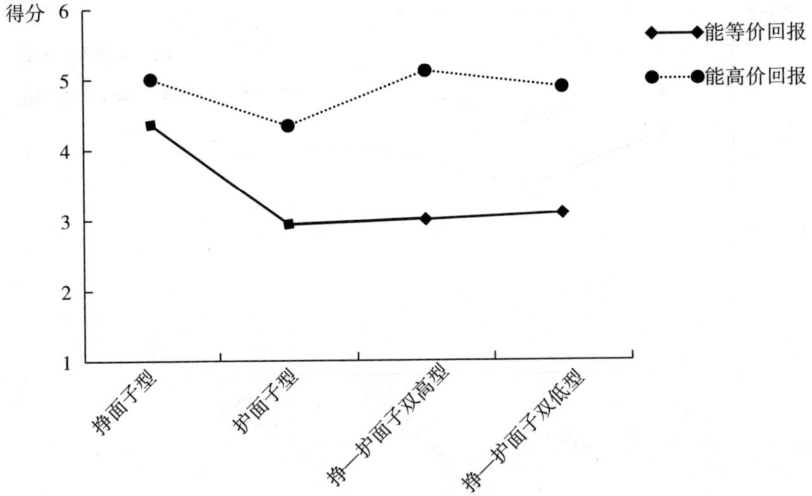

图 7–6　向下求助时被试在回报等价和高价条件下求助行为倾向评分

7.2.4　讨论

本研究发现，无论面对的施助者是上级、平级还是下级，相较于能等价回报，挣面子型被试、护面子型被试、挣—护面子双高型被试和挣—护面子双低型被试在能高价回报施助者时他们的求助行为表现倾向评分均明显更高，均倾向于长远受益性求助。正如本研究所预期，护面子型被试、挣—护面子双高型被试和挣—护面子双低型被试在面对上级或下级施助者时，相较于给予施助者等价回报，上述三种面子需要类型被试在能给予施助者高价回报时会更倾向于长远受益性求助。

“报”观念是中国社会关系维系的重要基础，人与人之间的交往讲究“滴水之恩当以涌泉相报”，这里的“当”即“理所应当”的意思，体现了“报”作为一种伦理规范所具有的应然性特征。且“忘恩”也常与“负义”相联系，因此针对他人施恩而给予对方回报可以被看作是一种道德义务（王硕，2011）。并且从“滴水恩”应当“涌泉报”中可以看出，相较于等价回报，高价回报往往更被中国人所认可和接受，是人们普遍奉行的人际交往准则，这与西方具有等值倾向的交换模式有显著区别。高价回报的应然性体现了组织中关系的维系与发展可以通过不停地欠对方人情或账来实现（张丽然，高良谋，2020）。在这一交往过程中，求助者（受惠方）往往会根据报大于施的原则来高价回报施助者，这会使施助者产生债务感，即欠了受惠方人情，又使得施助者也根据报大于施的原则给予受惠方更大回报，如此循环往复则能对双方交往关系起到正向强化作用，体现了中国人以互利互惠为基础的独具特色的人际交往模式。护面子型被试表示，当他们向上级施助者求助时，给予对方高价回报一方面能够有效扭转上级对他们（被试）缺乏解决问题能力的这一认知，另外也是对上级提供帮助的这一恩情的有效回应。这反映了人们所持有的人在难中，面对他人哪怕举手之劳的恩惠也要超值回报来酬答的朴素思想（刘卫英，梁晓晓，2018）；而当他们向下级施助者求助时，给予对方高价回报同样出于扭转下级对他们（被试）缺乏解决问题能力这一认知的目的，并且也是出于对下级的义。“义”在引申层面往往指道义，其本意指在祭祀仪式上选用适宜的祭品和仪仗（许建良，2020），在中国社会这种以伦理本位为特征的背景下，人伦导向下的情义构成了从儒家思想到关系实践的核心维度（梁漱溟，1987；翟学伟，2016b；周飞舟，2018），而伦理本位更多地体现了儒家伦理之义的利他价值取向（沈毅，李叶，2020），因此在道义上人们更接受和传扬施小报大、施一时而报恒久的观点（刘卫英，梁晓晓，2018）。

本研究除验证研究预期外还发现，当面对的施助者是平级同事，相较于能等价回报，护面子型被试、挣—护面子双高型被试和挣—护面子双低型被试在能高价回报施助者时均倾向于长远受益性求助；且无论面对的施助者是上级、平级还是下级，相较于能等价回报，挣面子型被试在能高价回报施助者时均倾向于长远受益性求助。这说明无论面对的施助者是上级、平级还是下级，高价回报施助者都可以作为减轻各种面子需要类型员工心理压力或顾虑的一种手段，这对挣面子型员工也同样适用，符合“报者，天下之利也”的思想。“天下之事，惟义利而已”，因此义和利之间的权衡就成为一个普遍且核心的问题（张立文，2021）。在个人层面上，取义还是取利往往是相互矛盾的，但在集体层面上，取公利，取大利，则取利就是取义，体现了“义公天下之利”的思想，进一步体现了义作为为人处世的应然性原则，具有利他主义的倾向。而知恩图报、互助互惠是义的核心（魏勇，2008），“报”同样作为“天下之利”，且中国人所倡导的报大于施原则（即高价回报）也体现了利他主义倾向，这就使报成为义在行为层面的表现。因此，作为中国人普遍认可的行为准则，给予施助者高价回报能使员工在遇到工作困难时更“硬气”地选择长远受益性求助，以掌握解决问题的技能技巧，增加工作经验，提高工作能力，而非选择只以当下任务完成为目的的暂时受益性求助。

研究表明，无论面对的施助者是上级、平级还是下级，相较于能等价回报，挣面子型员工、护面子型员工、挣—护面子双高型员工和挣—护面子双低型员工在能高价回报施助者时均倾向于长远受益性求助，但回报高价性对后三类员工长远受益性求助表现的促进作用更大。

7.3 子研究三：回报对象泛化性在面子需要影响员工求助行为中的作用

研究四和研究五的子研究一及子研究二都是将回报对象默认为施助者本人，但通过文献综述发现，回报对象具有泛化性，因此，本研究主要关注回报对象泛化性在面子需要影响员工求助行为中的作用。

在儒家文化中，“伦”用来指代个体对不同关系他人不同的权力和责任，关系被认为是对儒家文化中“伦”的相对现代化的表达（King，1991），因此有学者认为“关系”起源于儒家文化（叶广宇等，2009）。人是生活在传统中的（蔡皋，2015；李拥军，2021），当代中国人的心理与行为无不带有深深的民族文化烙印（汪凤炎，2017）。在当代中国，关系也是一种盛行的社会现象（张晓洁，王海珍，2014）。关系图式可分为情感性关系图式（追求情感上的互依）和工具性关系图式（追求经济利益目标的实现，Tsai et al.，2017），人际关系也可划分为情感性关系（以情感交换为目的）和工具性关系（以经济利益交换为目的，Chua et al.，2009）。黄光国（2010）根据关系中情感性成分和工具性成分的构成比例将中国的人际关系进一步划分为情感性关系（以情感性成分为主）、工具性关系（以工具性成分为主）和混合性关系（情感性成分与工具性成分相混合），其中情感性关系和混合性关系属于长期交往关系，遵循报之规范，而工具性关系更注重即时实现的公平法则，不存在长期交往的施报关系。鉴于此，本研究在情感性关系和混合性关系的前提下考察回报对象泛化性在面子需要影响员工求助行为中的作用。

在一定程度上，通过关系参与社会代表着中国人生活本身（韩巍，席酉民，2001），中国本土的人际关系强调将小我蕴含在大我之中，属于由小我（自我）向外推及不同程度大我（家庭、单位、社区、党和国家）的以人伦为经，以亲疏为纬的关系网络（叶广宇等，2009；庄贵军，席酉民，2003，2004）。人们针对关系他人在人际网络中的位置会采取不同的态度和应对行为，这体现了中国的人际关系呈现出以己为中心的由近及远的差序格局（费孝通，1998）。黄氏理论是将情感和工具放置于一个维度的两端对差序格局进行考量（沈毅，2007a），情感性关系把交往双方整合成一个共同体，而混合性关系不像情感性关系那么不可分割（章宏，赵天娜，2019）。因此相较于情感性关系，混合性关系中交往双方的社会距离较大。社会距离被认为是个体对自己与他人距离的主观知觉或体验（周天爽等，2020），可以衡量在战略互动中互动双方的亲密程度，社会距离的大小代表了亲疏有别（张琪，邓铸，2020）。在本研究中，对回报对象泛化性的考察即是求助者（被试）站在第三人视角衡量施助者与关系他人之间社会距离之远近。人们与自己子女的关系是典型的情感性关系，二者往往被认为属于一个亲密的共同体。借鉴占友龙等（2022）在实证研究中对“朋友”和“熟人”的操作性定义，本研究认为“人们频繁且稳定交往了 3 年以上的同性好友”代表“朋友”，“人们点头之交了 3 年以上的同性别同学”代表“熟人”。在本研究中，人们与朋友和熟人间的关系是混合性关系的代表。结合占友龙等（2022）对“朋友”和“熟人”的定义可知，人们与子女、朋友和熟人之间的社会距离逐渐增大，亲密度也逐渐降低。对于求助者而言，不直接回报施助者本人，而是回报施助者的关系他人，其目的也是希望施助者能够受惠。一般地，如果施助者与关系他人的社会距离越小，亲密程度越高，那么当求助者将此关系他人作为回报对象进行回报时，施助者所能受惠的程度也就越高。因而相较于回报对象为施助者熟人的情况，当回报对象为施助者孩子或者朋友时，护面子型员工、挣—护面子双高型员工和挣—护面子双低型员工可能会更倾向于选择能让自己获得更大收益但会耗费施助者更多精力的长远受益性求助。

本研究拟考察回报对象泛化性在面子需要影响员工求助行为中的作用，进一步提出假设：相较于可回报对象为施助者熟人的情况，护面子型员工、挣—护面子双高型员工和挣—护面子双低型员工在可回报对象为施助者孩子或朋友的情况下倾向于长远受益性求助。

7.3.1 研究目的

本研究旨在考察回报对象泛化性和面子需要对员工求助行为的影响，探究回报对象泛化性在面子需要影响员工求助行为中的作用。重点探索相较于可回报对象为施助者熟人，可回报对象为施助者孩子或朋友能否提高护面子型员工、挣—护面子双高型员工和挣—护面子双低型员工在困境中选择长远受益性求助的倾向。

7.3.2 研究方法

7.3.2.1 被试

本研究通过方便取样选取辽宁省铁岭市企事业单位员工 131 人。其中，男性 75 人，女性 56 人；平均年龄为 36.47 ± 4.41 岁；专科 67 人，本科 64 人；国有单位 98 人，民营单位 33 人；均为 3 年及以上工龄；被试职业主要为小学教师、企业文员、销售员和医生。

7.3.2.2　研究工具

自编的员工面子需要问卷采用李克特五点计分（1 = 完全不符合，5 = 完全符合），包括挣面子需要（14 道题目）和护面子需要（12 道题目）两个维度。在本研究中，两个维度的 Cronbach’s a 系数分别为 0.95 和 0.81。

任务项目改编自历年公务员录用考试行政职业能力测验中与组织运转相关的题目，并删除必要信息使题目无解，以创造确需被试求助的必要条件。本部分任务项目之一为“财政局某科室需要对四组应聘者进行筛选，四组应聘者依次有 5 人、3 人、2 人和 4 人，面试官面试四组应聘者时每人的时间依次为 8 分钟，4 分钟、6 分钟和 7 分钟。已知面试官今日至少面试 38 分钟，至多面试 60 分钟，如果今天要完成尽可能多数量的被试面试，有多少种不同的面试组合方式”。任务项目之二为“单位从理工大学、政法大学和财经大学总计招聘应届毕业生三百多人，其中从理工大学招聘人数比从政法大学和财经大学招聘的人数之和的 80% 还要多，从政法大学招聘的人数比财经大学多 60%，那么该单位至少再多招聘多少人，就能将从这三所大学招聘的应届生平均分配到单位的 7 个部门”。任务项目之三为“单位有不到 100 人参加远足活动，如果将单位工作人员平均分成 N 组（$N > 1$ 且每组人数不小于 1），则每组的人数有且仅有 6 种不同的可能性。单位参加活动的人数至多有多少人，至少有多少人”。

7.3.2.3　研究设计

采用 4（面子需要分组：挣面子型、护面子型、挣—护面子双高型、挣—护面子双低型）× 3（回报对象泛化性：可回报对象为施助者孩子、可回报对象为施助者朋友、可回报对象为施助者熟人）混合实验设计，其中面子需要分组为被试间变量，回报对象泛化性为被试内变量，因变量为被试对长远受益性求助或暂时受益性求助的选择倾向。在本研究中，参考占友龙等（2022）在实证研究中对“朋友”和“熟人”的操作性定义，用“施助者频繁且稳定交往了 3 年以上的同性好友”代表“施助者朋友”，“施助者点头之交了 3 年以上的同性别同学”代表“施助者熟人”。

为减少被试浪费并保持各水平人数平均，根据大于或小于平均数原则（吴云龙，张玉柱，2021；Gillespie et al.，2013）将被试区分出四个面子需要水平（表 7–8）。

表7–8　面子需要和回报对象泛化性对员工求助行为的影响研究被试分布情况（N= 131）

自变量	人数
挣面子型	32
护面子型	33
挣—护面子双高型	34
挣—护面子双低型	32

7.3.2.4　研究程序

被试被告知将要参加一项组织行为实验，首先由被试填写研究者自编的面子需要问卷，并根据问卷得分分组，分组结果见表 7–8。

研究者告知被试他们将被依次分配三项给定的工作任务，提醒被试在自己完不成任务的情况下不要胡乱填写答案，可以通过填写求助卡求助。其中，任务之一的求助对象为其同性别同事（虚拟），研究者告知被试该同事知晓该任务的详细解决步骤和最终答案，由于条件限制目前该同事在另一个房间。发给被试李克特六点计分求助卡，告知被试共有两种求助方案供其选择：方案 1 为完全依赖同事（虚拟），将这项工作推给同事（虚拟）完成，或直接向同事（虚拟）求助解决这项任务的答案；方案 2 为向同事（虚拟）求助解决这一任务的意见、建议、思路或想法，最终通过自己的努力解决问题。要求被试在根据自己倾向方案 1 还是方案 2 的程度在六点计分的求助卡上选择相应的数字（“1”表示“完全倾向方案 1”，“6”表示“完全倾向方案 2”）。被试被告知将在一星期后向其发放五项额外任务的解决思路和最终答案，并且另一个房间的同事（虚拟）育有一名同性别孩子，这个孩子在一星期后将参加一项实验，实验题目正是被试拿到解题思路和答案的这五道题目，这五道题目对这个孩子而言有一定难度，当这个孩子在实验中遇到不会解的题目时，有可能会向其求助。

任务之二的求助对象为其同性别同事（虚拟），实验程序同上述任务之一，不同点在于研究者告知被试将在一星期后向被试发放五项额外任务的解决思路和最终答案，并告知被试另一个房间的同事（虚拟）有一个同性别朋友，是其频繁且稳定交往 3 年以上的同性好友，这名好友在一星期后将参加一项实验，实验题目正是被试拿到解题思路和答案的这五道题目，这五道题目对这名好友而言有一定难度，当这名好友在实验中遇到不会解的题目时，有可能会向其求助。

任务之三的求助对象为其同性别同事（虚拟），实验程序同上述任务之一，不同点在于研究者告知被试将在一星期后向被试发放五项额外任务的解决思路和最终答案，并告知被试另一个房间的同事（虚拟）有一个同性别熟人，是其点头之交 3 年以上的同性别同学，这名熟人将在一星期后参加一项实验，实验题目正是被试拿到解题思路和答案的这五道题目，这五道题目对这名熟人而言有一定难度，当这名熟人在测试中遇到不会解的题目时，有可能会向其求助。

为了平衡顺序效应，实验采用随机次序进行三个任务的交替呈现。被试提交一次求助卡后开始下一任务，被试提交全部求助卡后实验结束。

参考 Aron 等（1992）使用的人际关系亲密度量表进行题目设置，通过两个环间的重叠程度来考察人际亲密性，请被试就自己感知的同事（虚拟）与其孩子、朋友和熟人的人际亲密性进行 1–7 点评分，其中“1（两个环完全不重叠）”代表“亲密程度极低”，“7（两个环近似重叠）”代表“亲密程度极高”。

实验结束后，研究者对被试进行简短询问，以了解被试在整个实验过程中的体验。

7.3.3　研究结果

通过单因素方差分析对面子需要分组有效性进行检验，结果表明（描述统计结果见图 7–7），就挣面子需要分数而言，$M_{挣面子型} = 4.22$，$M_{护面子型} = 2.76$，$M_{挣—护面子双高型} = 4.35$，$M_{挣—护面子双低型} = 2.79$；就护面子需要分数而言，$M_{挣面子型} = 2.85$，$M_{护面子型} = 3.54$，$M_{挣—护面子双高型} = 3.59$，$M_{挣—护面子双低型} = 2.63$；四个面子需要水平组在挣面子需要分数和护面子需要分数上均具有显著差异（$F_{挣面子需要(3,\ 127)} = 75.64$，$p < 0.001$，$\eta_p^2 = 0.64$；$F_{护面子需要(3,\ 127)} = 69.67$，$p < 0.001$，$\eta_p^2 = 0.41$）。进一步的事后检验表明，就挣面子需要分数而言，$M_{挣面子型} = M_{挣—护面子双高型} > M_{护面子型} = M_{挣—护面子双低型}$；就护面子需要分数而言，$M_{护面子型} = M_{挣—护面子双高型} > M_{挣面子型} = M_{挣—护面子双低型}$，表明本研究对面子需要水平的操纵有效。

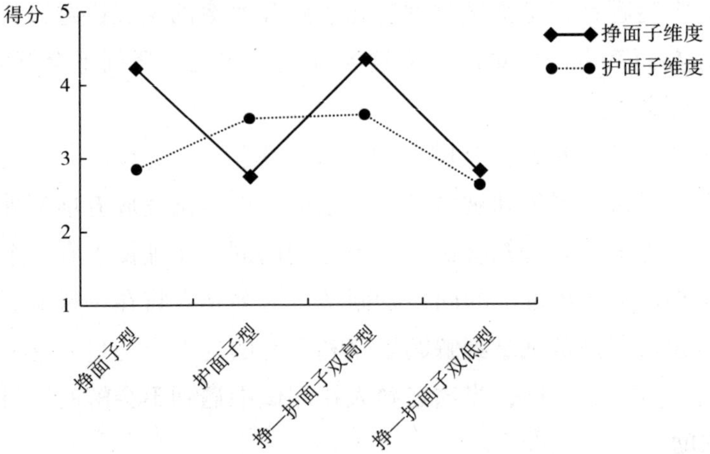

图7-7 四个面子需要水平组被试在不同面子需要水平上得分情况（$N = 131$）

研究通过重复测量方差分析对回报对象泛化性的操纵有效性进行检验，结果表明，被试感知到的潜在施助者与其孩子、朋友和熟人之间的人际关系亲密性差异显著，F（2，260）= 297.85，p <0.001，$\eta_p^2 = 0.70$，进一步的事后检验发现，被试感知到的潜在施助者与其孩子之间的人际关系亲密性评分（M = 5.83，SD = 0.83）要显著大于被试感知到的潜在施助者与其朋友之间的人际关系亲密性评分（M = 4.21，SD = 0.92），p <0.001；且被试感知到的潜在施助者与其朋友之间的人际关系亲密性评分（M = 4.21，SD = 0.92）要显著大于被试感知到的潜在施助者与其熟人之间的人际关系亲密性评分（M = 3.15，SD = 0.95），p <0.001，这说明本研究对回报对象泛化性的操纵有效。

研究将面子需要分组（挣面子型 、护面子型、挣—护面子双高型、挣—护面子双低型）作为被试间变量，回报对象泛化性（可回报对象为施助者孩子、可回报对象为施助者朋友、可回报对象为施助者熟人）作为被试内变量进行两因素方差分析（描述统计结果见表 7–9，方差分析结果见表 7–10）。

表7–9 不同组别被试在不同回报对象泛化条件下求助行为倾向评分M（SD）

自变量	可回报对象为施助者孩子	可回报对象为施助者朋友	可回报对象为施助者熟人
挣面子型	5.34（0.75）	5.22（0.87）	4.47（0.76）
护面子型	4.97（0.68）	5.00（0.87）	2.91（1.21）
挣—护面子双高型	5.26（0.75）	5.26（0.75）	3.41（1.18）
挣—护面子双低型	5.06（0.91）	4.97（0.82）	3.91（1.03）

表7-10　面子需要和回报对象泛化性对员工求助行为倾向的影响

变异来源	df	F	p	η_p^2
面子需要	3	10.34	<0.001	0.20
回报对象泛化性	2	115.97	<0.001	0.48
面子需要 × 回报对象泛化性	6	4.90	<0.001	0.10

首先，面子需要的主效应显著，$F(3, 127) = 10.34$，$p < 0.001$，$\eta_p^2 = 0.20$。进一步的事后检验发现，挣面子型被试求助行为表现倾向评分（$M = 5.01$，$SD = 0.48$）显著高于挣—护面子双高型被试（$M = 4.65$，$SD = 0.56$），$p < 0.05$；挣—护面子双高型被试求助行为表现倾向评分（$M = 4.65$，$SD = 0.56$）与挣—护面子双低型被试（$M = 4.65$，$SD = 0.50$）无显著差异，$p > 0.05$；挣—护面子双低型被试求助行为表现倾向评分（$M = 4.65$，$SD = 0.50$）显著高于护面子型被试（$M = 4.29$，$SD = 0.53$），$p < 0.05$。这说明相较于挣—护面子双高型被试、挣—护面子双低型被试和护面子型被试，挣面子型被试更倾向于长远受益性求助。

其次，回报对象泛化性的主效应显著，$F(2, 254) = 115.97$，$p < 0.001$，$\eta_p^2 = 0.48$。进一步的多重比较结果显示，被试在可回报对象为施助者熟人时的求助行为表现倾向评分（$M = 3.66$，$SD = 1.20$）显著低于可回报对象为施助者孩子时的求助行为表现倾向评分（$M = 5.16$，$SD = 0.78$），$p < 0.001$；被试在可回报对象为施助者孩子时的求助行为表现倾向评分（$M = 5.16$，$SD = 0.78$）与可回报对象为施助者朋友时的求助行为表现倾向评分（$M = 5.11$，$SD = 0.83$）无显著差异，$p > 0.05$。这说明相较于可回报对象为施助者熟人的情况，被试在可回报对象为施助者孩子或朋友时倾向于长远受益性求助。

再次，面子需要和回报对象泛化性的交互作用显著（图 7–8），$F(6, 254) = 4.90$，$p < 0.001$，$\eta_p^2 = 0.10$。简单效应检验表明，挣面子型被试在可回报对象为施助者孩子、朋友和熟人时的求助行为表现倾向评分有显著差异，$F(2, 254) = 8.90$，$p < 0.001$，$\eta_p^2 = 0.07$；护面子型被试在可回报对象为施助者孩子、朋友和熟人时的求助行为表现倾向评分有显著差异，$F(2, 254) = 58.84$，$p < 0.001$，$\eta_p^2 = 0.32$；挣—护面子双高型被试在可回报对象为施助者孩子、朋友和熟人时的求助行为表现倾向评分有显著差异，$F(2, 254) = 48.30$，$p < 0.001$，$\eta_p^2 = 0.28$；挣—护面子双低型被试在可回报对象为施助者孩子、朋友

和熟人时的求助行为表现倾向评分有显著差异，$F(2, 254) = 16.38$，$p < 0.001$，$\eta_p^2 = 0.11$。

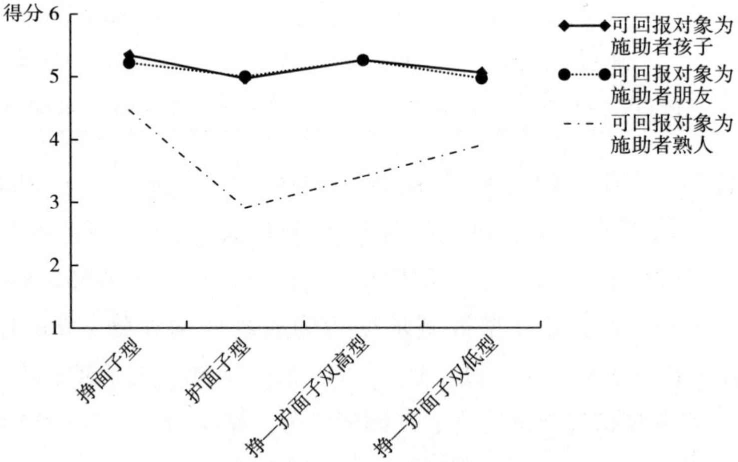

图 7–8　面子需要和回报对象泛化性的交互作用

最后，进一步的简单效应检验后的多重比较表明，对挣面子型被试而言，相较于可回报对象为施助者熟人（$M = 4.47$，$SD = 0.76$），当可回报对象为施助者孩子（$M = 5.34$，$SD = 0.75$）和朋友（$M = 5.22$，$SD = 0.87$）时，其求助行为表现倾向评分明显更高，p 值分别小于 0.001 和 0.01，而挣面子型被试在可回报对象为施助者孩子时的求助行为表现倾向评分与可回报对象为施助者朋友时无显著差异，$p > 0.05$。

对护面子型被试而言，相较于可回报对象为施助者熟人（$M = 2.91$，$SD = 1.21$），当可回报对象为施助者孩子（$M = 4.97$，$SD = 0.68$）和朋友（$M = 5.00$，$SD = 0.87$）时，其求助行为表现倾向评分明显更高，$p < 0.001$，而护面子型被试在可回报对象为施助者孩子时的求助行为表现倾向评分与可回报对象为施助者朋友时无显著差异，$p > 0.05$。

对挣—护面子双高型被试而言，相较于可回报对象为施助者熟人（$M = 3.41$，$SD = 1.18$），当可回报对象为施助者孩子（$M = 5.26$，$SD = 0.75$）和朋友（$M = 5.26$，$SD = 0.75$）时，其求助行为表现倾向评分明显更高，$p < 0.001$，而挣—护面子双高型被试在可回报对象为施助者孩子时的求助行为表现倾向评分与可回报对象为施助者朋友时无显著差异，$p > 0.05$。

对挣—护面子双低型被试而言，相较于可回报对象为施助者熟人（$M =$

3.91，*SD* = 1.03），当可回报对象为施助者孩子（*M* = 5.06，*SD* = 0.91）和朋友（*M* = 4.97，*SD* = 0.82）时，其求助行为表现倾向评分明显更高，p <0.001，而挣—护面子双低型被试在可回报对象为施助者孩子时的求助行为表现倾向评分与可回报对象为施助者朋友时无显著差异，p >0.05。

这说明相较于可回报对象为施助者熟人的情况，挣面子型被试、护面子型被试、挣—护面子双高型被试和挣—护面子双低型被试在可回报对象为施助者孩子或朋友的情况下倾向于长远受益性求助。

7.3.4　讨论

本研究在实验设计部分并未区分潜在施助者的相对职位，而是将潜在施助者笼统地描述为是被试（求助者）的同性别同事，这一方面是因为在本研究中潜在施助者的相对职位并不是考察重点，另一方面是因为本研究以能高价回报为背景，在这一背景变量的作用下，潜在施助者相对职位在研究中的作用并非必须考虑的因素。本研究总结出以下结果。

首先，相较于可回报对象为施助者熟人的情况，护面子型被试会在可回报对象为施助者孩子或朋友的情况下倾向于长远受益性求助。护面子型员工同时具有较低水平的挣面子需要和较高水平的护面子需要，而护面子着重于自我维护，具有竭力避免丢面子的心理认知（梁彦清，刘伟鹏，2021；王啸天等，2019），因此在遇到困难时护面子型员工往往并不倾向于可能暴露自身缺点的长远受益性求助。在面子文化的影响下，中国人更加注重互惠互利（崔琦，何燕珍，2019）。实验后护面子型被试反馈，给予施助方回报能有效缓解自己采用长远受益性求助造成的比施助者“矮一头”的心理感受，他们普遍认为相较于施助者熟人，施助者孩子和朋友同施助者的关系更近，因此相较于回报对象为施助者熟人，当回报对象为施助者孩子或朋友时会让施助者更加领情。因此当回报对象为施助者孩子或朋友时会比回报对象为施助者熟人时更能让护面子型被试倾向于长远受益性求助。

其次，相较于可回报对象为施助者熟人的情况，挣—护面子双高型被试会在可回报对象为施助者孩子或朋友的情况下倾向于长远受益性求助。挣—护面子双高型员工具有较高水平的挣面子需要，因而其在遇到自己解决不了的任务时希望通过长远受益性求助在解决问题的同时，学会掌握解决问题的技能技巧，增加经验，提高能力。但挣—护面子双高型员工同时又具有高水平的护面子需要，这又使得他们担心采取长远受益性求助可能会暴露自己的能力缺陷，进而引人非议，丢了面子，这使得他们也会考虑在困境中采取具有掩饰作用的暂时受益性求助以保全面子。因此于困境中在选择长远受益性求助还是暂时受益性求助这一问题上，挣—护面子双高型员工更像是一个矛盾体。据挣—护面子双高型被试实验后反馈，自己在面临选择何种求助方式时常会陷入两难境地，但如果有足够的理由，他们便会倾向于对自身更有帮助的长远受益性求助。在本研究中，相较于回报对象为施助者熟人，回报对象为施助者孩子或朋友的情况便给了挣—护面子双高型被试足够的理由选择长远受益性求助。据挣—护面子双高型被试反馈，相较于施助者与熟人之间的关系，他们更倾向于将施助者与其孩子或朋友看作一个整体，认为回报施助者熟人仅仅是给予施助者熟人恩惠，与施助者本人关系不大，而回报施助者孩子或朋友近似于回报施助者本人，甚至会比直接回报施助者本人更让施助者领情，因为这一举动暗示了施助者的面子已经惠及到其关系他人，因此在这种情况下，挣—护面子双高型被试会更倾向于长远受益性求助。

再次，相较于可回报对象为施助者熟人的情况，挣—护面子双低型被试会在可回报对象为施助者孩子或朋友的情况下更倾向于长远受益性求助。挣—护面子双低型被试虽然具有较低水平的挣面子需要和护面子需要，不渴望争先也不害怕被他人嘲笑，但是在组织中，挣—护面子双低型员工也需要掌握基本的工作技能以防被组织淘汰，因此在行为层面，挣—护面子双低型被试在遇到自己无法完成的工作时也需要通过求助来提升自己的能力水平，但他们对长远受益性求助的表现倾向明显没有挣面子型员工强烈，这在研究三中已经得到验证。根据挣—护面子双低型被试的反馈，在他们看来，施助者与熟人之间的关系远没有施助者与其孩子或朋友之间的关系亲近，因此可以将施助者与孩子或朋友看作一个重合度较大的整体，而施助者与熟人则属于两个重合度较小的个体，因此相较于回报对象为施助者熟人，回报对象为施助者孩子或朋友时，则仍可以近似看作是他们在接受施助者恩惠后回报了施助者本人。挣—护面子双低型被试表示，本着互利互惠的原则，既然自己在日后可以为施助者孩子或朋友提供长远受益性帮助，那么在自己陷入困境的此时，也可以向施助者进行长远受益性求助。

最后，相较于可回报对象为施助者熟人的情况，挣面子型被试也会在可回报对象为施助者孩子或朋友的情况下更倾向于长远受益性求助。总体上，挣面子型被试在遇到自己解决不了的困难时倾向采取长远受益性求助，且这种倾向性较为稳定，这在研究四和研究五的前两个子研究中已经得到验证。并且，挣面子型被试在回报对象为施助者孩子或朋友的情况下会比回报对象为施助者熟人的情况更倾向于长远受益性求助，通过事后与挣面子型被试的沟通发现，挣面子型被试在实验过程中将施助者与施助者孩子视为一个整体，认为回报施助者孩子即是回报施助者，甚至因为在中国社会，父母普遍对孩子极其重视，普遍望子成龙（冒荣，2018；吴晓刚，2016；岳永逸，2018），回报施助者孩子要比直接回报施助者的分量更重。因此对于挣面子型被试而言，相较于回报对象为施助者熟人，回报对象为施助者孩子会使他们更有底气对施助者进行长远受益性求助。另外，于挣面子型被试而言，他们希望拓宽自己的人脉，以期在日后工作生活中能够找到更多相互扶持的同路人。在本研究中，相较于熟人，施助者与其朋友的社会距离更近，亲密度更高，因此当挣面子型被试回报施助者朋友时，既是给了施助者面子，又通过回报向施助者朋友送了一份表达交往意愿的“见面礼”，这无疑会增加自己与施助者、施助者朋友结成亲密关系网络的可能性，而复杂广泛的关系网能够为人们提供具有时效性和价值性的信息（Ardichvili et al.，2003），人与人之间的关系网相互交叉便构成和谐的社会秩序（梁建，王重鸣，2001）。对于挣面子型被试而言，结合其求助的首要目的是希望通过他人帮助顺利完成任务的同时掌握解决问题的技能技巧，增长解决问题的能力，因此相较于回报对象为施助者熟人，回报对象为施助者朋友会使挣面子型被试更愿意对施助者进行长远受益性求助。

研究表明，相较于可回报（高价回报）对象为施助者熟人，挣面子型员工、护面子型员工、挣—护面子双高型员工和挣—护面子双低型员工在可回报对象为施助者孩子或朋友的情况下均会更倾向于长远受益性求助。

7.4 小结

本研究结果显示，相较于面对的回报对象（施助者）是自己的上级或下级，护面子型员工、挣—护面子双高型员工和挣—护面子双低型员工在面对的回报对象（施助者）是自己的平级同事时会提高其长远受益性求助选择倾向，这说明回报对象（施助者）为平级同事时对上述三种面子需要类型员工的长远受益性求助行为选择倾向有促进作用；当面对的回报对象（施助者）是自己的上级或下级时，如果能够给予对方高价回报，也会使上述三种面子需要类型员工的长远受益性求助行为选择倾向有明显提升，并且回报高价性的优势作用也适用于回报对象（施助者）是自己的平级同事的情况；在能够高价回报的前提下，相较于面对的回报对象是施助者熟人的情况，上述三种面子需要类型员工在面对的回报对象是施助者孩子或朋友的情况时倾向于长远受益性求助。

此外，总体而言挣面子型员工的长远受益性求助选择倾向较高，但无论面对的回报对象（施助者）是自己的上级、下级还是平级同事，能高价回报对方仍然能提高挣面子型员工长远受益性求助选择倾向；在能够高价回报的前提下，相较于面对的回报对象是施助者熟人的情况，挣面子型员工在面对的回报对象是施助者孩子或朋友的情况下也会更倾向于长远受益性求助。这说明回报高价性和以回报高价性为背景的回报对象泛化性对包括挣面子型员工在内的四种面子需要类型员工长远受益性求助选择倾向均有促进作用，且结合促进作用的效果来看，回报高价性和以回报高价性为背景的回报对象泛化性的优势作用在护面子型员工、挣—护面子双高型员工和挣—护面子双低型员工处更大，但回报对象泛化性的优势作用有度的限制。

第8章 总讨论

科技的发展以及工作内容、工作环境日益复杂化等因素的综合作用使员工在组织中面临更多不确定性（毛畅果，孙健敏，2011），这使同事间合作互助越来越重要（Hofmann et al.，2009）。以往研究者多关注帮助行为的发生和运作机制，但越来越多研究者发现，帮助行为往往由求助行为所引起（Cialdini，2004；Flynn，2005；Ji et al.，2015；Shaffer et al.，1975）。员工求助往往会受到求助者个人因素和情境因素（包括任务性质、求助情境和潜在施助者）的影响（毛畅果，孙健敏，2011），但以往的研究多具有"文化真空"的特点，相对忽视员工所处社会的文化作用。面子文化被视为有别于西方文化的典型本土文化代表，势必会对组织中员工行为产生重要影响，但目前有关面子需要对员工求助行为影响的研究还相对较少。因此本研究采取质性研究与量化研究相结合的方式，在编制员工求助行为问卷和员工面子需要问卷的基础上，对面子需要和员工求助行为之间的关系进行探索。在社会心理学中，社会交换理论是解释人与人之间关系质量变化和发展的重要理论之一（邹文篪等，2012），在西方社会，人们交往过程中社会交换得以发生和延续的重要前提是交往双方所遵循的互惠原则（Blau，1964；Gouldner，1960），且互惠可以从回报的平等性、即时性和利益性这三个方面进行解读（Sahlins，1972）。"报"在中国社会中也尤为重要，"报者，天下之利也"，从古至今报文化都潜移默化地影响着中国人的思想和行为方式，是中国社会关系的重要基础。但不同于支撑西方社会交往的社会交换理论，回报必要性、回报对象等级性、回报高价性、回报延迟性和回报泛化性使得中国的"报"文化表现出与社会交换理论截然不同的特点，在本国传统文化熏陶下的中国"报"文化独具区别于西方社会规范中互惠原则的特色。鉴于此，本研究着重在中国"报"文化视角下探究员工的面子需要对求助行为的影响。

回顾本研究，研究一和研究二通过质化和量化相结合的方式，编制了以本土化为背景的员工求助行为问卷和员工面子需要问卷，确定了员工求助行为和面子需要均具有多维结构的特点。

在此基础上，研究三以自编问卷为研究工具进行问卷调查，明确了组织中存在长远受益性求助表现型和暂时受益性求助表现型这两种求助行为表现型，并参考前人研究，根据挣、护面子水平的高低将员工的面子需要分为挣面子型、护面子型、挣—护面子双高型和挣—护面子双低型这四种类型。并且，相较于挣面子型员工，护面子型员工、挣—护面子双高型员工和挣—护面子双低型员工更倾向于暂时受益性求助，即这三种类型员工在遇到困难时倾向选择暂时受益性求助而非长远受益性求助，那么本着促进员工自身发展的目的，如何提高这三种类型员工遇到困难时的长远受益性求助行为选择倾向，引入“报”之法则能否对此起到促进作用，则是后续研究重点关注的内容。

研究四的子研究一通过面子需要和回报即时性对员工求助行为的交互作用，初步考察有等价即时回报机会对护面子型员工、挣—护面子双高型员工和挣—护面子双低型员工长远受益性求助选择倾向的促进作用，并得到肯定答案。

由于中国文化背景下的“报”与西方文化背景下的“报”相区别的显著特征是“报”的延迟性，因此在研究四的子研究一的基础上，子研究二通过面子需要和回报延迟性对员工求助行为的交互作用，考察能延迟一周回报（相较于能即时回报和延迟六个月回报）对护面子型员工、挣—护面子双高型员工和挣—护面子双低型员工长远受益性求助选择倾向的促进作用，并得到肯定答案。由于能延迟一周回报的优势作用得到证实，因此在后续研究中皆以能延迟一周回报为背景。

身处困境中的人在求助前，会首先对潜在施助者的身份背景等因素进行考量，在组织中，员工之间的上下级关系是基础的人际关系。研究四的子研究一和子研究二中并未对施助者和求助者之间的职级关系进行区分，因此在研究五的子研究一中我们通过面子需要和回报对象相对职位对员工求助行为的交互作用，考察等价回报对象（施助者）为平级（相较于上级和下级）对护面子型员工、挣—护面子双高型员工和挣—护面子双低型员工长远受益性求助选择倾向的促进作用，并得到肯定答案。那么当面对的回报对象（施助者）为上级或下级时，如何提高上述三种面子类型员工的长远受益性求助选择倾向，则是后续研究需要解决的重点问题。

与西方社会交换理论强调的等价回报不同，中国文化提倡“滴水之恩当以涌泉相报”式的高价回报，为解决研究五的子研究一遗留问题，研究五的子研究二引入回报高价性这一变量，通过面子需要、回报对象相对职位和回报高价性对员工求助行为的交互作用，考察当回报对象（施助者）是自己的上级或下级时，回报高价性对护面子型员工、挣—护面子双高型员工和挣—护面子双低型员工长远受益性求助选择倾向的促进作用。结果发现，无论面对的回报对象是自己的上级、平级还是下级，回报高价性对包括挣面子型员工在内的四种面子需要类型员工长远受益性求助选择倾向均有促进作用，但根据效果量大小可知，相较于挣面子型员工，回报高价性的优势作用于其他三类员工处更为突出。而对这三类员工而言，相较于回报对象为平级时，当回报对象为上级或下级时，回报高价性的优势作用更加突出。总体而言，回报高价性对提高员工长远受益性求助选择倾向的优势作用明显，因此将回报高价性也作为后续研究的背景。

在研究四和研究五的子研究一及子研究二中，回报对象均为施助者本人，但回报对象泛化性在日常生活中也普遍存在。鉴于此，研究五的子研究三通过面子需要和回报对象泛化性对员工求助行为的交互作用，考察可回报对象为施助者孩子或朋友（相较于熟人）对护面子型员工、挣—护面子双高型员工和挣—护面子双低型员工长远受益性求助选择倾向的促进作用。结果发现，可回报对象为施助者孩子或朋友对包括挣面子型员工在内的四种面子需要类型员工长远受益性求助选择倾向均有促进作用，但根据效果量大小可知，相较于挣面子型员工，可回报对象为施助者孩子或朋友的优势作用于其他三类员工处更为突出。

通过本研究可知，相较于挣面子型员工，护面子型员工、挣—护面子双高型员工和挣—护面子双低型员工更倾向于暂时受益性求助而非长远受益性求助，遵循“报”之法则能够不同程度地提高包括挣面子型员工在内的各面子需要类型员工的长远受益性求助选择倾向，这种优势作用于护面子型员工、挣—护面子双高型员工和挣—护面子双低型员工处更为明显。

8.1 从质化研究与量化研究的割裂到混合方法研究

心理学的主要研究方法有且不限于文献分析法、观察法、问卷调查法、实验法、访谈法、民族志、个案法，往往被区分为质化研究方法和量化研究方法两大类（徐建平等，2019）。在科学观方面，哲学家康德认为经验的心理学不是严格意义上的科学（牛文君，2022），因为心理现象很难做到精确量化。而自科学心理学脱离哲学母体的那一刻起，心理学研究者们对量化研究的偏爱与看重代表了相关工作者希望将心理学转变为科学的强烈愿望。而且质化研究通常被置于哲学框架中（周明洁，张建新，2008），这就使得与质化研究相比，量化研究在心理学领域更受推崇。随着学科的进一步发展，质化研究在心理学科，尤其是咨询心理学等偏应用心理学领域的应用越来越广泛（Miller et al.，2003；Overcash，2004），但这也并未撼动量化研究在心理学领域的主流地位，质化研究与量化研究的割裂与争论一直普遍存在。

总体上，质化研究和量化研究在哲学基础、研究目的等方面都存在显著差异（Palinkas，2014），这主要体现在认识论和本体论方面（McLafferty et al.，2010），是实证主义与解释主义间的冲突（张敏，任中峰，2011）。其中，量化研究往往以实证主义为基础（麻彦坤，2019），认为社会现实可以被有效测量，并且研究者和研究对象具有独立性（Onwuegbuzie & Leech，2005），是在科学主义、经验主义指导下形成的硬科学（刘冬，2019），更注重演绎推理（周明洁，张建新，2008），其目的是解释研究对象的普遍性特征（冯天荃，2008）。而质化研究往往以现象学、释义学、建构主义和人文主义为基础，常常被看作是软科学（刘冬，2019；叶浩生，2008），强调社会现实给予不同个体以不同意义，不可一概而论，并且强调研究者和研究对象之间的互依性（Onwuegbuzie & Leech，2005），更注重归纳推理（麻彦坤，2019），其目的是解释研究对象的独特性特征（冯天荃，2008），因而也更重视在特定情境中对人们的个体经验进行分析。

客观地讲，质化研究和量化研究都有各自的优势和劣势。量化研究往往以大样本调查为基础，多通过分配数值对心理品质进行测量（Michell, 1999），在统计过程中重视对样本平均数的分析（Ponterotto & Grieger, 1999），以期能够找到一定范围内普遍存在的客观规律。但正因为量化研究对发掘普遍性规律的重视，因而极端值的存在会使精度估计变差（艾小青, 2015），进而在量化研究分析的过程中往往需要考虑排除极端值的干扰作用（刘洪伟等, 2020）。但特殊情况往往是质化研究所关注的内容，质化研究强调从特质论的视角来理解研究对象的独特体验（叶浩生, 2008），强调研究者发掘研究对象在历史、社会、文化等多重影响下，对社会现实的主观建构，因此在通过质化研究进行调查时，研究者与研究对象在交往过程中呈现出一种你来我往的互动性关系。在交往中，研究者要看到研究对象眼中的世界，并尝试归纳出研究对象对世界产生某种认知的原因，即在"是什么"的基础上探究"为什么"，但这也充分考验了研究者的专业技能和经验。由于研究者在研究过程中无法置身事外，因此，能力不足、缺乏经验的质化研究者往往很难从繁杂的质性资料中总结出有价值的信息，容易出现人云亦云、偏离研究主题、错误归纳质化研究材料要点的情况。

然而，质化研究与量化研究并非完全割裂，对学科发展而言，完全肯定一方而否定另一方是一种巨大损失。随着两种研究范式的发展，彼此之间越来越多的共同点也使两种范式强强联合成为可能。一方面，量化研究与质化研究都涉及对经验的观察（叶浩生, 2008），虽然冯特在心理学实验室中更强调量化研究，但其相当一部分研究所依赖的却是研究对象的内省报告；另一方面，归纳推理还是演绎推理、实证主义还是人文主义也并非在质化研究范式和量化研究范式中具有绝对界限，在质化研究中也可以使用演绎推理并包含实证主义，且质化研究也会用到数学方法（Harré, 2004），而在量化研究中也会用到归纳推理并包含人文主义（孙五三，刘晓红, 2012；谢立中, 2019）。此外，实用主义的兴起强调社会研究范式的多元性和包容性，这让弱化质化研究范式和量化研究范式之间的割裂性成为必然，也为两种范式结合起来应用于实际研究成为可能。

如果将质化研究看作是为假设生成服务，那么量化研究则相应地可以理解成为假设检验服务（周明洁，张建新, 2008）。从这个角度看，质化研究可以作为量化研究的初始阶段（卢志巍，段锦云，2015），这种混合研究设计在量表修订和开发研究中得到有效应用（Luyt，2012），因而质化研究与量化研究可以应用于量表开发过程的不同阶段，以检验所开发测量工具的有效性（Koskey et al.，2018；Onwuegbuzie et al.，2010）。此外，由于质化研究强调情境作用和文化背景作用，因此可以通过质化研究对研究对象、研究内容形成初步了解，在此基础上再进行大规模的量化研究，进一步通过量化研究范式对质化研究中形成的观点加以验证，这也更符合研究本土化趋势。

研究一和研究二主要是编制员工求助行为问卷和员工面子需要问卷，是对质化研究与量化研究相结合的混合方法研究的应用。其研究思路是本着本土化研究的原则，在充分研读前人相关研究的基础上，前置前人的观点及研究结论，通过质化研究方式探索员工求助行为和员工面子需要的理论结构，再通过量化研究的方式对质化研究所形成的理论结构进行进一步验证与修正，研究所编制的问卷在为后续研究提供有效测量工具的同时，也是对求助行为研究和面子需要研究的进一步细化与聚焦。

研究通过前期质化研究和后期以此为主要依据编制的员工求助行为问卷发现，员工求助行为问卷可以归纳总结出长远受益性求助、暂时受益性求助和回避求助三个维度。结合相应的质化资料和问卷题目表述不难发现，员工长远受益性求助并不强调员工以追求获得任务解决答案为唯一或最终目的，而是强调员工以获得解决问题思路为主要诉求，最终强调的是个体通过追求解决问题思路、建议、经验等方面的帮助来达到自身能力和工作胜任力提升的目的；员工暂时受益性求助则强调员工不经过自己的独立思考而选择直接求助答案，体现员工在选择此种求助时更愿意依赖他人解决自己遇到的问题，这种求助行为虽然着眼于当下问题解决，但从长远来看，无论是对所在组织还是对员工自身而言都具有负面意义。

研究通过前期质化研究和后期以此为主要依据编制的员工面子需要问卷发现，员工面子需要包含挣面子需要和护面子需要两个方面，其中员工挣面子需要包括他人知晓、竞争胜出、自我促进三部分内容，这是对由深度访谈结果为主的质化研究结果的进一步归纳和整合，强调员工对通过个人努力展现超人实力以赢得他人看重、他人赞美的渴望。结合相应的质化资料和问卷题目表述便不难发现，员工挣面子需要强调的是员工为自己争气、争脸、获得正面评价的渴求，表现在行为方面多为通过付出努力的方式来获得能力的提升，以达到在工作领域内超越他人的目标；员工护面子需要包括勉为其难、丢面子忧虑、形象保护三部分内容，这也是对由深度访谈结果为主的质化研究结果的进一步归纳和整合，强调员工对掩饰自我缺失等方面的看重。结合相应的质化资料和问卷题目表述便也不难发现，员工护面子需要强调的是员工所持有的避免自己犯错、掩盖犯错事实的需要，情绪上体现为对犯错和负面评价的焦虑及恐慌，表现在行为上则多为逃避和掩饰自身的不足与错误。

8.2　一枚硬币的两面：面子需要对员工长远/暂时受益性求助的双刃剑效应

研究三初步探讨了面子需要与员工求助行为之间的关系，并取得了非常有趣的结果。第一，研究三发现，挣面子需要与员工长远受益性求助行为显著正相关，与员工暂时受益性求助行为显著负相关；护面子需要与员工长远受益性求助行为显著负相关，与员工暂时受益性求助行为显著正相关；挣、护面子需要与回避求助均无显著相关。第二，存在两个员工求助行为潜在剖面：长远受益性求助行为表现组和暂时受益性求助行为表现组，挣面子需要水平越高的员工越倾向于被纳入长远受益性求助行为表现组，而护面子需要水平越高的员工越倾向于被纳入暂时受益性求助行为表现组。这进一步说明了不能将面子需要和员工求助行为之间的关系简单地形容为正相关、负相关，或者无相关，也不能将面子需要对员工求助行为的作用简单地形容成积极、消极或不存在。如果将员工长远受益性求助理解为健康的求助行为，将员工暂时受益性求助理解为亚健康的求助行为，那么可以这么认为：挣面子需要能够激发员工健康的求助行为并抑制员工亚健康的求助行为，而护面子需要则能够激发员工亚健康的求助行为并抑制员工健康的求助行为。换言之，挣面子需要对员工表现出健康求助行为更有利，需要培养和激发；而护面子需要对员工表现出健康求助行为更无利，需要抑制和克服。这包含了两方面含义：其一，并非“放下面子，万事大吉”；其二，求助并非都是十分有益的。

作为与文化关系密切的社会心理建构（Chou，1996），面子代表了他人眼中的自我，是社会互动过程中人们对他人确认的正向自我价值的强烈渴望（Cheng，1986）。一般而言，人们会通过内在自我觉知或公众自我觉知来确认正向自我价值（Fenigstein et al.，1975），人们倾向于何种觉知途径来追求和确认正向自我价值，往往与其所处的文化环境密切相关。在推崇个人主义的西方国家，民众往往持有独立性自我，而在推崇集体主义的东方国家，民众往往持有互依性自我（Markus & Kitayama，1991）。在中国这种强调集体主义的社会环境中，人与人之间更容易形成互依性关系，这些纵横交错的关系构成了庞大复杂的社会网络，进一步形成独具特色的差序格局，这促使人们重视自己同他人之间的关系，也进一步促使人们对自身正向自我价值的确认在一定程度上需要依赖关系他人对该个体自我价值的确认，即他人认为我是有价值的，我才是有价值的。这体现了人们对公众自我觉知的重视，希望自己能够呈现出良好的公众形象，并确认外界对自己良好公众形象的正向反馈，而对面子的渴望则代表了人们对正向的社会自我（包括关系自我和集体自我）投射的渴望（何友晖，2006b；刘春晓等，2022；Ho，1994）。无论是真实存在的负面评价，还是个体感受到的负面评价，都会让个体产生社会自我受到威胁的感受（王煜，李梦菊，2020），这会促使个体采取行动维护自己呈现出来的公众形象，体现于挣面子需要成分上，则表现出对积极行为的激励作用；体现于护面子需要成分上，则表现出对自我缺失等可能影响到公众形象的行为的遮掩、替代或回避。

面子往往是他人给予的，代表了人们对他人确认的正向自我价值的追求。面子需要具有一定的稳定性，当个体呈现出的自我与他人确认的自我相矛盾时，个体就会产生面子得失感（Ho，1976），而面子需要则往往通过特定情境诱发，或者遇到特定事件时才会发挥作用。一般地，面子得失会发生在真实社会场域的人际互动中（陈之昭，2006；Chou，1996），而当人们独处一场域中且无人际互动发生时则无所谓面子得失，但当人们想象他人针对自己呈现的形象所可能做出的反应时也会产生面子得失感（赵卓嘉，2013a），这也是在后续的实验中潜在施助者（虚拟）明明未与被试处于同一场域并且两者之间并未发生实质性的人际互动，但面子需要仍会对被试的求助行为产生作用的原因。换句话说，被试在做出求助决策之前会联想到自己的表现可能引发的潜在施助者对他们的认知，而不同水平的面子需要会导致被试产生不同的认知，这进一步影响了被试的求助表现。

儒家思想以君子教化众人（朱瑞玲，2006），使人们具有关系导向，并建构了互依性思维（黄光国，2004；Markus & Kitayama，1991），进而使确认外部评价对人们维持自我价值意义重大，这是脸面观形成的哲学基础，体现于面子则是人们对君子品格的向往，进而体现了人们对提高自我修养的内在需求（Cheng，1986）。这在一定意义上促使人们因顾及面子而选择通过自身努力来提高自己，因此面子需要具有一定的激励作用。反映在组织生活中，则是渴望挣到面子的员工希望通过踏实的努力达到提升自己的目的，进而获得他人赞许，而渴望保护面子的员工在预感到可能丢面子时会采取行动保护面子或挽回面子。对面子的重视使得人们需要通过社会关系中的外部肯定力量来建构正向自我价值，以期能够得面子、不失面子或挽回面子。因此原则上挣面子需要和护面子需要都具有一定的激励作用，即促使人们为了自己的面子而规范行为，完成自我修养。需要强调的是，暂时受益性求助也具有主动行为的特征，且该求助行为同样对问题解决有所裨益，因此我们认为将暂时受益性求助定义为消极的求助行为是欠妥的。护面子需要与员工暂时受益性求助行为正相关，这也在一定程度上体现了护面子需要对积极主动行为的激励作用。

但无论是在古代还是在现代，千百年来，人们每每提及面子，都更多关注它带给人们的消极影响，如硬撑面子，搞虚面子，死要面子等，往往忽视了面子带给人们的积极作用。相较于广博的一般社会环境，组织环境相对封闭，任务分配往往能够做到责任到人，且员工行为直接与他们所获得的经济利益相连接，因此员工往往很难在组织工作中硬撑面子或者搞虚面子。因而在员工面子需要问卷编制过程中，研究选取了"'挣'面子需要"这一名称，而非使用"'争'面子需要"来为相应维度命名，主要原因在于前者体现了员工愿意付出实际努力，包含更多实面子成分，而后者体现了争辩、争吵，包含一定的虚面子成分。结合前期质性分析资料和问卷编制，员工对他人赞许的渴望中体现了更多的"挣"，而非"争"。本研究的结果也表明，针对员工长远受益性求助行为，面子需要中的挣面子需要成分对其确有激励作用。此外，无论挣面子需要和护面子需要水平如何，员工都不倾向在工作遇到困难时回避求助，这也进一步说明，在组织中员工较少通过回避行为来硬撑面子，而是通过更主动的行为积极解决问题。

研究三还发现，根据挣面子需要水平和护面子需要水平将员工面子需要水平划分出挣面子型、护面子型、挣—护面子双高型和挣—护面子双低型后，与挣面子型员工相比，后三种面子需要类型员工更倾向于被纳入暂时受益性求助行为表现组，这也进一步证明了与护面子需要成分相比，面子需要中的挣面子需要成分对员工健康求助行为确有激励作用。一方面，在以面子需要为自变量，以员工求助行为为因变量进行的二元逻辑回归分析发现，挣面子需要和护面子需要的交互作用显著，因此根据挣或护面子需要水平进行高低分组，进一步探究不同面子需要水平员工求助行为表现的差异性特征，进而能够更全面地认识和理解面子需要和员工求助行为的关系；另一方面，本研究也验证了挣面子需要和护面子需要不是单维面子需要的两级，而是面子需要的两个不同的成分，这两个成分的不同水平势必会在个体身上得以体现。分别探究两个面子需要成分和员工求助行为的关系不利于研究结果的整合，因此，研究三结合挣或护面子需要水平高低对员工面子需要水平进行进一步划分，则得到了更具整合性的研究结果。研究三发现，相较于挣面子型员工，其余三种面子需要类型员工更倾向于暂时受益性求助。可以这样理解，挣面子型员工更能够控制自己的行为以获得延迟满足，即为了获得将来更大的利益而抵制即时满足（Mischel，1974）。

总体而言，挣面子需要能够激励员工表现出长远受益性求助行为，抑制暂时受益性求助行为，而护面子需要则正相反，这体现了面子需要对员工长远受益性求助和暂时受益性求助的双刃剑效应。进一步地，在一般情境中，相较于挣面子型员工，护面子型员工、挣—护面子双高型员工和挣—护面子双低型员工更倾向于被纳入暂时受益性求助行为表现组，而非长远受益性求助行为表现组。这证明了面子需要类型中的挣面子型对员工长远受益性求助行为具有的优势作用。总之，面子需要对员工求助行为的影响是复杂的，无法只窥一斑就断言见全豹，而研究四和研究五的结果则表明“报”之法则会与面子需要一起对员工求助行为产生作用。

8.3　“报”之法则对各面子需要类型员工长远受益性求助行为的促进作用

社会形成的重要条件是有交换行为的存在（Simmel，1971），理性人假设（即认为社会交换行为是从个人利益出发，以功利目的为主进行的物质交换，对应经济性交换）和性情人假设（即认为单纯的个人利益交换无法使交换行为持续发展，对应社会性交换）是社会交换理论中解释交换行为内在逻辑的主要观点（Hollander & Homans，1963；Lévi-Strauss，1971），而在本土社会中，人情（即中国人际关系中包含血缘和伦理成分的交换行为，翟学伟，1996）资源被认为是社会性交换的主要内容（Yan，1996）。中国社会是关系本位社会（梁漱溟，1987），关系本身也可以被视为一种资源（陈俊杰，1998），并且在关系中人情得以运作和发展。有研究者认为解释人情背后的作用动力是“报”，所谓“不行春风，哪有夏雨”，人情交换作为一种社会交换行为包含了“施”“受”“报”三重行为规则，而人情本身也被视为一种信用资源，施恩方和受恩方都默认受恩方会对所受之恩予以偿还，因此人情关系意味着回报义务，礼尚往来被视为人情的核心和基本规范（龚晓京，1999；黄金兰，2017；孙宇，边燕杰，2017）。“关系、人情、面子是理解中国社会的关键性社会—文化概念”（金耀基，2013），人情等人际关系取向是测量中国人人格和普适性人格的差异因子（Cheung，Leung，Song，et al.，2001），这一文化基因已经内化为中国人人格的一部分（李小山等，2016），报、面子、关系、人情等文化影响着中国人的思维方式和行为方式，也构成了我们对中国人行为方式的混合性理解（翟学伟，2007）。

研究四和研究五的结果显示，挣面子型员工一般具有较高水平的长远受益性求助行为倾向，但在以下两种情况下，挣面子型员工更倾向于长远受益性求助：第一，无论施助者（回报对象）是上级、平级还是下级，能够给予施助者高价回报的情况；第二，可回报对象为施助者孩子或朋友的情况。而相较于挣面子型员工，护面子型员工、挣—护面子双高型员工和挣—护面子双低型员工并不倾向于长远受益性求助，但在以下四种情况下，上述三种面子类型员工也会提高其长远受益性求助倾向：第一，有机会即时等价回报施助者；第二，能延迟一周回报；第三，无论施助者（回报对象）是上级、平级还是下级，个体都能够给予施助者高价回报；第四，可回报对象为施助者的孩子或朋友。这表明从给予施恩方回报的角度看，中国传统“报”文化背景下的“报”之法则对各面子需要类型员工表现长远受益性求助行为均有不同程度的促进作用，“报”文化在当代组织中仍能影响员工间的交流交往。

自古以来中华民族都是一个讲究人情的民族（涂可国，2011），人情被视为一种社会聚合的文化表象（萧放，2016），深受以儒家文化为核心的传统文化的影响。据考，“人情”一词最早在《礼记》中就有记载，“何谓人情？喜、怒、哀、惧、爱、恶、欲……”（胡平生，张萌，2017；练崇潮，2015），此时“人情”尚且指人的欲望和感情，而随着社会发展，则逐渐用“人情”来指代人们用来表示情感所交换的资源（冯必扬，2011）。传统的中国社会是高度重视人情关系的社会（刘永生，2016），但人情社会与契约社会是相互渗透的（冯必扬，2011；练崇潮，2015），随着工业化、都市化的发展，人情功能也势必会减弱（金耀基，1988；Guthrie，1998）。本研究发现，挣面子型员工在有无等价回报施助者机会的情况下其长远受益性求助倾向水平均较高且无显著差异，则证明了这一点。但在当代社会，人情在人际间的作用仍不至于完全消失，植根于中国传统文化的人情关系的普遍性和影响力不容忽视（陈维政，任晗，2015）。在本研究中，护面子型员工、挣—护面子双高型员工和挣—护面子双低型员工在有机会即时等价回报施助者、能高价回报施助者的情况下更倾向于长远受益性求助，并且挣面子型员工在能高价回报施助者时的长远受益性求助倾向评分要显著高于能等价回报施助者时的评分，结合研究四中子研究一的结果，说明对挣面子型员工而言，有无即时等价回报施助者机会已不足以对其行为决策发挥作用，但能高价回报则仍可以对其行为决策产生影响，这也进一步说明了人情关系的影响力虽然在现代社会有所降低，但是其影响力甚至在组织等重视契约精神的场域中仍需要引起足够的重视。

“目标”被描述为人们努力追求并且能够指导当前行为的事物或状态（Elliot & Fryer，2008），常用来阐释“人缘何行动”（Austin & Vancouver，1996），是管理学和心理学领域的重要概念。在个体内在需要的基础上，特定的目标定向得以产生（于淼等，2015）。人们的目标中包含了动机功能，能够组织激发某种行为以实现既定目标（Moskowitz & Grant，2009；Shah & Garder，2008），因此人们产生某种行为是目标驱动的结果（李朋波等，2019）。不同面子需要水平员工所追求的目标不同，为实现自身所关注的目标，不同面子需要水平员工的求助行为表现具有差异性特征。个体变量是组织情境下影响延迟满足的重要前因变量（赵慧娟，2014），结合研究一和研究二中质化研究部分，可以从不同面子需要水平员工追求的是即时目标还是延迟目标这一角度出发，尝试整合性地描述面子需要对员工求助行为的影响。

挣面子型员工渴望获得他人看重的同时不惧怕表露出当下自我缺失，这种员工持有通过踏实努力增长技能、积累经验，以获得未来更大成就进而被他人看重的信念，具有“远视眼”，追求的是延迟目标的实现，在行动上则体现为处于困境时倾向于长远受益性求助，挣的是“延迟得”。值得一提的是，挣面子型员工对延迟目标的追逐体现了延迟满足，而延迟满足在组织中往往被看作是与职业相关的能力（Reynolds & Schiffbauer，2005），具有一定的稳定性（任天虹等，2015），虽然会受到报文化的影响，但影响程度有限，这就可以解释在研究四的子研究一中，在有即时等价回报机会和无即时等价回报机会的情境中，挣面子型员工求助行为表现无显著变化，均倾向于长远受益性求助这一结果。

诸多研究者认为人们普遍存在关注延迟目标，追求延迟满足的自我控制能力（Furnham，1987；Miller et al.，2002；Ray & Najman，1986；Witt，1990），但情境不同使得个体延迟满足的反应方式和选择倾向也不同（Bembenutty & Karabenick，1998）。护面子型员工虽然并不刻意渴望得到他人的看重，但他们惧怕表露出当下自我缺失。虽然挣—护面子双高型员工既渴望他人看重又惧怕表露当下自我缺失，但以往研究表明中国人对怕丢面子的关注远大于挣面子（金辉，李辉等，2019），因而对于挣—护面子双高型员工，高水平的护面子需要的作用不容忽视。这两种员工持有信念中均包含掩盖当下自我缺失不被暴露的成分，追求的是当下目标的实现，在行动上则体现为这两类员工处于困境时倾向于暂时受益性求助，护的是“即时失”。当外部情境强调的内容和个体内部信念契合度高时，护面子型员工和挣—护面子双高型员工会减少对即时目标的关注，增加对延迟目标的关注。两种面子需要员工惧怕表露当下自我缺失，而有机会回报施助者这一条件可以拉近交往双方的心理距离（Fujita，2011；Zhang et al.，2012），使求助者在主观感受上形成对施助者的亲密认知，进而在用回报证明自己能力的同时也会减少因表露自我缺失所产生的压力感，因此有机会回报施助者为求助者提供了减少表露自我缺失所产生的压力感的这一主观情境，也能够使护面子型员工和挣—护面子双高型员工在上述情境中减少对即时目标的关注，表现在行为上则是降低暂时受益性求助倾向。

挣—护面子双低型员工的挣或护面子需要水平都较低，这类员工既不刻意追求他人的看重，也不惧怕表露出当下自我缺失，研究结果表明在一般情况下，挣—护面子双低型员工在困境中更倾向于暂时受益性求助。通过实验后的随访可知，挣—护面子双低型员工选择暂时受益性求助并非是因为惧怕表露出当下自我缺失，而有部分原因是碍于完成任务而选择出力最少的求助方式，他们持有得过且过的信念，追逐即时目标。但有机会给予施助者回报强调求助者也需要付出，并且相较于无机会给予施助者回报，挣—护面子双低型员工在有机会给予施助者回报的条件下会增加对延迟目标的关注，减少对即时目标的关注，体现在行为上则是降低暂时受益性求助倾向，遵循当下努力最小化原则和付出—回报均衡原则，即付出最少的努力完成既定任务，并计算自己的付出量是否与获得的回报量相匹配，以避免吃亏。因在有机会给予施助者回报情境中，求助者有机会给予施助者回报，即付出，那么挣—护面子双低型员工会倾向于选择对施助者而言更加烦琐的长远受益性求助，以求与自己后续可能的付出相匹配。

自我威胁是个体感受到的一种使人厌恶的心理状态，人们会产生通过各种方式来摆脱这种消极心理状态的强烈动机（金晓彤等，2020），这也是护面子需要水平高的员工会在需要帮助的时候避开长远受益性求助，采取具有规避失败、迷惑对方等特征的暂时受益性求助行为的原因。并且本研究在行为实验部分也发现，存在诸如施助者有机会回报等情况可以让易受自我威胁影响的员工的自我威胁感得到一定缓解。由于自我是包含多种元素的复合体（Harter，1999），感受到构成自我的元素的威胁都可能会对一个人产生自我威胁（Pan et al.，2014）。而对于员工而言，能力和经验等与工作息息相关的属性是在组织环境中被重视的元素，这就需要组织管理者考虑通过营造适合的工作情境来降低员工的自我威胁感受。本研究的结果也表明，鼓励和引导员工回报潜在施助者能够激励员工，尤其是护面子需要水平高员工表现长远受益性求助行为。

基于交换的基本类型社会可以区分出人情社会和契约社会两种类型，但单纯地将某个社会称之为绝对的人情社会或契约社会都是不准确的，在任何社会中都存在人情交换和契约交换两种交换形式，区别在于人情交换和契约交换的主导地位不同（冯必扬，2011）。研究四的子研究一发现，有无等价回报机会对挣面子型员工表现长远受益性求助无明显作用，说明了员工在组织中并非只遵循人情逻辑或者“报”之法则。对于员工而言，组织中的契约精神及他们对利益的追逐不容忽视，即时回报也能对本土组织中员工的行为有所影响，这使得研究四的子研究一在实验设计部分以即时回报为背景，也发现了有回报机会对护面子型员工、挣—护面子双高型员工和挣—护面子双低型员工长远受益性求助表现倾向的促进作用。且研究四的子研究二中对回报延迟性的考察也证明了与能即时回报相比，能延迟回报所具有的优越性，这是对本土“报”之法则能够影响员工行为这一论断的有力肯定。

“仁”“义”“礼”等儒家思想被精英阶层构建成了“大传统”，而“人情”“面子”“关系”等可被视为民间生活的“小传统”，是“大传统”在日常“小传统”中的现实定位，二者相互衔接（沈毅，2007b）。一个通晓人情的人往往具有同情心，他人有难却不相助的人往往被认为不通人情（李庆真，2003）。而“来而不往非礼也”，所谓“礼”是对他人善行应予以报答（杨邦荣，2008），因此在人情关系中，受助者针对他人帮助便有了回报义务，所谓“投我以木瓜，报之以琼琚”被视为人之常情。鉴于人们处于人情社会之中，求助者在受助后就会对施助者有所亏欠，这种欠往往被认为是求助者欠下了人情债，求助者（受恩者）需要伺机回报（陈维政，任晗，2015）。但是求助者在受助之后却不能急于回报施助者，因为人情债在被偿还之后，就代表双方之间的“关系”已不再（贺培育，姚选民，2015），即如果双方相互不欠人情，也就没有了往来的必要（费孝通，1998）。

一方面，为了维护亲密的人情关系需要求助者在受助后对施助者延迟回报而不是即时回报，这种不急于回报的表现能够表明求助者知道施助者提供帮助不是出于功利性的目的，并且与延迟回报相比，即时回报也往往意味着求助者在受助后急于清算与施助者之间的利益纠葛，这明显不利于交往双方亲密关系的建立、维护和持续，并且在研究四的子研究二中也发现护面子型员工、挣—护面子双高型员工和挣—护面子双低型员工在能延迟一周回报的情况下更倾向于长远受益性求助。但是延期回报往往有度的限制，无限期的延迟回报也不利于交往双方关系的维护，无论施助方还是求助方都默认求助方在受助后有回报义务，因而施助者会对施助后的回报有一定的预期，但无限期延迟回报会使回报具有不确定性，回报的不确定性则容易导致施助者陷入人情困境（欧先涛，王宣喻，2010），并且在无限期延迟回报的过程中，施助者的回报预期逐渐落空，失望的积累很容易让施助者在某一时刻“翻旧账”，即通过抱怨和数落对方来表达自己曾经的付出并未从对方身上得到应有的回报（沈毅，李叶，2020），进而导致人情关系的破裂。前文提到，一个通晓人情的人往往具有同情心，能够推己及人，因此不会选择在受助后无限期延迟回报，研究四的子研究二的结果也表明护面子型员工、挣—护面子双高型员工和挣—护面子双低型员工在能延迟一周回报的情况下更倾向于长远受益性求助。

另一方面，与西方社会交换的短期导向性相比，人情关系的维护具有长期导向性（陈维政，任晗，2015），这就意味着在人际交往中交往双方都不倾向使交往关系一次性清算或清算一次再重新开始一次，而是发生了一次就持续循环下去（翟学伟，2004）。上文提到的延迟回报提供了不清算交往双方人情关系的条件，但要想使交往发生一次就循环下去则可以通过高价回报来实现。求助者在受助后给予施助者高价回报，制造“剩余价值物”，将施助者反而变成欠债方，进而使施助者在次轮交往中再给予求助者高价回报，中国人关系中的“欠”字不在理而在情（翟学伟，2004），相互拖欠着的未了的人情是亲密团体得以存在的基础（费孝通，1998），这种中国式人情在“债权人”与“债务人”位置的轮番更替中得以维系（黄金兰，2017）。研究五的子研究二的结果表明，员工在能高价回报施助者的情况下倾向于长远受益性求助，这也是高价回报对组织中员工积极行为具有促进作用的具体体现。

中国人往往过着一种心灵生活（辜鸿铭，2018），而人情是其社会精神生活的重要组成部分（任俊华，彭丽瑶，1994）。不同于以社会交换理论为支撑的西方社会交换关系所具有的对称性特征，人情关系往往具有非对称性特征，这一特征除了表现在上文提到的回报高价性方面外，还表现在关系双方所处地位的不平等上，关系双方往往是上下、主从等关系（陈维政，任晗，2015），于回报方面则表现为地位较低者更多地回报地位较高者（杨国枢，2004），结合研究五的子研究一和子研究二的结果，相较于施助者（回报对象）为上级的情况，护面子型员工、挣—护面子双高型员工和挣—护面子双低型员工在施助者为平级同事的情况下会更倾向于长远受益性求助，但当能够高价回报施助者（上级）时也会更倾向于长远受益性求助。鉴于中国社会的关系本位和中国文化的权威导向（郭晓薇，李成彦，2015），组织中上下级之间是兼顾人情和利益的混合型关系（兼具工具性和情感性，王震等，2018），中国组织中的权力距离较大（严进等，2011），因此上级往往具有较大的权力或威权（张文慧，王辉，2013），并对组织中资源的分配和下属安置具有较大话语权（李云，李锡元，2015）。因此在组织中，相对于下级，上级往往被视为掌握资源的强者。而扶弱济贫是中华传统美德中的善举（马永庆，2021），一般地，相较于下级帮助上级，上级帮助下级往往更合情理。研究五的子研究一和子研究二的结果也表明，相较于施助者（回报对象）为下级的情况，护面子型员工、挣—护面子双高型员工和挣—护面子双低型员工在施助者为平级同事的情况下会更倾向于长远受益性求助，但当能够高价回报施助者（下级）时也会选择长远受益性求助。当能高价回报时，作为施助者上级的求助者仍能通过高价回报来维护自身的权威性。

于求助者而言，报大于施的观念在现代组织中所焕发的活力和具有的积极影响力体现了中国人具有愿意考虑他人感受的特点，而这种推己及人的优秀品质进一步体现了中国人所特有的温良精神（辜鸿铭，2018）。正如辜鸿铭先生（1915）所言，“……他们（中国人）过着一种心灵生活，他们知道自己的感受，因此也容易顾及别人的感受”。通俗地讲，就是我们在行动之前会换位思考，想他人之所想，因此求助者往往会设身处地地站在施助者的角度考虑问题，即考虑如果自己是施助者的话，求助者怎样的求助会使自己更愿意施以援手。研究五的子研究二发现，相较能等价回报，能高价回报对包括挣面子型员工在内的各面子需要类型员工表现使施助者付出更大价值的长远受益性求助均具有明显的促进作用，而无论施助者是员工（求助者）的上级、平级还是下级，这种促进作用都存在。这种为他人着想的观念集中体现在求助者愿意牺牲自己更多的利益以保证施助者不受损失，这正体现了中国人的温良。

在求助—施助关系中，求助者遵从“报大于施”之法则，而施助者则遵从“施大于报”或者“施恩不望报”的法则，这都是基于特定身份情况下为对方着想的体现。所谓“温温恭人，如集于木，惴惴小心，如临于谷”（程俊英，2006），过于为他人着想，于人于己反而都会形成心理压力，正所谓“过犹不及”，过度则不符合儒学所倡导的中庸之道。而中庸之道既是中国传统的核心价值观念，又是中国传统的基本思维方式（朱汉民，2018）。人们是生活在传统中的（蔡皋，2015；李拥军，2021），当代中国人的心理与行为无不带有深深的民族文化烙印（汪凤炎，2017）。因此研究五的子研究二在对回报高价性的操作中，将被试求助的题目数设定为一道题目，将被试可以帮助施助者的题目数（即回报题目数）设定为五道题目，而非更大的回报题目数量，正是考虑到高价回报的度的问题。被试在实验后的反馈中也提到，如果自己只是请求施助者帮小忙，但自己给予对方超大回报的话，则很容易给对方造成较大心理压力，这反而会影响到自己与对方之间的关系。

回报义务体现了人情逻辑的普遍主义特征，而人情逻辑中要求人们具有“人同此心，心同此理”、推己及人并站在他人立场上考虑问题的同情心，但这种同情心无论从伦理观念还是现实生活中考虑，都必然具有差序性（沈毅，2007b），进而造就了人情逻辑的特殊主义。人与人之间的关系主要基于血缘、业缘和地缘，而最容易建构的圈子则是以血缘为基础的家族（陈海春，王骢，2014），虽然亲的本意指自身，但血缘谓之亲，传统五伦中的三伦（父子、夫妇和兄弟）均系一家之亲（陈少明，2016），这说明所谓亲既可以是血缘之亲（如父子、兄弟），也可以是非血缘之亲（如夫妇），这是一种牢固的人情关系（龚晓京，1999）。但随着社会的发展和人与人之间往来的增加，血缘圈子无法满足人们交往交流和发展的需求，一个人固守于他的常规网络会使其关系范围和可用资源都受到限制，进而自己的需要无法得到满足（翟学伟，2005），由此人们需要突破血缘圈子，建立以业缘和地缘等为基础的社会圈（陈海春，王骢，2014）。此时“家”可以理解为一个以己为中心的、可变动的圆圈（涂可国，2011），可以用“自家人”“自己人”“亲人”等来称呼与自己关系亲密的人，而对方既可以是自己的亲戚，也可以是朋友、同事或客户等，并且用“外人”来指代与自己关系较远的人。在差序格局的框架下，人情意味着亲疏、尊卑之类的道义责任和伦理义务（陈维政，任晗，2015），正所谓“亲疏有别”（如中国仅针对亲属的称谓便十分繁杂，迥异于西方称谓差不多一律的习惯，涂可国，2011），因此人情关系具有差序性和泛化性，进而体现出特殊性（陈海春，王骢，2014；张志学，2001），并体现于回报对象泛化性，且这种泛化性也蕴含着亲疏有别的特殊性。

根据费孝通先生（1998）的描述，差序格局框架下的社会关系好比以己为中心将石子投入水中，自己同别人的社会关系之远近如同水的波纹般一圈圈推出去，越推越远，也越推越薄。结合研究五的子研究三的内容，个体的孩子、朋友和熟人所在圆圈的位置与个体位置的距离依次增大，这表示他们与个体的社会距离也依次增大。那么相较于熟人，自己的孩子和朋友对个体的影响力也更大，因而与熟人相比，自己的孩子和朋友更容易被人们视为“自己人”。根据研究五的子研究三的结果并结合被试反馈，发现在可回报对象为施助者孩子或朋友的情况下，无论何种面子需要类型的员工都会倾向于长远受益性求助，这正是由于差序格局框架下亲疏有别的观念发挥了作用。有被试反映，相较于熟人，他认为施助者的孩子和朋友更容易被施助者划为自己人，而当自己回报施助者孩子或朋友时更容易使施助者感受到自己能力辐射面之大，进而感觉更有面子也愿意付出更多资源用以提供帮助。也正是考虑到这一点才使员工愿意在自己需要帮助的时候选择需要耗费施助者更多时间、精力等资源的长远受益性求助。

此外，在本研究中，员工求助行为被划分出暂时受益性求助（以解决当下问题为目的）和长远受益性求助（以获取解决类似问题的能力和经验为目的）两种，虽然暂时受益性求助在一些特定的情境（如任务紧急情境、惩罚情境等）中能够快速解决问题，体现了生存理性和价值理性之间的博弈，但生存理性属于较低级的理性层次，遵循的是“糊口策略”，即“不饿死就行”的底线逻辑（黄平，1997），如果只停留在生存理性层次则势必很难实现社会超越。况且遵循生存理性往往并非出于人们的主动选择，更大程度上是出于迫不得已的外部压力而表现出的被动选择（郑宇，曾静，2015）。因此长期被动地停留在生存理性层面显然会带来诸多消极后果，如外部环境的压力迫使其不得不违心地选择暂时受益性求助，这种行为严重威胁到员工的自主性，而自主性是人类基本的心理需要之一（杨莹，寇彧，2015），当行动者不是自愿做出某种行为时，他们将体验到较差的自控感（Weinstein & Ryan，2010）。

因此被迫选择暂时受益性求助这种破坏自主性的行为实属是迫于压力的无奈之举，会招致人们的反感与抵触。结合前文的分析，虽然将暂时受益性求助定性为消极的求助行为并不妥当，但相比之下，从长期收益来看，相较于选择暂时受益性求助，员工在遇到困难时选择长远受益性求助会对他们自己和所在组织更加有益。鉴于此，结合本研究的研究结果，我们认为可以通过以下两方面全面认识员工长远受益性求助的行为表现。

首先，重视面子需要对员工求助行为的影响。在多元文化的撞击下，中国传统文化在现代社会依然焕发活力，源远流长，并造就了中国人所特有的价值取向和行为准则（金辉等，2022），而面子取向常被视为有别于西方文化的本土文化代表（Zhang et al.，2011），因而不可否认“面子”在现代社会仍然焕发活力，与人们的行为息息相关，本研究也证明了这一点。因此，即便在以创造利益为目的的组织环境中，也不能忽略社会文化因素对员工行为的影响，不能纯粹以“文化真空”为背景剖析员工的心理与行为。实际上，社会文化会支配个体的行为意愿，影响甚至塑造个体的行为偏好（Anawati & Craig，2006）。虽然人们提起面子往往贬多于褒，但仍不可忽略面子的激励作用，组织中依然需要认识到面子需要影响员工求助行为的重要性和复杂性，注意区分不同面子需要员工求助行为表现型，以期在求助方面有针对性地对员工加以引导。

其次，重视“报”之法则和面子需要对员工求助行为的混合性影响。本研究结果表明“来而不往非礼也”的回报规范在组织中仍发挥重要作用，并且应重视报文化和面子需要对员工求助行为的共同作用。组织和员工本人应认识到在求助—帮助关系中回报的必要性；从回报延迟性的角度可以鼓励求助者延时回报施助者，但延迟回报的度要适当，不能无限期延迟回报；从回报高价性的角度帮助求助者认识到自己之所以不愿意向上级或下级进行长远受益性求助的重要原因，从组织大环境方面入手破除员工向不同职位同事求助的壁垒；从回报泛化性的角度全面认识员工求助后给予施助方回报所具有的灵活性。但无论如何，组织都应激励员工通过适当渠道增强自身能力，拓宽能力辐射面。

8.4　本研究的贡献

第一，本研究编制了员工求助行为问卷和员工面子需要问卷，为组织提供了测量员工求助行为和员工面子需要的有效工具，且上述两个测量工具具有专用性，这与现有求助行为量表和面子需要量表更强调的普适性相呼应。本研究编制的两个问卷题目数量适中、各维度题目分布均匀、累积解释方差较高，弥补了现有相关量表普遍存在的题目繁多、各维度题目分布不均、累积解释方差较低等问题。

第二，不同于以往求助行为研究以变量为中心的研究特点，本研究以个体为中心对员工求助行为进行分析，与以变量为中心这种孤立地研究个体特征相比，本研究这种以个体为中心，对员工求助行为表现型进行划分的研究能够有效整合自编的员工求助行为问卷中长远受益性求助、暂时受益性求助和回避求助这三个维度的信息，这让认识和理解员工求助行为表现型更加直观，在直觉上也更有吸引力。

第三，本研究从中国传统“报”文化视角入手，揭示了面子需要对员工求助行为影响的复杂性，充分探究了“报”之法则和面子需要这两个中国本土文化概念对本土组织中员工求助行为的混合性作用。研究发现相较于挣面子型员工，护面子型员工、挣—护面子双高型员工和挣—护面子双低型员工均更偏爱暂时受益性求助而非长远受益性求助，揭示了面子需要类型中的挣面子型对员工长远受益性求助行为的优势作用。并通过一系列行为实验从报文化的视角主要探讨了促进护面子型员工、挣—护面子双高型员工和挣—护面子双低型员工长远受益性求助表现倾向的条件。在以往的研究中，研究者们普遍通过逻辑论述来对中国传统“报”文化进行理论阐释和描述，较少涉及实证研究，本研究通过行为实验条件的设置探索“报”之法则在面子需要影响员工求助行为中的作用，是将“报”文化引入实证研究的尝试。进一步地，随着工业化和信息化的发展以及中西方文化的融合，在重视利益的组织中，西方社会所倡导的契约精神在中国组织中也逐渐获得越来越多的认可并被践行，那么中国本土文化在组织中还是否具有重要影响，则需要进行讨论和验证。本研究从实证出发，证明“报”之法则和面子需要这类中国传统文化概念之代表对员工的行为决策仍具有不可忽视的影响，这在澄清“报”之法则和面子需要对员工求助行为交互作用的基础上，使管理者在组织中重视契约精神的同时，认识到中国传统文化对员工行为所具有的潜移默化的影响。

总之，本研究为测量员工面子需要和求助行为提供了有效测量工具；揭示了员工在困境中倾向于主动求助而非回避求助；澄清了不同面子需要水平员工求助行为表现型的差异性特征；进一步从“报”文化的视角探究了促进护面子型员工、挣—护面子双高型员工和挣—护面子双低型员工长远受益性求助倾向的条件，并将“报”之法则从理论阐释过渡到实证探索。本研究有助于深入认识“报”之法则、面子需要、员工求助行为以及三个变量间的关系，并从文化视角拓展了对员工求助行为的解释范围，既有助于全面考察和验证面子需要影响员工求助行为的相对稳定性，又能够从中国传统文化视角入手有针对性地为管理实践提供参考。

8.5 研究的不足与展望

第一，问卷编制部分资料搜集的全面性问题。一方面，从质性研究的有效性和可靠性角度看，问卷编制前期通过对员工进行访谈和开放式问卷调查研究，尽力追求研究内容体系包含较多代表性内容。但不可否认的是，任何研究体系都不会覆盖全部的研究要点，在研究过程中内容完整性和内容代表性都有一定范围限制（王冲，2018），因此本研究在尽可能收集到全面资料的前提下，兼顾包容性和边界效益，以期能够使收集内容具有一定完整性，质性材料归纳概括的要点具有代表性。但对于极具中国文化特色的概念，诸如脸、面、恩、义、报等，深挖每一个字的含义都可以写出一部宏篇巨著。可以这样认为，汉字是历史之凝结（骆冬青，2020），正如陈寅恪先生所言：“凡解释一字即是作一部文化史”（吴承学，2022）。因此，其他相关研究仍需对本研究涉及的相关变量进行深入剖析。

另一方面，问卷编制部分旨在通过获取的第一手资料，编制出更适合本土职场环境的求助行为问卷和面子需要问卷，以期为后续研究提供测量工具。并且本研究自编问卷的题目均取自前期的质性研究，是前期质性研究结果的量化延续，这在一定程度上证明了前期质性研究结果的可靠性和适用性。但也正因如此，本研究编制的两个问卷取材于收集到的质性资料，并未在问卷编制前对问卷结构进行理论建构，而是通过探索性因素分析等手段，借助数据统计完成问卷编制，这与量表编制仍存在一定的差距。因此，今后的研究可以考虑从理论建构的高度对员工面子需要和员工求助行为的结构进行建构，建构更充分的理论基础。

第二，研究四和研究五所涉及的实验部分被试归属地单一性问题。在实验被试选择方面，由于现实条件的限制，本研究主要通过方便取样的方式进行取样，且实验被试均为辽宁省铁岭市企事业单位的员工，这导致本研究实验部分被试归属地较为单一，进而会对实验结果的外部效度产生影响。因此后续的研究可以考虑选择不同地区员工进行验证性实验，增加实验对象的多样性，以对本研究的研究结论进行补充和完善。

第三，准实验设计的内部效度问题。研究者普遍认为面子需要是稳定的个性特征（宝贡敏，赵卓嘉，2009），因此很难在实验中通过启动的方式来操纵被试的面子需要程度，以往广大研究者也多通过问卷调查的方式来测量研究对象的面子特征。有研究者通过实验操纵可能导致尴尬、难堪情绪的事件，进而通过测量被试反应来预测其面子需要的强度（Brown，1970），但此种方式通常将面子需要作为单维变量来处理。鉴于面子需要的复杂性，研究将面子需要作为单维变量进行测量无疑会导致对个体面子需要的考察缺乏全面性。因此在本研究实验设计部分通过问卷调查的方式测量被试面子需要，并根据面子需要问卷的得分情况将被试分为不同面子需要水平组，因此本研究实验部分均为准实验设计。虽然准实验设计得出的研究结果较容易与现实情况联系起来，即现实性较强，但准实验设计会对内部效度产生一定影响。因此在后续研究中，仍需尝试设计出有效的研究范式，通过操纵自变量的方式考察面子需要，以对本研究所得出的研究结果进行验证和补充。

第9章　总结论

本研究以本土组织中的员工为研究对象，编制了员工求助行为问卷和员工面子需要问卷，在此基础上探究了面子需要和员工求助行为之间的关系，并进一步从回报时机和回报对象身份特征两个方面探究了“报”之法则对不同面子需要类型员工长远受益性求助选择倾向的促进作用。本研究主要得出如下研究结论：

第一，员工求助行为问卷总共 11 道题目，由长远受益性求助、暂时受益性求助和回避求助三个维度构成；员工面子需要问卷总共 26 道题目，包括挣面子需要和护面子需要两个二阶因子和他人知晓、竞争胜出、自我促进、勉为其难、丢面子忧虑和形象保护六个一阶因子。两个问卷均具有简洁性，且结构清晰，累积方差贡献率较高，信效度良好。这说明员工求助行为和面子需要均具有多维结构。

第二，挣面子需要水平越高的员工越倾向于长远受益性求助，而护面子需要水平越高的员工越倾向于暂时受益性求助；根据挣或护面子需要水平可划分出四种不同的面子需要水平：挣面子型、护面子型、挣—护面子双高型和挣—护面子双低型。相对而言，挣面子型对员工表现长远受益性求助具有优势作用，而其他三种类型员工的长远受益性求助行为选择倾向有待提高。

第三，从回报时机角度看，能等价即时回报和能延迟回报对护面子型员工、挣—护面子双高型员工和挣—护面子双低型员工的长远受益性求助选择倾向均有促进作用，且相比之下能延迟回报的优势作用更大，但该优势作用有度的限制，回报延迟时间过长时该优势作用会消失；等价回报即时性和延迟性对挣面子型员工长远受益性求助选择倾向均无促进作用。

第四，从回报对象身份特征角度看，无论面对的回报对象（施助者）是上级、平级还是下级，回报高价性都会对包括挣面子需要在内的四种面子需要类型员工长远受益性求助选择倾向产生促进作用，且以回报高价性为背景的回报对象泛化性对四种面子需要类型员工长远受益性求助选择倾向也有促进作用，但该优势作用有度的限制，当泛化程度过大时该优势作用会消失。

总体而言，面子需要中的挣面子需要成分对员工长远受益性求助行为有激励作用，并且适度地遵循“报”之法则能够提高各面子需要类型员工，尤其是护面子型员工、挣—护面子双高型员工和挣—护面子双低型员工的长远受益性求助选择倾向。

参考文献

[1]阿不来提江，刘扬，朱晓睿，等.自我对跨期决策的影响——基于个人—集体主义文化视角[J].心理科学进展，2015，23（11）：1981–1990.

[2]艾小青.基于极端值存在时的随机抽样改进方法[J].统计与决策，2015（14）：10–12.

[3]安乐哲，温海明.和而不同：比较哲学与中西会通[M].北京：北京大学出版社，2002.

[4]白凯，黄琦珂.工作圈的旅游礼物馈赠：社会交换理论的视角[J].思想战线，2017，43（6）：43–50.

[5]白新文，黄明权.与上司冲突总是有害吗？上下级任务冲突和关系冲突对共享心智模型及团队绩效的差异化影响[J].中国人力资源开发，2019，36（12）：6–21.

[6]宝贡敏，赵卓嘉.面子需要概念的维度划分与测量——一项探索性研究[J].浙江大学学报（人文社会科学版），2009，39（2）：82–90.

[7]卑力添，蒋柯，李先春，等.博弈论视角下的超扫描多人互动任务新模型[J].心理科学进展，2019，27（7）：1284–1296.

[8]卜长莉."差序格局"的理论诠释及现代内涵[J].社会学研究，2003（1）：21–29.

[9]蔡皋.经典是传统的存放处——《三个和尚》创作思考[J].人民教育，2015（12）：76–77.

[10]常涛，刘智强，王艳子.绩效薪酬对员工创造力的影响研究：面子压力的中介作用[J].科学学与科学技术管理，2014，35（9）：171–180.

[11]陈柏峰，郭俊霞.也论"面子"——村庄生活的视角[J].华中科技大学学报（社会科学版），2007（1）：99–105.

[12]陈炳，高猛."面子"文化与管理之道——中国式管理的文化生态学视角[J].管理学报，2010，7（6）：797–803.

[13]陈晨捷.论"家庭本位"与"个人主义"兼容之可能进路——以先秦儒家"报"伦理为视角[J].文史哲，2021（6）：22–31，161–162.

[14]陈海春，王骢.人情视角下的个人权力再分配研究[J].河南社会科学，22

（3），106-111.
[15]陈昊， 李文立， 陈立荣. 组织控制与信息安全制度遵守：面子倾向的调节效应[J]. 管理科学，2016，29（3）：1-12.
[16]陈虎强. 论面子观念——一种中国人典型社会心理现象的分析[J]. 湖南师范大学社会科学学报，1999（1）：111-115.
[17]陈建文，王滔.自尊与自我效能关系的辨析[J].心理科学进展，2007（4）：624-630.
[18]陈鹃娟，周莹.数学资源管理策略与数学学业成绩的关系研究——数学努力管理与数学学业求助管理的中介作用[J]. 数学教育学报，2020，29（4）：20-26.
[19]陈俊杰. 关系资本与农民的非农化——浙东越村的实地研究[M]. 北京: 中国社会科学出版社. 1998.
[20]陈俊杰， 陈震. "差序格局"再思考[J]. 社会科学战线， 1998（1）：197-204.
[21]陈敏. 西南地区国有企业员工主动性人格对求助行为的影响研究[D]. 湖南：湘潭大学，2017.
[22]陈少明. 亲人、熟人与生人——社会变迁图景中的儒家伦理[J]. 开放时代，2016（5）：131-143，9.
[23]陈寿. 三国志[M]. 天津: 天津人民出版社，2019.
[24]陈维政， 任晗. 人情关系和社会交换关系的比较分析与管理策略研究[J]. 管理学报，2015，12（6）：789-798.
[25]陈文平. 组织中员工的面子观结构探索及其对建言和沉默行为的影响[D].江苏：苏州大学，2013.
[26]陈文平， 段锦云， 田晓明. 员工为什么不建言: 基于中国文化视角的解析[J]. 心理科学进展，2013，21（5）：905-913.
[27]陈午晴. "讲人情"的内在精神及其异化[J]. 青年研究，2018，（6）：74-81，93.
[28]陈向明.扎根理论在中国教育研究中的运用探索[J]. 北京大学教育评论，2015，13（1）：2-15，188.
[29]陈相雨. 政府形象传播: 畸变、批判及面子技术——一种本土社会心理学分析视角[J]. 政治学研究，2010（4）：50-57.
[30]陈晓暾，李峪，鹿祎璇. 变革型领导对员工越轨创新行为的影响——基于中国管理情境的实证分析[J]. 华东经济管理，2022，36（9）：45-54.
[31]陈英敏， 邓秋月， 高玉洁，等. 羞怯对小学中高年级学生学业求助的影响: 有调节的中介[J]. 心理科学，2021，44（5）：1126-1133.
[32]陈志霞. 学生学习过程中的求助行为: 一种认知策略研究[J]. 教育研究与实验，1999，（4）：48-51，73.
[33]陈之昭. 面子心理的理论分析与实际研究[J]. 中国社会心理学评论（第二辑），

2006（1）：107-160.
[34]程翠萍， 黄希庭. 个人取向勇气对中学生学业成就的影响: 问题解决和求助应对方式的中介作用[J]. 心理发展与教育，2021，37（1）：60-67.
[35]程俊英. 诗经译注[M]. 上海: 上海古籍出版社，2006.
[36]程莉莉，王京跃. 优秀地方文化融入青少年社会主义核心价值观教育研究[J]. 华南师范大学学报（社会科学版）2022（5）：166-172，208.
[37]程章灿.江南通志[M]. 南京: 凤凰出版社，2019.
[38]成中英. 脸面观念及其儒学根源[J]. 中国社会心理学评论（第二辑），2006（1）：34-47.
[39]崔宏静，金晓彤，赵太阳，等. 自我认同对地位消费行为意愿的双路径影响机制研究[J]. 管理学报，2016，13（7）：1028-1037.
[40]崔琦， 何燕珍. 企业师徒制一定充满正能量吗？——失调性指导关系研究述评与展望[J]. 外国经济与管理，2019，41（8）：73-85.
[41]崔智淞，王弘钰， 赵迪. “忠臣”还是“逆臣”？员工建设性越轨行为对主管绩效评价的非线性影响机制[J]. 心理科学，2022，45（1）：90-96.
[42]戴万亮，路文玲，姚亚男，等. 面子意识、建设性争辩与团队成员创造力——团队信任的跨层次调节作用[J]. 管理评论，2022，34（7）：139-149.
[43]丁倩，张永欣，周宗奎.社交网站使用与妒忌: 向上社会比较的中介作用及自尊的调节作用[J]. 心理科学，2017，40（3）：618-624.
[44]丁水平，林杰. 社会化媒体环境下消费者持续信息共享意愿影响因素实证研究——基于信息搜寻和信息分享的同步视角[J]. 情报科学，2020，38（4）：131-139.
[45]丁原明. 先秦儒家的和平观[J]. 管子学刊，2007（1）：45-49.
[46]董好叶，金光华. 不同学分组学生的成就目标、学业求助的比较研究[J]. 教育探索，2007（9）：66-67.
[47]董磊明， 郭俊霞. 乡土社会中的面子观与乡村治理[J]. 中国社会科学，2017（8）：147-160.
[48]杜江红. 成人依恋对工具性求助和助人行为的影响机制[D]. 上海：华东师范大学，2019.
[49]杜姣. 内生型工业村庄人情面子竞争与阶层关系建构——以浙北D村为例[J]. 湖南农业大学学报（社会科学版），2015，16（6）：52-57.
[50]杜鹏. “面子”：熟人社会秩序再生产机制探究[J]. 华中农业大学学报（社会科学版），2017(4）：63-72，147-148.
[51]杜维明. 儒家思想新论[M]. 南京: 江苏人民出版社，1992.

[52]杜伟宇，许伟清. 中国情境下权力对炫耀性产品购买意愿的影响: 面子意识的中介效应[J]. 南开管理评论，2014，17（5）：83-90.
[53]杜亚灵， 查彤彤. PPP项目中面子顾虑对商业模式创新行为的影响研究: 项目获取途径的调节作用[J]. 管理工程学报，2022，36（2）：195-203.
[54]段光，庞长伟，金辉. 面子、奖罚与知识共享的跨层次研究[J]. 科研管理，2018，39（8）：161-168.
[55]段锦云， 徐婷婷， 陈琳. 激将对建议采纳的影响: 面子意识的调节[J]. 应用心理学，2020，26（4）：358-366.
[56]范春梅，吴阳，李华强. 奖惩机制和游客参与下的低价游监管——基于三方演化博弈视角[J]. 管理评论，2022，34（3）：290-301.
[57]范玲霞，齐森青，郭仁露，等. 奖励影响注意选择的认知加工机制[J]. 心理科学进展，2014，22（10）：1573-1584.
[58]范为桥，张妙清，张建新，等. 兼顾文化共通性与特殊性的人格研究: CPAI及其跨文化应用[J]. 心理学报，2011，43（12）：1418-1429.
[59]范晔. 后汉书[M]. 北京: 中华书局，2012.
[60]方平，周立. 生存理性如何影响农户的差别化生产[J]. 西北农林科技大学学报（社会科学版），2018，18（1）：124-130.
[61]方勇， 李波. 荀子[M]. 北京：中华书局，2015.
[62]费孝通. 乡土中国生育制度[M]. 北京：北京大学出版社，1998.
[63]费孝通. 费孝通文集[M]. 北京：群言出版社，1999.
[64]冯必扬. 人情社会与契约社会——基于社会交换理论的视角[J]. 社会科学，2011（9）：67-75.
[65]冯栋，崔晓明，姚凯. 基于自尊水平和项目沉没成本的承诺升级研究[J]. 未来与发展，2011，34（6）：93-96.
[66]冯国锋. 圈子文化的伦理探析[J]. 伦理学研究，2021（6）：115-121.
[67]冯仕政. 沉默的大多数: 差序格局与环境抗争[J]. 中国人民大学学报，2007（1）：122-132.
[68]冯天荃. 量化研究与质化研究:社会科学领域两种对立的研究范式[J]. 南京师大学报（社会科学版），2008（4）：92-96.
[69]冯友兰. 新世训[M]. 北京：北京大学出版社，2011.
[70]冯媛媛. 报：侠义小说中的交往行为与人情法则——以《三侠五义》为例[J]. 明清小说研究，2008（2）：197-204.
[71]冯月季. 中华文化符号的内涵、疆界与生成要素[J]. 新疆师范大学学报（哲学社会科学版），2003，44（1）：113-124.

[72]冯云霞，许建楠，尹青青. 求助越多，适应越好？新员工求助频率、求助行为类型与组织社会化[J]. 人力资源管理开发，2017（9）：70–80.
[73]付博，彭坚，陈挚. 中国“报”文化视角下亲领导非伦理行为的形成与防范研究[J]. 管理学报，2021，18（11）：1629–1639.
[74]伏干. 社会认同对流动儿童学业求助的影响[J]. 心理与行为研究，2017，15（3）：411–416.
[75]傅根跃，蒋培丽. 6岁儿童面子谎及其熟悉度与权威效应初探[J]. 应用心理学，2003，9（1）：24–28.
[76]傅根跃，孙永珍. 幼儿面子谎行为与面子意识研究[J]. 心理科学，2003，26（6）：1039–1042.
[77]付森会. 社交媒体中的友谊: 相似性机制与情感传播逻辑[J]. 福建师范大学学报（哲学社会科学版），2020（2）131–139，171.
[78]付森会，晏青. 社交媒体中关系融入的认知机制研究——基于相似性视角的分析[J]. 西南民族大学学报（人文社会科学版），2021，42（6）：178–184.
[79]傅守祥. 民族复兴中的人文化育与文明养成[J]. 深圳大学学报（人文社会科学版），2014，31（2）：124–129.
[80]甘怡群，张妙清，宛小昂，等. 用中国人个性量表（CPAI）预测国有企业中高层管理者的绩效[J]. 应用心理学，2002（3）：35–39，50.
[81]高斌，高显文，吴晶玲，等. 大学生主动性人格与专业心理求助意向的关系: 一个链式中介模型[J]. 心理研究，2020，13（6）：566–573.
[82]高崇. 生存理性主导下的创业实践——以广州城乡结合部的成衣社区为例[J]. 思想战线，2005，31（6）：17–22.
[83]高日光，郭笑笑，郑凯霞. 服务型领导对辱虐管理的作用机制——基于道德许可理论的视角[J]. 当代财经，2021（1）：86–96.
[84]龚晓京. 人情、契约与信任[J]. 北京社会科学，1999（4）：124–127.
[85]辜鸿铭. 中国人的精神[M]. 北京：北京出版社，2018.
[86]谷莉，白学军，王芹. 奖惩对行为抑制及程序阶段中自主生理反应的影响[J]. 心理学报，2015，47（1）：39–49.
[87]管锡华. 尔雅[M]. 北京：中华书局，2014.
[88]郭本禹. 弗洛伊德主义新论（第二卷）[M]. 上海: 上海教育出版社，2016.
[89]郭淑芬，郝正玮，赵雅玲，等. 青少年健康素养水平与心理行为问题及求助态度、求助意愿的相关性研究[J]. 护理研究，2017，31（16）：1951–1955.
[90]郭添. 领导者信任对组织内员工求助行为的影响研究[D]. 华中科技大学，2012.
[91]郭晓薇. 中国情境中的上下级关系构念研究述评——兼论领导—成员交换理论

的本土贴切性[J]. 南开管理评论，2011，14（2）：61–68.
[92]郭晓薇，李成彦. 中国人的上下级关系: 整合构念的建立与初步检验[J]. 管理学报，2015，12（2）：167–177.
[93]郭于华. 农村现代化过程中的传统亲缘关系[J]. 社会学研究，1994（6）：49–58.
[94]韩海浪. 差序格局中的界圈及其文化存在[J]. 学海，2007（6）：121–124.
[95]韩磊，高峰强，贺金波. 人格与羞怯的关系: 中介效应与调节效应[J]. 心理科学，2011，34（4）：889–893.
[96]韩巍，席酉民. 关系: 中国商业活动的基本模式探讨[J]. 西北大学学报（哲学社会科学版），2001（1）：43–47.
[97]韩晓燕，迟毓凯. 自发社会比较中的威胁效应及自我平衡策略[J]. 心理学报，2012，44（12）：1628–1640.
[98]郝琦，乐国安. “非科学的心理学”对社会心理学方法论的启示[J]. 自然辩证法通讯，1999（6）：14–19.
[99]郝志红，孔雪燕. 安全依恋启动对专业心理求助态度的影响[J]. 中国心理卫生杂志，2021，35（12）：1025–1030.
[100]何斌，叶存军. 职场负面八卦对员工任务绩效的U型影响——基于面子理论[J]. 财经论丛，2022（10）：92–101.
[101]赫根汉. 人格心理学导论[M]. 海口: 海南人民出版社，1986.
[102]贺培育，姚选民. 人情: 内涵、类型与特性[J]. 求索，2015（5）：21–26.
[103]何幸，崔丽莹. 他人财富情绪: 妒忌的社会评估比较与认知加工分析[J]. 心理科学进展，2016，24（9）：1485–1495.
[104]何友晖. 论面子[J]. 中国社会心理学评论，2006（1）：18–33.
[105]何友晖. 面子的动力: 从概念化到测量[J]. 中国社会心理学评论，2006（1）：65–78.
[106]衡书鹏，赵换方，熊建萍，等. 网络募捐中求助者的面部表情对捐助意愿的影响:有中介的调节模型[J]. 心理与行为研究，2020，18（1）：92–99.
[107]侯勇，孙君. 人情伦理对权力异化的作用机理及治理之策[J]. 河南社会科学，2021，29（12）：27–36.
[108]胡发贵. 论儒家“敬畏生命”的伦理情怀[J]. 江海学刊，2007（6）：37–41.
[109]胡国栋，王天娇. 组织: 机器的延伸还是诗意之所——基于庄子技术观的省视[J]. 学术研究，2018（10）：102–108.
[110]胡家祥.马斯洛需要层次论的多维解读[J]. 哲学研究，2015（8）：104–108.
[111]胡平生，张萌.礼记[M]. 北京：中华书局，2017.
[112]胡士强，彭纪生，周路路. 关系取向、面子需求与组织内知识共享——中国情

境下知识共享意愿的探讨[J]. 上海管理科学，2010，32（4）：81-86.
[113]胡支军，王永利. 收益共享合同下具有损失厌恶型零售商的供应链协调问题[J]. 统计与决策，2010（19）：60-62.
[114]奂平清. "关系社会学"研究反思[J]. 科学社会主义，2010（1）：107-110.
[115]奂平清. 理论自觉的"关系"研究与社会建设[J]. 中国特色社会主义研究，2018（2）：59-66，76.
[116]黄传浩，王会秋，王秀珍，等. 青少年抑郁情绪、抑郁障碍因果信念和自我污名感对求助意愿的影响[J]. 中国健康心理学杂志，2021，29（7）：1091-1095.
[117]黄存良. 中国传统文化对当代大学生心理健康的介入与治理[J]. 社会科学家，2020（1）：154-160.
[118]黄飞，朱浩亮，张建新. 人格相似性与关系质量的关系：单向视角[J]. 心理学探新，2011，31（2）：154-159.
[119]皇甫倩，王后雄. 高中生学业求助能力与学习成绩相关性分析——基于对化学学科学生学业求助的实证研究[J]. 教育科学研究，2014（9）：55-60，71.
[120]黄光国. 人情与面子[J]. 经济社会体制比较，1985（3）：55-62.
[121]黄光国. 报的个体与群体[M]//张老师月刊编辑部，中国人的世间游戏——人情与世故. 台北：张老师出版社，1993：20-27.
[122]黄光国. 面子：中国人的权力游戏[M]. 北京：中国人民大学出版社，2004.
[123]黄光国. 人情与面子：中国人的权力游戏[M]//杨国枢，中国人的心理. 南京：江苏教育出版社，2006：226-248.
[124]黄光国. 人情与面子：中国人的权利游戏[M]. 北京：中国人民大学出版社，2010.
[125]黄海洋，何佳讯，朱良杰. 消费者世界主义、外族中心主义与民族中心主义对品牌态度影响机制的比较研究——面子的正负调节效应[J]. 南开管理评论，2021，24（2）：13-24.
[126]黄金兰. 面子、人情的秩序功能及其当下变异[J]. 文史哲，2017（1）：154-163，168.
[127]黄丽芹，孙寅，罗思阳. 个人主义文化价值观对疫情控制效果的影响及其计算心理机制[J]. 心理学报，2022，54（5）:497-533.
[128]黄明理，曹天航. 论道德回报与道德回应[J]. 江海学刊，2013（3）：39-44，238.
[129]黄平. 从乡镇企业到外出务工[J]. 读书，1996（10）：64-70.
[130]黄平. 寻求生存——当代中国农村外出人口的社会学研究[M]. 昆明：云南人民出版社，1997.
[131]黄彦婷，杨忠，金辉，等. 基于社会影响理论的知识共享意愿产生模型[J]. 情报杂志，2013，32（6）：141-146.
[132]黄梓航，敬一鸣，喻丰，等. 个人主义上升，集体主义式微？——全球文化

变迁与民众心理变化[J]. 心理科学进展，2018，26（11）：2068-2080.
[133]吉尔特・霍夫斯泰德， 格特・扬・霍夫斯泰德. 文化与组织——心理软件的力量[M]. 李原，孙健敏译. 北京: 中国人民大学出版社，2010.
[134]纪骁纹，张宁，王纯. 男女大学生心理求助特点的调查[J]. 中国心理卫生杂志， 2013，27（10）：766-770.
[135]贾新明. 中庸思维影响潜变量测量结果的验证[J]. 管理学报，2015，12（7）：957-961.
[136]姜彩芬. 面子文化产生根源及社会功能[J]. 广西社会科学，2009（3）：116-120.
[137]江光荣，王铭.大学生心理求助行为研究[J]. 中国临床心理学杂志，2003，11（3）：180-184.
[138]江光荣，夏勉. 心理求助行为: 研究现状及阶段-决策模型[J]. 心理科学进展，2006，14（6）：888-894.
[139]蒋奖，王荣. 辱虐管理与下属针对领导的偏差行为: 同事行为和惩罚可能性的调节作用[J]. 中国临床心理学杂志，2012，20（2）：214-218.
[140]姜晓文，姜媛，田丽，等. 青少年压力与主观幸福感的关系: 一个有中介的调节模型[J]. 心理与行为研究，2018，16（3）：349-354.
[141]金辉，刁品昊，杨川. "双主体"面子取向驱动下知识共享意愿生成机理——兼论团队成员交换的调节作用[J]. 江苏大学学报（社会科学版），2022，24（3）：103-113.
[142]金辉，段光，李辉. 面子、人情与知识共享意愿间关系的实证研究: 基于知识隐性程度的调节效应[J]. 管理评论，2019，31（5）：147-162.
[143]金辉，李辉，段光. 知识共享是"圈子游戏"吗？——文化价值观与圈内/圈外知识共享实证研究[J]. 研究与发展管理，2019，31（3）：84-98.
[144]金瑾，林为，高尚仁. 印象管理与心理健康表现之相关[J]. 心理科学，2008，31（6）：1481-1483.
[145]金晓彤，姚凤，徐尉，等. 自我威胁情境消费者地位消费行为研究——基于内隐人格的调节作用[J]. 南开管理评论，2020，23（6）：111-123.
[146]金耀基. 人际关系中人情之分析[M]//杨国枢编，中国人的心理[M]. 台北: 桂冠图书公司，1988：75-104.
[147]金耀基. "面""耻"与中国人行为之分析[J]. 中国社会心理学评论（第二辑），2006（1）：48-64.
[148]金耀基. 中国现代化的终极愿景[M]. 上海: 上海人民出版社，2013.
[149]孔雪燕， 郝志红. 成人依恋风格对专业心理求助态度的影响: 自我表露的预期结果的中介作用[J]. 中国临床心理学杂志， 2021，29（5）：1115-1118.

[150]雷霁. 面子观、反馈寻求行为及员工创造力的研究: 以心理安全感为调节变量[D]. 上海交通大学，2016.
[151]雷霁，唐宁玉. 面子观、自我效能与寻求帮助行为的关系研究[J]. 中国人力资源开发，2015（13）：13–20.
[152]李爱梅，凌文辁. 心理账户与薪酬激励效应的实验研究[J]. 暨南学报（哲学社会科学版），2009，31（1）：80–87，155.
[153]李彬. “时用主义”批判纲要[J]. 湖南师范大学社会科学学报，2017，46（5）：61–69.
[154]李彩娜，马田雨，张豪. 社交网络中的社会比较: 研究现状及展望[J]. 北京师范大学学报（社会科学版），2019（6）22–31.
[155]李彩云，周二华，纪炀. 主管权力距离与员工求助行为: 主管信任的中介作用[J]. 中国人力资源开发，2015，（13）21–26.
[156]李芬妮，张俊飚. “面子”还是“里子”：声誉激励、经济激励对外出务工农户参与村庄环境治理的影响[J]. 农村经济，2021（12）：90–98.
[157]李富强. 中国人日常生活中的“耻”“脸”与“面子”——对近代以来国民性批判中的“面子问题”之省思[J]. 海南大学学报（人文社会科学版），2019，37（5）：173–180.
[158]李国武. 相对位置与经济行为: 社会比较理论[J]. 社会学评论，2020，8（1）：35–50.
[159]李沛良. 论中国式社会学研究的关联概念与命题[C]//北京大学社会学人类学所，东亚社会研究 . 北京: 北京大学出版社，1993：65–76.
[160]李朋波，孙雨晴，雷铭. 权力何以授予: 目标理论视角下领导授权行为的形成机制[J]. 心理科学进展，2019，27（7）：1167–1182.
[161]李鹏飞. 印象整饰与中国人的脸面观[J]. 中国地质大学学报（社会科学版），2001，1（1）：8–10.
[162]李庆真. 乡村情缘在农村现代化进程中的社会效应[J]. 安徽大学学报（哲学社会科学版），2003，27（4）：108–112.
[163]李琼，郭德俊. 中国人的印象整饰特征及其影响因素初探[J]. 心理科学，1999，22（6）：488–491，573.
[164]李太，邓今朝，张桂平. 物以类聚，人以群分? 领导者与下属工作价值观契合对领导忠诚影响研究[J]. 管理评论，2019，31（8）：181–193.
[165]李锡元，陈思，刘艺婷. 监督抑制还是引发了经理人承诺升级? 面子需要的调节作用[J]. 南大商学评论，2014，11（4）：126–143.
[166]李锡元，刘慧慧，陈贝贝. 个体—主管深层相似性感知与员工创新行为: 两个

中介效应的检验[J]. 科技进步与对策，2017，34（18）：146-152.
[167]李霞，张阔，旦增贡赛，等.师徒间相似性对师傅指导意愿的影响[J]. 心理学探新，2018，38（6）：562-567.
[168]李想，时勘，万金，等. 伦理型领导对基层公务员建言与沉默行为的影响机制——资源保存和社会交换视角下的中介调节模型[J]. 软科学，2018，32（1）：78-82.
[169]李晓东. 关于学业求助的研究综述[J]. 心理学动态，1999，7（1）：60-64.
[170]李晓东，林崇德. 个人目标取向、课堂目标结构及文化因素与学业求助策略的关系研究[J]. 心理发展与教育，2001（2）：1-6，18.
[171]李晓东，张炳松. 自我效能、价值、课堂环境及学习成绩与学业求助的关系[J]. 心理学报，1999，31（4）：435-443.
[172]李晓东，张柄松. 初二学生目标取向、自我效能及学习成绩与学业求助的关系[J]. 心理发展与教育，2000（4）：31-37.
[173]李晓东，张炳松. 成就目标、社会目标、自我效能及学习成绩与学业求助的关系[J]. 心理科学，2001，24（1）：54-58，95，126-127.
[174]李小山，徐宁，张建新，等.本土化人格特征与知识分享行为的关系探讨——自我效能感和社会价值的中介作用[J]. 心理学探新，2015，35（2）：153-157.
[175]李小山，赵娜，周明洁，等. 人情与人际信任: 关系类型与主题的调节作用[J]. 心理学探新，2016，36（6）：546-550，573.
[176]李学勤.字源[M]. 天津: 天津古籍出版社，2013.
[177]李拥军."报"文化与现代法治的暗合与分殊[J]. 法商研究，2021，38（1）：81-94.
[178]李拥军，雷蕾."报"文化视角下的贿赂型犯罪认定[J]. 黑龙江社会科学，2016（6）：92-97.
[179]李永强，黄姚.个性特征与社会网络特征的关系及其本土化发展[J]. 心理科学进展，2014，22（11）：1801-1813.
[180]李云，李锡元. 上下级"关系"影响中层管理者职业成长的作用机理——组织结构与组织人际氛围的调节作用[J]. 管理评论，2015，27（6）：120-127，139.
[181]李召敏，赵曙明. 面子视角下组织期望贡献与员工创造力关系研究[J]. 管理学报，2018，15（12）：1799-1809.
[182]李忠红，王贺. 儒学"敬畏生命"思想视域下的现代生命教育路径[J]. 理论月刊，2010（2）：177-179.
[183]练崇潮. 人情社会、情感异化与现代人的安身立命[J]. 江西社会科学，2015，35（5）：223-228.
[184]梁凤华，段锦云. 社会面子意识、冲突处理策略与人际关系满意度[J]. 心理学

探新，2018，38（6）：527–533.
[185]梁建，王重鸣. 中国背景下的人际关系及其对组织绩效的影响[J]. 心理学动态，2001，9（2）：173–178.
[186]梁静，张耀华. 青少年羞耻易感性与攻击行为的关系: 责备外化、敌意和愤怒的中介作用[J]. 中国临床心理学杂志，2020，28（4）：840–845.
[187]梁漱溟. 中国文化要义[M]. 上海: 学林出版社，1987.
[188]梁潇杰，于桂兰，付博. 与上级关系好的员工一定会建言吗？基于资源保存理论的双中介模型[J]. 管理评论，2019，31（4）：128–137.
[189]梁彦清，刘伟鹏. 谦逊领导“知行合一”对团队主动变革行为的影响[J]. 华侨大学学报（哲学社会科学版），2021（1）：64–75.
[190]廖文娜. 大学生挫折应对能力、求助行为和心理健康的关系研究[J]. 广东开放大学学报，2019，28（4）：97–100.
[191]林颖. 服务型领导对员工求助行为的作用路径探析[D]. 福建：厦门大学，2017.
[192]刘冰，李逢雨. 上下级代际冲突对90后员工主动创新行为的影响机制研究[J]. 东岳论丛，2021，42（9）：41–50，191.
[193]刘成斌. 生存理性及其更替——两代农民工进城心态的转变[J]. 福建论坛（人文社会科学版），2007（7）：132–135.
[194]刘春晓，刘立志，王丹，等. 集体仪式促进群体情绪感染的机制[J]. 心理科学进展，2022，30（8）：1870–1882.
[195]刘得明，龙立荣. 国外社会比较理论新进展及其启示———兼谈对公平理论研究的影响[J]. 华中科技大学学报（社会科学版），2008，22（5）:103–108.
[196]刘德鹏，贾良定，尤树洋，等.下属更加偏爱与自己相似的上级吗？中国情境下同乡与同龄的差异化作用[J]. 中国人力资源开发，2020，37（2）： 34–52.
[197]刘冬. 质性、量化方法论融合对社会工作的意义[J]. 哈尔滨工业大学学报（社会科学版），2019，21（4）：72–78.
[198]刘豆豆，胥彦，李超平. 中国情境下家长式领导与员工绩效关系的元分析[J]. 心理科学进展，2021，29（10）：1829–1846.
[199]刘枫，王成奎. 大学生的求助行为及其“关系”取向的助人模式[J]. 江苏高教，2007（5）：121–122.
[200]刘凤娥，周楠，李晓敏，等. 大学生心理健康问题影响专业心理求助行为的机制———一项追踪研究[J]. 中国特殊教育，2021（7）：89–96.
[201]刘洪伟，左妹华，詹明君，等. 基于偏态参考依赖的消费者选择意向研究[J]. 统计与决策，2020（3）：83–86.
[202]刘慧，王晓庄. 上下级关系：概念、测量、影响因素及其结果[J]. 心理研究，

2016，9（5）：69–75.
[203]刘会驰，吴明霞. 大学生宽恕、人际关系满意感与主观幸福感的关系研究[J]. 中国临床心理学杂志，2011，19（4）：531–533.
[204]刘慧瀛，杨静怡，王婉，等. 道德自我认同、自尊和网络匿名性对网络利他行为的影响: 一个有调节的中介模型[J]. 中国特殊教育，2021（1）：83–89.
[205]刘继才，刘珈琪，周亦宁. 面子顾虑对PPP项目利益相关者承诺升级影响研究: 基于政府和社会资本主体[J]. 管理工程学报，2019，33（4）：167–175.
[206]刘继富. “面子”定义探新[J]. 社会心理科学，2008，23（5）：30–35，56.
[207]刘珈琪，刘继才. PPP项目政府成员自我面子顾虑和承诺升级: 学位的调节作用[J]. 中国管理科学2023，31（9）：233–243.
[208]刘娟娟.印象管理及其相关研究述评[J]. 心理科学进展，2006，14（2）: 309–314.
[209]刘丽红. 上行社会比较与社交焦虑的关系: 核心自我评价和内外倾性的作用[J]. 山西大学学报（哲学社会科学版），2021，44（6）：131–136.
[210]刘立新，金冬梅，夏永静. 大学生社会适应行为方式问卷编制及信效度检验[J]. 中国健康心理学杂志，2016，24（3）：421–424.
[211]柳铭心. 职高生的自尊、自我效能感与学业求助的关系[J]. 中小学心理健康教育，2018（18）：10–15.
[212]刘蕤. 虚拟社区知识共享影响因素及激励机制探析[J]. 情报理论与实践，2012，35（8）：39–43.
[213]刘威. 网络求助中的失范行为与精准治理[J]. 社会科学战线，2017（10）：192–196.
[214]刘卫英，梁晓晓. 义利之间: 明清小说恩报叙事的复杂性[J]. 山西大学学报（哲学社会科学版），2018，41（6）：18–24.
[215]刘文，张雪，张玉，等. 4—8 岁儿童公平认知与行为差距: 社会比较的作用[J]. 心理学报，2017，49（12）：1504–1512.
[216]刘欣，赵琛徽，唐于红. 时间压力对员工知识共享行为的非线性影响机制[J]. 财经论丛，2021（1）94–103.
[217]刘新梅，刘博，屈晓倩，等. 信息型团队断裂对员工创造力的跨层研究——基于创造性自我效能和时间压力的中介调节机制[J]. 预测，2019，38（1）：22–29.
[218]刘昫，等. 旧唐书[M]. 北京: 中华书局，2021.
[219]刘艳，江文琦，董雨菲. 低预期员工的印象管理行为模型构建[J]. 中国人力资源开发，2021，38（9）：6–18.
[220]刘妍，马晓英，刘坚，等. 文化理解与传承素养: 21世纪核心素养5C模型之一[J]. 华东师范大学学报（教育科学版），2020，38（2）：29–44.

[221]刘燕君，徐世勇，张慧. 齐头并进: 悖论式领导对员工创新行为的影响[J]. 商业经济与管理，2021（9）：34–44.
[222]刘艺羚，侯志瑾，黄罡. 父亲心理求助态度对男大学生求助态度的影响: 依恋的调节作用[J]. 中国临床心理学杂志，2015，23（1）：159–162.
[223]刘永生. 论传统人情关系对当代青年人才成长的阻抗与价值转换[J]. 湖南社会科学，2016（3）：206–209.
[224]刘蕴，李燕萍，涂乙冬. 员工为什么乐于助人？多层次的领导—部属交换对帮助行为的影响[J]. 心理学报，2016，48（4）：385–397.
[225]刘兆明. "报"的概念及其在组织研究上的意义[M]//杨国枢，余安邦，中国人的心理与行为——理念和方法篇. 台北: 桂冠图书公司，1993：293–318.
[226]刘子旻，时勘，万金， 认知闭合需要研究梳理与未来走向[J]. 心理科学进展，2018， 26（4）：688–697.
[227]陆昌勤，方俐洛，凌文辁. 组织行为学中自我效能感研究的历史、现状与思考[J]. 心理科学，2002，25（3）：345–346.
[228]卢成仁. 流动中村落共同体何以维系——一个中缅边境村落的流动与互惠行为研究[J]. 社会学研究，2015（1）：166–189，245.
[229]芦慧，邹佳星，陈红，等. 组织亲环境价值观及其对员工亲环境行为的影响研究[J]. 管理评论，2021，33（4）：225–235.
[230]陆欣欣，孙嘉卿. 领导—成员交换与情绪枯竭: 互惠信念和权力距离导向的作用[J]. 心理学报，2016，48（5）：566–577.
[231]鲁迅. 鲁迅全集: 第一卷[M]. 北京: 人民文学出版社，2005.
[232]卢志巍，段锦云. 心理学研究方法的结构框架新探[J]. 心理学进展，2015（5）：180–185.
[233]骆冬青. 论汉字的"通感"和"共通感"——汉字图象的美学创辟[J]. 南京师范大学文学院学报，2020（4）：67–73.
[234]罗钊，石文典. 实践社区成员的面子意识对知识传播的影响[J]. 应用心理学，2007，13（3）：264–270.
[235]罗志佳. 文化哲学视阈下习近平文化自信重要论述研究[J]. 学术探索，2022，（10）：46–52.
[236]吕嘉.文化自觉: 重建秉承中国哲学传统的哲学[J]. 天津行政学院学报，2014，16（3）：82–88.
[237]吕尚彬，吴星漫. 感知暴露、感知倾向和感知相似性对第三人效果的影响研究——以青年人对香烟类广告的感知效果为例[J]. 新闻与传播评论，2021，74（4）：97–109.

[238]吕淑云，徐向东，路霞，等. 暴力事件女性伤员人格及应对方式与心理健康状况的关系[J]. 中国全科医学，2014，17（16）：1902–1905.
[239]马蓓， 胡蓓， 侯宇. 资质过高感对员工创造力的u型影响——能力面子压力的中介作用[J]. 南开管理评论，2018，21（5）：150–161.
[240]马光. 面子与里子: 明洪武时期中日“倭寇外交”考论[J]. 文史哲，2019（5）：41–55，166.
[241]马君，张锐. 不打不成器: 挖掘辱虐管理的正效应、负效应和净效应[J]. 管理工程学报，2021，35（2）：26–35.
[242]马溧莉，张建新. 社会通则及其有关研究[J]. 心理科学进展，2009，17（5）：1081–1087.
[243]马戎. “差序格局”——中国传统社会结构和中国人行为的解读[J]. 北京大学学报（哲学社会科学版），2007，44（2）：131–142.
[244]马文娟，索涛，李亚丹，等.得失框架效应的分离——来自收益与损失型跨期选择的研究[J]. 心理学报，2012，44（8）：1038–1046.
[245]麻彦坤. 心理学研究中质化与量化两种取向的对立与整合[J]. 南京师大学报（社会科学版），2019（5）：75–81.
[246]马永庆. 传统美德之善: 新时代公民道德建设的基因根脉[J]. 道德与文明，2021（4）：48–57.
[247]毛畅果. 组织情境下的员工求助过程: 一个整合模型[J]. 中国人力资源开发，2015，（13）：6–12.
[248]毛畅果，孙健敏. 组织中的求助行为[J]. 心理科学进展，2011，19（5）：731–739.
[249]冒荣. 从母爱主义到公共精神培育——从大学书院制给学生的感受谈起[J]. 大学教育科学，2018（2）：56–60，126.
[250]南帆. 抽离了社会历史范畴的π还有效吗——与张江教授对话[J]. 探索与争鸣，2020（1）：104–110，159.
[251]牛文君. 精神科学与诠释学的交汇——以狄尔泰和新康德主义价值学派之争为中心[J]. 天津社会科学，2022（4）：40–48.
[252]欧先涛，王宣喻. 中国背景下的人际关系研究：回顾与展望[J]. 学术研究，2010（6）：72–76，160.
[253]潘安成，张红玲，肖宇佳. “破茧成蝶”: 知恩图报塑造日常组织活动战略化[J]. 管理世界，2016（9）：84–101，188.
[254]潘定，谢菡，刘子瑛，等. 社会比较对生产性消费的影响: 补偿性消费视角[J]. 管理评论，2022，34（4）：162–172.
[255]潘煜，高丽，张星，等. 中国文化背景下的消费者价值观研究——量表开发与

比较[J]. 管理世界，2014（4）：90–106.
[256]潘玉进. 温州城市居民主观幸福感调查研究[J]. 应用心理学，2008，14（2）：155–163.
[257]彭川宇，梁艳，袁国平. 服务型领导与基层公务员创新行为: 职业认同与职业韧性的链式中介作用[J]. 公共管理评论，2022，4（4）：52–76.
[258]彭亭亭，郝志红. 希望对大学生专业心理求助态度的影响: 自尊和污名的链式中介效应[J]. 中国临床心理学杂志，2020，28（6）：1270–1273.
[259]綦萌，朱若茜，牛雄鹰. 人口断裂带、信息断裂带对员工组织公民行为的影响——基于任务工作网络理论的分析[J]. 商业研究，2019（3）：115–123.
[260]齐善鸿，白长虹，陈春花，等. 出路与展望: 直面中国管理实践[J]. 管理学报，2010，7（11）：1685–1691.
[261]齐小林. "报"的逻辑在华北解放区参军动员中的多重呈现[J]. 开放时代，2015（6）：104–121，7.
[262]覃江华. 儒家早期"报"的思想释解[J]. 中南大学学报（社会科学版），2013，19（4）：143–149.
[263]邱娟，江黛苔，段亚杰，等. 大学生网络捐助的影响因素: 求助者特征的视角[J]. 心理发展与教育，2020，36（5）：569–575.
[264]邱秀芳. 高校教师应对方式与主观幸福感的关系研究[J]. 黑龙江高教研究，2009（9）：131–133.
[265]瞿皎姣，赵宜萱，赵曙明. 组织政治行为知觉下员工会助人吗？——基于社会分析理论的解释[J]. 管理评论，2020，32（5）：217–232.
[266]瞿皎姣， 赵宜萱， 赵曙明. 国企员工组织政治知觉下的行为选择——基于中国政治文化—人情社会内洽情境的整合性解释[J]. 管理世界，2021，37（8）：143–162.
[267]任杰，金志成，杨秋娟. 老年人主观幸福感影响因素的元分析[J]. 中国临床心理学杂志，2010，18（1）：119–121，62.
[268]任俊华，彭丽瑶. 关于人情的哲学思考[J]. 湖湘论坛，1994（6）：50–53.
[269]任敏. 现代社会的人际关系类型及其互动逻辑——试谈"差序格局"模型的扩展[J]. 华中科技大学学报（社会科学版），2009，23（2）：50–56.
[270]任天虹，胡志善，孙红月，等. 选择与坚持: 跨期选择与延迟满足之比较[J]. 心理科学进展，2015，23（2）：303–315.
[271]尚会鹏. 许烺光的"心理——社会均衡"理论及其中国文化背景[J]. 国际政治研究，2006（4）：130–143.
[272]邵瑾，樊富珉. 团体成员共情的影响因素及作用模型——基于扎根理论[J]. 心

理科学，2021，44（4）：997－1003.
[273]王充，邵毅平. 论衡·解读[M]. 北京: 国家图书馆出版社，2019.
[274]申传刚，杨璟，胡三嫚，等. 辱虐管理的应对及预防: 正念的自我调节作用[J]. 心理科学进展，2020，28（2）：220－229.
[275]沈光辉，范涌峰，陈婷. 教育研究中的P值使用: 问题及对策——兼谈效应量的使用[J]. 数学教育学报，2019，28（4）：92–98.
[276]沈毅. "差序格局"的不同阐释与再定位——"义""利"混合之"人情"实践[J]. 开放时代，2007（4）：105–115.
[277]沈毅."仁"、"义"、"礼"的日常实践:"关系"、"人情"与"面子"——从"差序格局"看儒家"大传统"在日常"小传统"中的现实定位[J]. 开放时代，2007（4）：88–104.
[278]沈毅，李叶. 市场化关系嵌入中的"义尽利散"与"互惠共赢"——基于某农贸公司亲缘关系实践的案例研究[J]. 开放时代，2020（4）：81–100， 7.
[279]沈约. 宋书[M]. 北京: 中华书局，2019.
[280]沈占波，李昂. 开放式创新平台核心参与者知识共享行为的多重驱动路径研究[J]. 科技进步与对策.
[281]时勘，崔有波，万金，等. 集体主义氛围感知对工作投入影响——组织认同的中介作用[J]. 现代管理科学，2015（9）：6–8.
[282]施旭.当代中国话语的中国理论[J]. 福建师范大学学报（哲学社会科学版），2013（5）：51–58.
[283]施卓敏，范丽洁，叶锦锋. 中国人的脸面观及其对消费者解读奢侈品广告的影响研究[J]. 南开管理评论，2010，15（1）：151–160.
[284]施卓敏，邝灶英，陈永佳，等. 面子消费需要及其对广告效果的影响——兼论广告代言人的调节作用[J]. 中大管理研究，2013，8（2）：37–62.
[285]施卓敏，郑婉怡. 面子文化中消费者生态产品偏好的眼动研究[J]. 管理世界，2017（9）：129–140， 169.
[286]舒瑜. "面子"资源的采撷：领导干部角色认同的新视角[J]. 理论探讨，2006（2）：117–118.
[287]宋宏磊， 袁彩霞. "高奖励额度"还是"高契合度"？——基于购物满意度的好评奖励计划构建模式研究[J]. 财经论丛，2020（4）：94–104.
[288]宋晓静. 员工求助行为的内容结构及其相关研究[D]. 河南：河南大学，2012.
[289]宋维真，张建新，张建平，等. 编制中国人个性测量表（CPAI）的意义与程序[J]. 心理学报，1993（4）：400–407.
[290]许丹，李亦欣. 个体助人行为的形成与发展——基于扎根理论的探究[J]. 心理

科学，2020，43（5）：1243–1249.
[291]孙传远，刘玉梅. 中国大学视频公开课评价——基于爱课程网“精彩评论”的内容分析研究[J]. 现代教育技术，2013，23（12）：91–95.
[292]孙洪杰，刘菲菲，冯文婷，等. 个体如何以消费行为应对自我威胁？基于导向—路径整合模型的分析[J]. 心理科学进展，2021，29（5）：921–935.
[293]孙健敏，毛畅果. 核心自我评价、心理集体主义与求助预期的关系[J]. 心理学探新，2013，33（2）：185–190.
[294]孙瑾. 基于风险厌恶和面子需求视角的顾客忠诚驱动机制分析——以中国和新加坡保险服务业为例[J]. 管理评论，2014，26（7）：115–124.
[295]孙立平. “关系”、社会关系与社会结构[J]. 社会学研究，1996（5）：20–30.
[296]孙隆基. 中国文化的深层结构[M]. 北京: 中信出版社，2015.
[297]孙五三， 刘晓红. 量化VS.质化 是非七辨[J]. 新闻与传播研究，2012（4）：76–84， 110–111.
[298]孙宇，边燕杰. 职业地位获得中的人情作用机制[J]. 社会科学战线，2017（5）：189–199.
[299]谭成慧，马姗姗，朱传林，等. 人际互动中的“自我—他人”区分: 多水平的探索[J]. 心理科学进展，2020，28（11）：1890–1900.
[300]谭光辉. 传统“恩感”文化对构建人类命运共同体的贡献[J]. 西南民族大学学报（人文社会科学版）2021（1）：150–156.
[301]唐芳贵. 初二学生自我效能感、文化因素及学业成绩与学业求助的关系调查[J]. 中国心理卫生杂志，2003，17（2）：120–119.
[302]唐慧丽. “优雅的中国人”——论辜鸿铭对儒家道德人格的新释[J]. 湖北社会科学，2016（3）：109–113.
[303]唐蕾， 刘衍玲， 杨营凯. 亲社会行为的认知过程及脑神经基础[J]. 心理发展与教育，2022，38（3）：437–446.
[304]唐娅婷，王玮，李永鑫. 包容型领导对员工行为的影响: 权力距离的作用[J]. 心理研究，2021，14（1）：52–58.
[305]陶厚永，章娟，刘艺婷. 外部监督、面子需要与企业高管的承诺升级[J]. 南开管理评论，2019，22（4）：199–211，224.
[306]童俊，王凯，韩翼，等. 师傅面子需要对徒弟敬业度的影响——师徒关系与情绪智力的作用[J]. 科技进步与对策，2017，34（8）：140–146.
[307]涂可国. 儒学、人情文化与人际关系的优化[J]. 东岳论丛，2011，32（8）：37–44.
[308]屠兴勇，张怡萍，王沂. 个人主义倾向对员工角色内行为的作用机制[J]. 管理

学报，2021，18（4）：531-538.
[309]万久富（整理）. 礼记集说[M]. 南京: 凤凰出版社，2010.
[310]王财玉，罗润锋，姬少华. 自然联结与社交网站使用中的妒忌: 生命意义感与向上社会比较的中介作用[J]. 中国临床心理学杂志，2022，30（3）：619-624.
[311]王长潇. 从匿名狂欢到公民智慧——博客对社会影响方式的转变[J]. 当代传播，2011（3）：27-29.
[312]王冲. 中华多民族谚语义类体系构建研究[J]. 内蒙古社会科学（汉文版），2018，39（4）：123-129.
[313]王端旭，洪雁. 领导支持行为促进员工创造力的机理研究[J]. 南开管理评论，2010，13（4）：109-114.
[314]王芳，刘小增，汪静，等. 网络社区匿名行为与实名行为比较研究[J]. 电子政务，2012（7）：17-22.
[315]汪凤炎. 论我国心理学研究的时代使命[J]. 南京师大学报（社会科学版），2017（4）：126-133.
[316]王馥芸. 中国成年人自省人格的结构与测量[D]. 西南大学，2018.
[317]王广新，杨晓娟，陆宏. 网络远程学习者学业求助行为的影响因素分析[J]. 中国电化教育，2015（9）：48-55.
[318]王国保. 面子意识与知识共享、员工创造力关系的实证研究——以组织沟通氛围为调节变量[J]. 科技管理研究，2014，34（17）：96-101.
[319]王国才，吴越，王希凤. 认知评价理论视角下的营销人员服务销售二元研究[J]. 东南大学学报（哲学社会科学版），2022，24（1）：79-89，147.
[320]王华昕. 成人依恋对新员工角色压力的影响: 求助行为和领导支持的作用[D]. 河南大学，2016.
[321]王建斌. 差序格局下本土组织行为探析[J]. 软科学，2012，26（10）：66-70.
[322]王建明. 资源节约意识对资源节约行为的影响——中国文化背景下一个交互效应和调节效应模型[J]. 管理世界，2013（8）：77-90，100.
[323]王静，张寒梦，郑俊. 人情法则制约下的大学生合作行为研究[J]. 中国青年研究，2015（10）：100-104，87.
[324]王利，曲涵毓. 企业需要层次、关系承诺、合作类型的匹配研究[J]. 商业时代，2014（5）：95-97.
[325]王丽萍，曾祥龙. 组织认同能打破沉默行为吗?——基于面子观念的调节作用[J]. 商学研究，2020，27（4）：103-109.
[326]王麒，杜丰宁. 中美社交礼仪和价值取向的文化差异[J]. 重庆社会科学，2017（7）：61-66.

[327]王琴. 从教师权威的消解与重构看师生冲突的化解[J].中国教育学刊，2018（7）：88–93.
[328]王申连. 描述心理学的心理文化论思想及其效应——兼论心理学与文化的历史关联[J]. 华中师范大学学报（人文社会科学版），2022，61（5）：178–188.
[329]王世超. 论文化的差异与民族性[J]. 江淮论坛，1999（6）：83–87.
[330]王世明. “温良恭俭让”与行政决策[J]. 孔子研究，2002（3）：53–58.
[331]王硕. “报者，天下之利也”——论内嵌于传统伦理秩序的报机制[J]. 现代哲学，2011（3）：117–124.
[332]王思斌. 中国社会的求—助关系——制度与文化的视角[J]. 社会学研究，2001（4）：1–10.
[333]王婉. 网络不公正情境下匿名性、社会责任感对第三方惩罚的影响[D]. 郑州大学，2018.
[334]王潇，李文辉. 新生代员工冲突处理模式的影响因素研究——感知面子威胁类型与冲突对象的交互作用[J]. 软科学，2019，33（1）：114–119.
[335]王晓婧，张绍杰. 基于印象管理理论分析的面子呈现策略[J]. 东北师大学报（哲学社会科学版）.2015（2）：109–113.
[336]王晓明，王亚如，庞晓文，等. 时间限制对合作的影响：有调节的链式中介模型[J]. 心理科学，2022，45（2）：425–432.
[337]王啸天，陈文平，段锦云. 中国背景下员工的面子观及其对建言和沉默行为的影响[J]. 心理研究，2019，12（3）：233–244，251.
[338]王馨悦，刘畅. 时间限制与时间压力下的信息行为研究综述[J]. 图书情报工作，2022，66（9）：141–151.
[339]王秀娟，王梦婷，韩尚锋，等. 风险决策框架下的求助意愿: 依恋的调节作用[J]. 心理与行为研究，2019，17（6）：840–845.
[340]王秀丽，刘金华. 课堂环境与任务难度对学业求助的影响[J]. 教育科学，2002，18（1）：31–34.
[341]王秀丽，张新颖. 课堂情境与任务难度对学业求助之影响的研究[J]. 心理学探新，2004，24（3）：45–48.
[342]汪亚飞，南安超，谢红娟. 以马斯洛需要层次论为指导的干预对白内障手术患者自我感受负担、生活质量的影响[J]. 中国健康心理学杂志，2021，29（8）：1158–1163.
[343]王艳. 依恋风格对求助行为的影响: 求助态度的中介作用[J]. 西南大学，2020.
[344]王也. 伦理为表，经济为里: 农村祖父母的隔代抚养驱动力[J]. 广东社会科学，2022（2）：215–229.

[345]王轶楠. 有关自我增强跨文化普遍性的争论[J]. 心理科学进展，2005, 13（6）: 822-827.
[346]王轶楠. 从东西方文化的差异分析面子与自尊的关系[J]. 社会心理科学，2006, 21（2）: 102-108.
[347]王轶楠，刘嘉. 让小我融入大我: 适恰自尊的积极心理学意义[J]. 心理发展与教育，2021，37（4）: 568-575.
[348]王轶楠， 杨中芳. 中西方面子研究综述[J]. 心理科学，2005，28（2）: 398-401.
[349]王轶楠， 杨中芳. 小我争（护）面子与大我争面子导向之关系的探讨[J]. 西南大学学报（社会科学版），2007，33（6）: 20-27.
[350]王永丽， 卢海陵， 杨娜，等. 基于资源分配观和补偿理论的组织公平感研究[J]. 管理学报，2018，15（6）: 837-846.
[351]王永丽， 时勘.上级反馈对员工行为的影响[J]. 心理学报，2003，35（2）: 255-260.
[352]王永丽， 时勘. 文化价值取向与自我调节点对反馈效果的调节作用[J]. 心理学报，2004，36（6）: 738-743.
[353]王永友，潘昱州. 文化自信视域下传统文化重构的“三重”困境[J]. 南京社会科学，2017（7）: 142-149，156.
[354]王煜， 李梦菊. 建设性还是破坏性? 羞愧的双路径模型[J]. 心理科学进展，2020，28（8）: 1325-1336.
[355]王震，许灏颖，宋萌. “说话算话”的领导让下属更效忠: 中国传统“报”文化视角下的领导言行一致与下属忠诚[J]. 管理评论，2018，30（4）: 106-119.
[356]魏收.魏书[M]. 北京: 中华书局，2018.
[357]魏昕，张志学. 上级何时采纳促进性或抑制性进言？——上级地位和下属专业度的影响[J]. 管理世界，2014（1）: 132-143，175.
[358]魏勇. 义生，然后礼作——《礼记》“义”思想探析[J]. 西南民族大学学报（人文社科版），2008（2）: 224-229.
[359]韦昭. 国语[M]. 上海: 上海古籍出版社，2015.
[360]韦政通. 报的概念古今谈[M]//张老师月刊编辑部， 中国人的世间游戏——人情与世故. 台北: 张老师出版社，1993: 5-13.
[361]文崇一. 报的叠替流变[C]//张老师月刊编辑部，中国人的世间游戏——人情与世故. 台北: 张老师出版社，1993: 14-19.
[362]文崇一. 报恩与复仇: 交换行为的分析[C]//杨国枢，中国人的心理. 南京: 江苏教育出版社，2006: 270-301.

[363]文军. 从生存理性到社会理性选择：当代中国农民外出就业动因的社会学分析[J]. 社会学研究，2001（6）：19-30.
[364]吴承学. 凡解释一体即是作一部文化史——专栏导语[J]. 中山大学学报（社会科学版），2022，62（3）：31-32.
[365]吴道友，朱迪，段锦云. 仁慈领导对员工沉默的影响:组织内自尊和面子的作用[J]. 应用心理学，2014，20（4）：306-315.
[366]吴晶，金志峰，葛亮. 为什么教师职业对于女性更具吸引力——基于社会比较理论的视角[J]. 教育发展研究，2020（2）：59-68.
[367]吴隆增，刘军，刘刚. 辱虐管理与员工表现：传统性与信任的作用[J]. 心理学报，2009，41（6）：510-518.
[368]吴明隆. 问卷统计分析实务——SPSS操作与应用[M]. 重庆：重庆大学出版社，2010.
[369]吴娜，宁昌会，龚潇潇. 直播营销中沟通风格相似性对购买意愿的作用机制研究[J]. 外国经济与管理，2020，42（8）：81-95.
[370]吴晓刚. 中国当代的高等教育、精英形成与社会分层 来自“首都大学生成长追踪调查”的初步发现[J]. 社会，2016，36（3）：1-31.
[371]吴云龙，张玉柱. 外群体一定贬损吗：来自蒙古族和汉族群体的证据[J]. 心理科学，2021，44（3）：698-704.
[372]吴增强. 自我效能：一种积极的自我信念[J]. 心理科学，2001，24（4）：499，483.
[373]席猛，刘玥玥，徐云飞，等. 基于社会交换理论的多重雇佣关系模式下员工敬业度研究[J]. 管理学报，2018，15（8）：1144-1152.
[374]夏勉，江光荣. 归因、自我效能和社会容认度对心理求助行为的影响[J]. 心理学报，2007，39（5）：892-900.
[375]现代汉语词典（2002年增补本）[M]. 北京：商务印书馆，2002.
[376]向康文. “恩” 的伦理分析[J]. 道德与文明，2009（3）：57-60.
[377]萧放. “人情”与中国日常礼俗文化[J]. 北京师范大学学报（社会科学版），2016（4）：43-48.
[378]谢立中. 再议社会研究领域量化研究和质化研究的关系[J]. 河北学刊，2019，39（2）：160-170.
[379]解晓娜，李小平. 主观社会阶层对亲社会行为的影响[J]. 心理与行为研究，2018，16（4）：563-569.
[380]徐富明，黄龙，沈友田，张凤华，向玲. 参照依赖和损失规避对个体收入分配公平判断的影响[J]. 心理学探新，2020，40（1）：79-83，95.
[381]许建良. “礼义之邦”与“礼仪之邦”的是正[J]. 东南大学学报（哲学社会科学版），2020，22（3）：24-34，152.

[382]徐建平，张雪岩，胡潼. 量化和质性研究的超越：混合方法研究类型及应用[J]. 苏州大学学报（教育科学版），2019，7（1）：50–59.
[383]徐江，任孝鹏，苏红. 个体主义/集体主义的影响因素：生态视角[J]. 心理科学进展，2016，24（8）：1309–1318.
[384]许烺光. 性欲、情感与报[M]//许烺光，彻底个人主义的省思. 台北：南天书局有限公司，2002：322–367.
[385]许烺光. 跨文化的自我透视[J]. 中国社会心理学评论（第一辑），2005（1）：1–20.
[386]徐瑞，李秋芳，郭菲菲，等. 专业心理求助污名在本科护生心理健康素养与专业心理求助态度之间的中介作用[J]. 解放军护理杂志，2021，38（1）：25–28.
[387]徐希铮，张景焕，刘桂荣，等. 奖励对创造力的影响及其机制[J]. 心理科学进展，2012，20（9）：1419–1425.
[388]徐昕. 论私力救济[M]. 桂林：广西师范大学出版社，2015.
[389]徐鑫锫，莫玲菲，刘明，等. 高一学生成就目标特征模式及学业适应：基于潜在剖面分析[J]. 心理发展与教育，2022，38（1）：81–89.
[390]宣长春，李年林. 广告代言人负面新闻对消费者产品态度的影响：基于文化差异和个体差异的实验法研究[J]. 国际新闻界，2021，43（11）：143–159.
[391]薛雨康，沐小琳，王芳，等. 不同类型奖励对本科生社会创造性过程的影响[J]. 中国特殊教育，2017（9）：69–75.
[392]严进，付琛，郑玫. 组织中上下级值得信任的行为研究[J]. 管理评论，2011，23（2）：99–106.
[393]晏青，付森会. 虚拟社区的相似性效应:关系感知与影响机制[J]. 湖南师范大学社会科学学报，2021，50（3）：74–84.
[394]闫伟宸，高思悦. 高管团队的社会关系与企业创新——基于“本家关系”的视角[J]. 会计研究，2022（2）：70–85.
[395]阎云翔. 差序格局与中国文化的等级观[J]. 社会学研究，2006（4）：201–213，245–246.
[396]杨邦荣. 人际关系和谐的社会文化机理及其实现[J]. 安徽大学学报（哲学社会科学版），2008，32（2）：149–152.
[397]杨宝琰，陈莎莎，苏少青，等. 外强中瘠、虚饰以财？自我威胁情境下异质性高自尊与物质主义的关系[J]. 心理学报，2021，53（6）：667–680.
[398]杨国枢. 中国人的心理与行为：本土化研究[M]. 北京：人民大学出版社，2004.
[399]杨国枢，余安邦，叶明华. 中国人的个人传统性与现代性：概念与测量[M]//杨国

枢，黄光国，中国人的心理与行为. 台北: 桂冠图书公司，1991：241–306.
[400]杨洁，孙耘璞，黄勇. 面子视角下辱虐管理对员工差错学习的影响[J]. 贵州财经大学学报，2022（2）60–68.
[401]杨庆，毕重增，李林，等. 自我不确定感: 内涵、结构和理论[J]. 心理科学进展，2017，25（6）：1012–1024.
[402]杨秋红. 中国员工面子观念对建言行为的影响研究——以鼓励谏言氛围为调节变量[D]. 广西：广西大学，2016.
[403]杨善华，侯红蕊. 血缘、姻缘、亲情与利益——现阶段中国农村社会中“差序格局”的“理性化”趋势[J]. 宁夏社会科学，1999（6）：51–58.
[404]杨天才，张善文. 周易[M]. 北京: 中华书局，2011.
[405]杨薇，方晓义，史杰，等. 成人专业心理求助意向及与心理症状、自我效能感的关系[J]. 中国心理卫生杂志，2017，31（7）：543–547.
[406]杨薇，方晓义，王焕林. 自我效能调节心理求助意向在成人心理症状与心理求助行为间的中介作用[J]. 中华行为医学与脑科学杂志，2017，26（3）：276–279.
[407]杨义. 鲁迅与中国文化的现代启示[J]. 文学评论，2006（5）：5–25.
[408]杨莹，寇彧. 亲社会互动中的幸福感: 自主性的作用[J]. 心理科学进展，2015，23（7）：1226–1235.
[409]杨勇，阙利雪，王惠丽，等. 敬畏与竞争性自恋的关系: 社会比较的中介作用与自然美感的调节作用[J]. 心理研究，2022，15（3）：282–288.
[410]杨中芳. 人际关系与人际情感的概念化[J]. 本土心理学研究，1999（12）：105–179.
[411]姚琳，刘福会，李伟强，等. 能力社会比较与归因反馈对不诚实行为的影响[J]. 心理发展与教育，2022，38（6）：778–785.
[412]姚圣娟，邓亚男，郑俊虎. 中国背景下企业员工沉默行为的文化根源[J]. 华东经济管理，2009，23（6）：135–138.
[413]姚莺歌，翟奎凤.《大学》“絜矩之道”思想的历史诠释与现代价值——以朱子为中心的讨论[J]. 东岳论丛，2020，41（9）：136–145.
[414]叶笛，林东清. 信息系统开发团队知识整合的影响因素分析——基于相似吸引理论与社会融合的研究视角[J]. 科学学研究，2013，31（5）：711–720，673.
[415]叶广宇，乔金晶，黄玲玲.“关系”类型与企业政府事务战略[J]. 经济体制改革，2009（4）：74–77.
[416]叶浩生. 量化研究与质化研究: 对立及其超越[J]. 自然辩证法研究，2008，24（9）：7–11.

[417]叶茂林， 段水莲. 心理与文化关系刍议[J]. 心理学探新，2007，27（2）：28–31.
[418]易明，罗瑾琏，王圣慧，等. 时间压力会导致员工沉默吗——基于SEM与fsQCA的研究[J]. 南开管理评论，2018，21（1）：203–215.
[419]易伟，梅淑婷，郑亚. 努力: 成本还是奖赏？[J]. 心理科学进展，2019，27（8）：1439–1450.
[420]尤袤. 全唐诗话[M]. 北京: 中华书局，1985.
[421]于桂兰，付博. 上下级关系对组织政治知觉与员工离职倾向影响的被中介的调节效应分析[J]. 管理学报，2015，12（6）：830–838.
[422]俞国良. 心理健康的新诠释: 幸福感视角[J]. 北京师范大学学报（社会科学版），2022（1）：72–81.
[423]于淼， 许燕， 张和云，等. 成就动机与控制动机在中学生心理需要对成就目标影响中的中介作用[J]. 中国特殊教育，2015（10）：81–86.
[424]宇文利. “两个结合”的思想意蕴[J]. 甘肃社会科学，2023（2）：1–9.
[425]乐国安.社会心理学理论[M]. 兰州: 兰州大学出版社，1997.
[426]岳永逸. 中国都市民俗学的学科传统与日常转向——以北京生育礼俗变迁为例[J]. 云南师范大学学报（哲学社会科学版），2018，50（1）：76–87.
[427]翟学伟. 面子. 关系. 人情网[M]. 郑州: 河南人民出版社，1996.
[428]翟学伟. 人情、面子与权力的再生产——情理社会中的社会交换方式[J]. 社会学研究，2004（5）：48–57.
[429]翟学伟. 人情、面子与权力的再生产[M]. 北京: 北京大学出版社，2005.
[430]翟学伟. 报的运作方位[J]. 社会学研究，2007（1）：83–98，244.
[431]翟学伟. 再论“差序格局”的贡献、局限与理论遗产[J]. 中国社会科学，2009（3）：152–158.
[432]翟学伟. 中国人的关系原理——时空秩序、生活欲念及其流变[M]. 北京: 北京大学出版社，2011.
[433]翟学伟. 脸面运作与权力中心意识——官本位社会的心理机制研究[J]. 人民论坛 · 学术前沿，2012（13）：16–22.
[434]翟学伟. 人情与制度: 平衡还是制衡？——兼论个案研究的代表性问题[J]. 开放时代，2014（4）：170–182，9.
[435]翟学伟. 耻感与面子: 差之毫厘， 失之千里[J]. 社会学研究，2016，31（1）：1–25，242.
[436]翟学伟. 伦: 中国人之思想与社会的共同基础[J]. 社会，2016，36（5）：1–35.
[437]翟学伟. “语言游戏”与作为方法的中国训诂传统——兼论建构面子理论的方

法[J]. 开放时代，2021（2）：30–42， 5–6.
[438]翟学伟. 中国人的人情与面子: 框架、概念与关联[J]. 浙江学刊，2021（5）：53–64.
[439]占友龙，肖啸，谭千保，等. 声誉关注与社会距离对伤害困境中道德决策的影响: 来自行为与ERPs的证据[J]. 心理学报，2022，54（6）：613–627.
[440]张爱卿，李文霞，钱振波. 从个体印象管理到组织印象管理[J]. 心理科学进展，2008，16（4）：631–636.
[441]张翠娟，白凯. 面子需要对旅游者不当行为的影响研究[J]. 旅游学刊，2015，30（12）：55–65.
[442]章代国. 一把手如何与难以相处的班子成员和谐相处[J]. 领导科学，2014（31）：24–25.
[443]张鼎昆，方俐洛，凌文辁. 自我效能感的理论及研究现状[J]. 心理学动态，1999，7（1）：39–43，11.
[444]张峰，殷海博，苏贵生，等. 新型毒品成瘾者在不同情境下的决策特点[J]. 中国临床心理学杂志，2017，25（4）：626–629， 634.
[445]张贯一."匿名社会"中信息传播与企业信誉研究[J]. 生产力研究，2009（15）：140–141，193.
[446]章宏， 赵天娜. 社会资本视角下微信拉票的策略和动力探析[J]. 西南民族大学学报（人文社科版），2019，40（7）：138–144.
[447]张继焦. 费孝通的三个重要理论都过时了吗？——对人类学民族学研究范式转型的思考[J]. 云南民族大学学报（哲学社会科学版），2019，36（2）：41–46.
[448]张婧， 杜明飞. 模仿策略、感知相似性与品牌评价的关系研究[J]. 管理学报，2018，15（4）：557–568.
[449]张经纬，郝志红. 公众污名对大学生心理求助态度的影响: 自我怜悯和自我污名的链式中介作用[J]. 中国临床心理学杂志，2019，27（6）：1227–1231.
[450]张举文. 文化自愈机制及其中国实践[J]. 北京师范大学学报（社会科学版），2018（4）：50–60.
[451]张阔，何立媛，赵莹，等. 奖励和惩罚在注意控制过程中的优化和分离: 眼动研究[J]. 心理学报，2019，51（11）：1207–1218.
[452]张莉， 林与川， 张林. 工作不安全感与情绪耗竭: 情绪劳动的中介作用[J]. 管理科学，2013，26（3）：1–8.
[453]张丽然，高良谋. 中国式关系与网络权力生成的本土化研究[J]. 财经问题研究，2020（7）：102–111.

[454]张立文. 融突和合论——中国哲学元理[J]. 江汉论坛，2021（3）：5–23.
[455]张敏. 任务紧迫性下项目创新行为实验研究——基于情绪的调节作用[J]. 科学学研究，2012，30（10）：1593–1600.
[456]张敏. 时间压力下项目创新行为实验研究——基于面子的调节作用[J]. 科学学研究，2013，31（3）：456–462.
[457]张敏. 任务紧迫情境下情绪感染、组织结构与团队情绪的关系研究[J]. 财贸研究，2014（2）：129–138.
[458]张敏，刘雪瑞，张艳. 在线健康社区用户诊疗信息求助行为形成机理的概念模型——基于扎根理论的探索性研究[J]. 情报科学，2019，37（4）：22–28.
[459]张敏，任中峰. 传播学沿着哪条道路奔跑——量化和质化之争的历史回顾与理论启示[J]. 当代传播，2011（5）：4–7.
[460]张敏，夏俊，江娜. 虚拟学习社区在线求助行为的影响因素研究[J]. 电化教育研究，2014，35（10）：82–87.
[461]张敏，张一力. 任务紧迫时个体情感网络嵌入与团队情绪能力的关联机制研究——基于家长式领导的调节作用[J]. 财经论丛，2015（5）：74–82.
[462]张妙清，范为桥，张树辉，等. 跨文化（中国人）个性测量表青少年版（CPAI -A）的香港标准化研究——兼顾文化共通性与特殊性的人格测量[J]. 心理学报，2008，40（7）：839–852.
[463]章鹏，张琪涵，李士一，等. 预期惩罚调节认知控制权衡: 来自行为和fNIRS的证据[J]. 心理科学，2020，43（3）：534–541.
[464]张琪，邓铸. 亲疏有别: 社会距离对内隐合作态度的影响[J]. 心理技术与应用，2020，8（9）：521–526.
[465]张守臣，于清华，井婷. 初中生成就目标定向和自我效能与学业求助关系研究[J]. 心理科学，2009，32（3）：540–543，610.
[466]张双棣. 古汉语小字典[M]. 北京: 北京大学出版社，2007.
[467]张文慧，王辉. 中国企业战略型领导的三元模式[J]. 管理世界，2013（7）：94–112.
[468]张文祥，李丹林. 网络实名制与匿名表达权[J]. 当代传播，2013（4）：75–78.
[469]张骁，林颖，朱岘. 基于相似吸引理论的逢迎同事策略对职场排斥的作用机制研究[J]. 管理学报，2018，15（9）：1319–1326.
[470]张晓洁，王海珍. 中国文化背景下管理中的“关系”研究综述[J]. 管理学报，2014，11（7）：1087–1094.
[471]张学智. 贺麟选集[M]. 长春: 吉林人民出版社，2005.

[472]张亚利，李森，俞国良. 自尊与社交焦虑的关系: 基于中国学生群体的元分析[J]. 心理科学进展，2019，27（6）：1005–1018.
[473]张莹莹，张东军，王丽娜，等. 大学生心理求助态度与生活事件和应对方式的关系[J]. 新乡医学院学报，2017，34（12）：1076–1079，1084.
[474]张振刚，李云健，宋一晓. 上级发展性反馈对员工变革行为的影响研究——上级与下属双向沟通视角[J]. 科学学与科学技术管理，2016，37（12）：136–148.
[475]张正林，庄贵军. 基于社会影响和面子视角的冲动购买研究[J]. 管理科学，2008，21（6）：66–72.
[476]张志学. 人情在中国人社会互动中的表现: 一项关键事件的研究[M]//杨中芳，中国人的人际关系、情感与信任——一个人际交往的观点. 香港: 远流出版公司，2001：247–267.
[477]张志学. 组织心理学研究的情境化及多层次理论[J]. 心理学报，2010，42（1）：10–21.
[478]张志学，韩玉兰. 回报谨慎对谈判过程和谈判结果的影响[J]. 心理学报，2004，36（3）：370–377.
[479]赵斌，杨雯帆. 基于印象管理动机视角的工作压力对员工创新行为影响研究[J]. 管理工程学报，2020，34（4）：1–10.
[480]赵芬芬，杜兰英，侯俊东. 组织募捐方式对员工捐赠数额的影响研究——面子倾向和权力距离的调节作用[J]. 管理评论，2018，30（3）：114–127.
[481]赵福菓，何壮，袁淑莉，等. 校园霸凌行为问卷的编制[J]. 心理学探新，2021，41（1）：64–68，90.
[482]赵华丽，徐凤娇，郭永玉，等. 亲社会行为的阶层差异: 施与受的双重视角[J]. 中国临床心理学杂志，2018，26（5）：841–846.
[483]赵慧娟. “共性” 还是 “特性”？——组织情境下的延迟满足研究述评[J]. 浙江工商大学学报，2014（6）：97–105.
[484]赵凯. 汉代匿名文书犯罪诸问题再探讨[J]. 河北学刊，2009，29（3）：83–88.
[485]赵琳，柴如瑾. 文化类综艺节目的创作意识与策划路径——以《国家宝藏》为例[J]. 电视研究，2019（3）：37–39.
[486]赵文学，吴柏祥. 文化差异与语义词项空缺[J]. 吉林大学社会科学学报，1998（3）：37–39.
[487]赵妍杰. 近代中国非孝论反思[J]. 社会科学研究，2018（1）：177–188.
[488]赵卓嘉. 团队内部人际冲突、面子对团队创造力的影响研究[D]. 浙江：浙江大学，2009.
[489]赵卓嘉. 面子理论研究述评[J]. 重庆大学学报（社会科学版），2012，18（5）：

128–137.
[490]赵卓嘉. 面子的激励作用的形成机制研究[J]. 社会心理科学，2013，28（11）：8–15，18.
[491]赵卓嘉. 面子作用于知识型员工任务冲突选择的内在机理——基于期望理论的实证研究[J]. 财经论丛，2013（4）：101–106.
[492]赵卓嘉. 面子对研发人员创新意愿的影响: 个体与集体面子的不同作用[J]. 财经论丛，2017（2）：95–103.
[493]赵卓嘉，宝贡敏. 面子需要对个体知识共享意愿的影响[J]. 软科学，2010，24（6）：89–93.
[494]赵卓嘉，宝贡敏. 知识团队内部任务冲突的处理: 感知面子威胁的中介作用研究[J]. 浙江大学学报（人文社会科学版），2011，41（1）：187–200.
[495]郑伯埙. 华人人际关系研究的困境与出路[J]. 本土心理学研究，1999（12）：203–214.
[496]郑彩花，张玉柱，侯友，等. 内蒙古地区大学生文化认同的结构与测量[J]. 内蒙古师范大学学报（自然科学汉文版），2018，47（2）：173–179.
[497]郑信军. 儿童学业求助中的元认知激发与动机干预后效[J]. 心理科学，2000，23（3）：359–360.
[498]郑信军. 动机与情境对不同自控水平儿童学业求助的影响[J]. 心理科学，2000，23（1）：80–83，127.
[499]郑言. 儒家德性价值与中医规范的形成[J]. 自然辩证法通讯，2018，40（6）：121–127.
[500]郑宇， 曾静. 社会变迁与生存理性: 一位苗族妇女的个人生活史[J]. 民族研究， 2015（3）：52–61，124.
[501]中共中央文献研究室. 习近平关于社会主义文化建设论述摘编[M]. 北京: 中央文献出版社，2017.
[502]周大鸣. 差序格局与中国人的关系研究[J]. 中央民族大学学报（哲学社会科学版），2022，49（1）：17–24.
[503]周飞舟. 行动伦理与“关系社会”——社会学中国化的路径[J]. 社会学研究，2018（1）：41–62，243.
[504]周明洁，张建新. 心理学研究方法中“质”与“量”的整合[J]. 心理科学进展，2008，16（1）： 163–168.
[505]周琼瑜. 变革型领导对员工求助行为的作用机制研究[D].广东： 暨南大学，2015.
[506]周舜怡，苏中兴. 基于补偿理论的外派员工职业生涯延迟满足对工作适应的影

响研究[J]. 管理学报，2021，18（10）：1483-1493.

[507]周天爽，潘玥杉，崔丽娟，等. 权力感与助人行为: 社会距离的中介和责任感的调节[J]. 心理科学，2020，43（5）：1250-1257.

[508]周小兰，马文. 动机视角下大学英语评估模式对执行性求助的影响[J]. 现代外语，2019，42（5）：648-659.

[509]朱海，宋香，周云，等. 职业压力对西部山区中小学教师主观幸福感的影响: 有调节的中介模型[J]. 心理与行为研究，2022，20（1）：115-121.

[510]朱汉民. 中庸之道的思想演变与思维特征[J]. 求索，2018（6）：169-176.

[511]朱杰人，严佐之，刘永翔. 朱子全书[M]. 上海: 上海古籍出版社，2010.

[512]朱瑞玲. 中国人的社会互动: 试论面子的运作[J]. 中国社会学刊，1987（11）：23-53.

[513]朱瑞玲. "面子"压力及其因应行为[J]. 中国社会心理学评论（第二辑），2006（1）：161-185.

[514]朱苏丽，龙立荣，贺伟，等. 超越工具性交换: 中国企业员工—组织类亲情交换关系的理论建构与实证研究[J]. 管理世界，2015（11）：119-134，160，187-188.

[515]褚晓伟，周宗奎，范翠英. 同伴拒绝与网络欺负的关系: 愤怒的中介作用和感知匿名性的调节作用[J]. 心理发展与教育，2020，36（5）：584-593.

[516]朱羿锟. 董事会结构性偏见的心理学机理及问责路径[J]. 法学研究，2010，32（3）：92-105.

[517]庄贵军，席酉民. 关系营销在中国的文化基础[J]. 管理世界，2003（10）：98-109，156.

[518]庄贵军，席酉民. 中国营销渠道中私人关系对渠道权力使用的影响[J]. 管理科学学报，2004，7（6）：52-62.

[519]邹文篪，田青，刘佳. "投桃报李"——互惠理论的组织行为学研究述评[J]. 心理科学进展，2012，20（11）：1879-1888.

[520]佐斌，高倩. 熟悉性和相似性对人际吸引的影响[J]. 中国临床心理学杂志，2008，16（6）：633-636.

[521]左文明，莫小华，陈华琼. 国内消费模式研究综述与展望[J]. 经济管理，2015，37（2）：189-199.

[522]Abdollahi A，Abu Talib M. Self-Esteem，Body-Esteem，Emotional Intelligence，And Social Anxiety in A College Sample: The Moderating Role of Weight[J]. Psychology，Health and Medicine，2016，21（2）：221-225.

[523]Adler A. What Life Should Mean to You[M]. Connecticut: Martino Fine Books，2010.

[524]Aguinis H，Gottfredson R K. Best-practice Recommendations for Estimating Interaction Effects Using Moderated Multiple Regression[J]. Journal of Organizational Behavior，2010，31（6）：776-786.
[525]Al-Krenawi A F，Graham J R，Al-Bedah E，et al. Cross-national comparison of Middle Eastern university students: Help-seeking behaviors， attitudes toward helping professionals， and cultural beliefs about mental health problems[J]. Community Mental Health Journal，2009，45（1）：26-36.
[526]Alvarez K，Van Leeuwen E. To teach or to tell? Consequences of receiving help from experts and peers[J]. European Journal of Social Psychology，2011，41（3）：397-402.
[527]Amabile T M. Creativity in context: Update to "the social psychology of creativity" [M]. Boulder: West View Press，1996.
[528]Amabile T M，Hennessey B A，Grossman B S. Social influences on creativity: The effects of contracted and extrinsic motivational orientations[J]. Journal of Personality and Social Psychology，1986（66）：950-967.
[529]Ames R，Lau， S. An attributional analysis of student help-seeking in academic settings[J]. Journal of Educational Psychology，1982，74（3）：414-423.
[530]Anawati D，Craig A. Behavioral adaptation within cross-cultural virtual teams[J]. IEEE Transactions on Professional Communication，2006，49（1）：44-56.
[531]Anderson B A，Laurent P A，Yantis S. Learned value magnifies salience-based attentional capture[J]. PLoS ONE，2011，6（11）：e27926.
[532]Anderson S E，Williams L J. Interpersonal， job， and Individual factors related to helping processes at work[J]. Journal of Applied Psychology，1996，81（3）：282-296.
[533]Arain G A，Bukhari S，Khan A K，et al. The impact of abusive supervision on employees' feedback avoidance and subsequent help-seeking behaviour: A moderated mediation model[J]. Journal of Management and Organization，2020，26（5）：850-865.
[534]Ardichvili A，Cardozo R，Ray S. A theory of entrepreneurial opportunity identification and development[J]. Journal of Business Venturing，2003，18（1）：105-123.
[535]Aron A，Aron E N，Smollan D. Inclusion of other in the self scale and the structure of interpersonal closeness[J]. Journal of Personality and Social Psychology，1992，63（4）：596-612.
[536]Arundale R B. An alternative model and ideology of communication for an alternative to politeness theory[J]. Pragmatics，1999，9（1）：119-153.
[537]Arundale R B. Face as relational and interactional: A communication framework for research on face，facework，and politeness[J]. Journal of Politeness Research，2006，2（2）：193-216.
[538]Arundale R B. Constituting face in conversation: face，facework，and interactional achievement[J]. Journal of Pragmatics，2010，42（8）：2078-2105.
[539]Arundale R B. Face as a research focus in interpersonal pragmatics: Relational and

emic perspectives[J]. Journal of Pragmatics，2013（58）：108–120.
[540]Ashford S J，Cummings L L. Feedback as an individual resource: Personal strategies of creating information[J]. Organizational Behavior and Human Performance，1983，32（3）：370–398.
[541]Ashford S J，Tsui A S. Self–Regulation for managerial effectiveness: The role of active feedback seeking[J]. The Academy of Management Journal，1991，34（2）：251–280.
[542]Aspinwall L G，Taylor S E. Modeling cognitive adaptation: A longitudinal investigation of the impact of individual differences and coping on college adjustment and performance[J]. Journal of Personality and Social Psychology，1992，63（6）：989–1003.
[543]Asser E S. Social class and help–seeking behavior[J]. American Journal of Community Psychology，1978，6（5）：465–475.
[544]Austin J T，Vancouver J B. Goal constructs in psychology: Structure，process，and content[J]. Psychological bulletin，1996，120（3）：338–375.
[545]Bacharach S B，Bamberger P A，Sonnenstuhl W J. Member assistance programs[M]. Ithaca: Cornell University Press，1994.
[546]Bäckman L，Dixon R A. Psychological compensation: A theoretical framework[J]. Psychological Bulletin，1992，112（2）：259–283.
[547]Baethge，A，Deci N，Dettmers J，et al. "Some days won't end ever"：Working faster and longer as a boundary condition for challenge versus hindrance effects of time pressure[J]. Journal of Occupational Health Psychology，2019，24（3）：322–332.
[548]Bălău，N，Utz S. Information sharing as strategic behaviour: The role of information display，social motivation and time pressure[J]. Behaviour and Information Technology，2017，36（6）：589–605.
[549]Baltes B R，Dickson M W，Sherman M P，et al. Computer–mediated communication and group decision making: A meta–analysis[J]. Organizational Behavior and Human Decision Processes，2002，87（1）：156–179.
[550]Bamberger P. Employee help–seeking: Antecedents，consequences and new insights for future research[J]. Research in Personnel and Human Resources Management，2009（28）：49–98.
[551]Bamberger P A，Levi R. Team–based reward allocation structures and the helping behaviors of outcome–interdependent team members[J]. Journal of Managerial Psychology，2009，24（4）：300–327.
[552]Bao Y，Zhou K Z，Su C. Face consciousness and risk aversion: Do they affect consumer decision–making[J]. Psychology and Marketing，2003，20（8）：733–755.
[553]Bateman T S，Crant J M. The proactive component of organizational behavior: A measure and correlates[J]. Journal of Organizational Behavior，1993，14（2）：103–118.
[554]Baumeister R F，Heatherton T F，Tice D M. Losing control: How and why people fail at self–regulation[M]. San Diego: Academic Press，1994.

[555]Bembenutty H，Karabenick S A. Academic delay of gratification[J]. Learning and Individual Differences，1993，10（4）：329–346.
[556]Berkovich I，Eyal O. Help me if you can: Psychological distance and help - seeking intentions in employee–supervisor relations[J]. Stress and Health，2018，34（3）：425–434.
[557]Blanton H. Evaluating the self in the context of another: The three–selves model of social comparison assimilation and contrast. In G. Moskowitz（Ed.），Cognitive social psychology: The Princeton Symposium and the legacy and future of social cognition[M]. Mahwah: Erlbaum，2001：75–88.
[558]Blau P M. Exchange and power in social life[M]. New York: John Wiley and Sons，1964.
[559]Blumberg M，Pringle C D. The missing opportunity in organizational research: Some implications for a theory of work performance[J]. Academy of Management Review，1982，7（4）：560–569.
[560]Bock G W，Zmud R，Kim Y G，Lee J N. Behavioral intention formation in knowledge sharing: Examining the roles of extrinsic motivators，social–psychological forces，and organizational climate[J]. Mis Quarterly.2005，29（1）：87–111.
[561]Bohns V K.（Mis）Understanding our influence over others: A review of the underestimation–of–compliance effect[J]. Current Directions in Psychological Science，2016，25（2）：119–123.
[562]Bohns V K，Flynn F J. "Why didn't you just ask?" Underestimating the discomfort of help–seeking[J]. Journal of Experimental Social Psychology，2010，46（2）：402–409.
[563]Bozeman D P，Kacmar K A. Cybernetic model of impression management process in organization[J]. Organization behavior and Human decision process，1997，69（1）：9–30.
[564]Brew F P，Cairns D R. Styles of managing interpersonal workplace conflict in relation to status and face concern: A study with Anglos and Chinese[J]. International Journal of Conflict Management，2004，15（1）：27–56.
[565]Brown B R. The effects of need to maintain face on interpersonal bargaining[J]. Journal of Experimental Social Psychology，1968，4（1）：107–122.
[566]Brown B R. Face–saving following experimentally–induced embarrassment[J]. Journal of Experimental Social Psychology，1970，6（3）：255–271.
[567]Brown P，Levinson S C. Politeness: Some universals in language usage[M]. Cambridge: Cambridge University Press，1987.
[568]Butler R. Determinants of help seeking: Relations between perceived reasons for classroom help–avoidance and help–seeking behaviors in an experimental context[J]. Journal of Educational Psychology，1998，90（4）：630–643.
[569]Byrne D. The attraction paradigm[M]. New York: Academic Press，1971.
[570]Camacho L M，Paulus P B. The role of social anxiousness in group brainstorming[J]. Journal of Personality and Social Psychology，1995，68（6）：1071–1080.
[571]Camara E，Manohar S，Husain M. Past rewards capture spatial attention and action

choices[J]. Experimental Brain Research, 2013, 230 (3) : 291–300.
[572]Campbell W K, Sedikides C. Self–threat magnifies the self–serving bias: A meta–analytic integration[J]. Review of General Psychology, 1999, 3 (1) : 23–43.
[573]Cialdini R B. The science of persuasion[J]. Scientific American Mind, 2004, 14 (1) : 70–77.
[574]Chelazzi L, Perlato A, Santandrea E, et al. Rewards teach visual selective attention[J]. Vision Research, 2013 (85) : 58–72.
[575]Chen G M, Starcosta W J. Chinese conflict management and resolution: Overview and implications[J]. Intercultural Communication Studies, 1997 (7) : 1–16.
[576]Chen Y R, Chen X P, Portnoy R. To whom do positive norm and negative norm of reciprocity apply? Effects of inequitable offer, relationship, and relational–self orientation[J]. Journal of Experimental Social Psychology, 2009, 45 (1) : 24–34.
[577]Cheng C Y. The concept of face and its Confucian roots[J]. Journal of Chinese Philosophy, 1986, 13 (3) : 329–348.
[578]Cheung F M. Use of Western and indigenously developed personality tests in Asia[J]. Applied Psychology: An International Review, 2004, 53 (2) : 173–191.
[579]Cheung F M, Leung K, Zhang J X, Sun, et al. Indigenous Chinese personality constructs: Is the five factor model complete?[J]. Journal of Cross–Cultural Psychology, 2001, 32 (4) : 407–433.
[580]Choi T R, Choi J H, Sung Y. I hope to protect myself from the threat: The impact of self–threat on prevention–versus promotion–focused hope[J]. Journal of Business Research, 2019 (99) : 481–489.
[581]Choi S C, Lee S J. Two–component model of Chemyon–oriented behaviors in Korea [J]. Journal of Cross–Cultural Psychology, 2002, 33 (3) : 332–345.
[582]Chong D S F, Eerde W V, Chai K H, et al. A double–edged sword: The effects of challenge and hindrance time pressure on new product development teams[J]. IEEE Transactions on Engineering Management, 2011, 58 (1) : 71–86.
[583]Chou M L. Protective and acquisitive face orientation: A person by situation approach to face dynamic in social interaction[D]. Doctorial Dissertation, University of Hong Kong, 1996.
[584]Chou H T G, Edge N. "They are happier and having better lives than I am" : The impact of using facebook on perceptions of others' lives[J]. Cyberpsychology, Behavior, and Social Networking, 2012, 15 (2) : 117–121.
[585]Chow C W, Deng F J, Ho J L.The openness of knowledge sharing within organizations: A comparative study of the united states and the People' s Republic of China[J]. Journal of Management Accounting Research, 2000, 12 (1) : 65–95.
[586]Chua R Y J, Morris, M W, Ingram P. Guanxi vs networking: Distinctive configurations of affect– and cognition–based trust in the networks of Chinese vs American managers[J]. Journal of International Business Studies, 2009, 40 (3) : 490–508.
[587]Cleavenger D, Gardner W L, Mhatre K. Help–seeking: Testing the effects of task interdependence and normativeness on employees' propensity to seek help[J].

Journal of business and psychology, 2007, 21（3）: 331–359.
[588]Cleavenger D J, Munyon T P. Overcoming the help–seeker's dilemma: How computer–mediated systems encourage employee help–seeking initiation[J]. Organization Studies, 2015, 36（2）: 221–240.
[589]Cocroft B K, Ting–Toomey S. Facework in Japan and the United States[J]. International Journal of Intercultural Relations, 1994, 18（4）: 469–506.
[590]Collins R L. For better or worse: The impact of upward social comparison on self–evaluations[M]. Psychological Bulletin, 1996, 119（1）: 51–69.
[591]Cropanzano R, Mitchell M S. Social exchange theory: An interdisciplinary review[J]. Journal of Management, 2005, 31（6）: 874–900.
[592]Daft R L, Lengel R H. Organizational information requirements, media richness, and structural design[J]. Management Science, 1986, 32（5）: 554–571.
[593]Decety J, Lamm C. Human empathy through the lens of social neuroscience[J]. The Scientific World Journal, 2006（6）: 1146–1163.
[594]Decety J, Sommerville J A. Shared representations between self and other: A social cognitive neuroscience view[J]. Trends in Cognitive Sciences, 2003, 7（12）: 527–533.
[595]Declerck C H, Boone C, Emonds G. When do people cooperate? The neuroeconomics of prosocial decision making[J]. Brain and Cognition, 2013, 81（1）: 95–117.
[596]De Dreu C K W, Nijstad B A, Van Knippenberg D. Motivated information processing in group judgment and decision making[J]. Personality and Social Psychology Review, 2007, 12（1）: 22–49.
[597]De Dreu C K W, Weingart L R. Task versus relationship conflict, team performance, and team member satisfaction: A meta–analysis[J]. Journal of Applied Psychology, 2003, 88（4）: 741–749.
[598]De Pascalis V. Neurocognitive components of behavioral inhibition and behavioral activation systems: Relation of EEG–alpha asymmetry, BIS/BAS and optimism[J]. Personality and Individual Differences, 2014（60）: S4.
[599]Deri S, Stein D H, Bohns V K. With a little help from my friends （and strangers）: Closeness as a moderator of the underestimation–of–compliance effect[J]. Journal of Experimental Social Psychology, 2019（82）: 6–15.
[600]Detert J R, Burris E R. Leadership behavior and employee voice: Is the door really open?[J]. Academy of Management Journal, 2007, 50（4）: 869–884.
[601]Druian P R, Depaulo B M. Asking a child for help[J]. Social Behavior and Personality: An International Journal, 1997, 5（1）: 33–39.
[602]Dufner M, Gebauer J E, Sedikides C, et al Self–enhancement and psychological adjustment: A meta–analytic review[J]. Personality and Social Psychology Review, 2019, 23（1）: 48–72.
[603]Eisenberger R. Learned industriousness[J]. Psychological Review, 1992, 99（2）: 248–267.
[604]Elliot A J, Fryer J W. The goal construct in psychology. In J Y Shah, W L Gardner （Eds.）, Handbook of motivation science [M]. New York: Guilford Press, 2008: 235–250.
[605]Elliot A J, Thrash, T M. Approach and avoidance temperament as basic dimensions of personality[J]. Journal of Personality, 2010, 78（3）: 865–906.

[606]Ellis S, Tyre M J. Helping relations between technology users and developers: A vignette study[J]. IEEE Transactions on Engineering Management, 2001, 48（1）: 56–69.
[607]Emmons R A. The psychology of gratitude: An introduction. In R A Emmons, M E McCullough （Eds.）, The psychology of gratitude[M]. New York: Oxford University Press, 2004: 3–16.
[608]Emmons R A, Shelton C M. Gratitude and the science of positive psychology. In C R Snyder, S J Lopez （Eds.）, Handbook of positive psychology[M]. New York: Oxford University Press, 2002: 459–471.
[609]Erdogan B, Liden R C. Social exchanges in the workplace: A review of recent developments and future research directions in leader–member exchange theory. In L L Neider, C A Schriesheim （Eds.）, Leadership[M]. Greenwich: Information Age Press, 2002: 65–114.
[610]Falk A, Kosfeld M. The hidden costs of control[J]. The American Economic Review, 2006, 96（5）: 1611–1630.
[611]Fehr E, Falk A. Psychological foundations of incentives[J]. European Economic Review, 2002, 46（4–5）: 687–724.
[612]Fenigstein A, Scheier M F, Buss A H. Public and private self–consciousness: Assessment and theory[J]. Journal of Consulting and Clinical Psychology, 1975, 43（4）: 522–527.
[613]Flynn F J. Identity orientations and forms of social exchange in organizations[J]. Academy of Management Review, 2005, 30（4）: 737–750.
[614]Flynn F J, Brockner J. It's different to give than to receive: Predictors of givers' and receivers' reactions to favor exchange[J]. Journal of Applied Psychology, 2003, 88（6）: 1034–1045.
[615]Flynn F J, Lake V K. If you need help, just ask: Underestimating compliance with direct requests for help[J]. Journal of Personality and Social Psychology, 2008, 95（1）: 128–143.
[616]Flynn F J, Reagans R E, Amanatullah E T, et al. Helping one's way to the top: Self–monitors achieve status by helping others and knowing who helps whom[J]. Journal of Personality and Social Psychology, 2006, 91（6）: 1123–1137.
[617]Frey B S. Motivation as a limit to pricing[J]. Journal of Economic Psychology, 1993, 14（4）: 635–664.
[618]Friedman R S. Reinvestigating the effects of promised reward on creativity[J]. Creativity Research Journal, 2009, 21（2–3）: 258–264.
[619]Friedman A, Garmeli A, Dutton J E. When does respectful engagement with one's supervisor foster help–seeking behaviors and performance?[J] Journal of Vocational Behavior, 2018（104）: 184–198.
[620]Fu S, Yan Q, Feng G C. Who will attract you? Similarity effect among users on online purchase intention of movie tickets in the social shopping context[J]. International Journal of Information Management, 2018（40）: 88–102.
[621]Fujita K. On conceptualizing self–control as more than the effortful inhibition of impulses[J]. Personality and Social Psychology Review, 2011, 15（4）: 352–366.
[622]Furnham A. Predicting protestant work ethic beliefs[J]. European Journal of Personality, 1987, 1（2）: 93–106.

[623]Gattis K S, Berns S, Simpson L E, et al. Birds of a feather or strange birds? Ties among personality dimensions, similarity, and marital quality[J]. Journal of Family Psychology, 2004, 18（4）: 564–574.

[624]Geller D, Bamberger P A. The impact of help seeking on individual task performance: The moderating effect of help seekers' logics of action[J]. Journal of Applied Psychology, 2012, 97（2）: 487–497.

[625]Gillespie S M, Mitchell I J, Johnson I, et al. Exaggerated intergroup bias in economical decision making games: Differential effects of primary and secondary psychopathic traits[J]. Plos One, 2013, 8（8）: e69565.

[626]Goffman E. On face–work: An analysis of ritual elements in social interaction[J]. Psychiatry: Journal for the Study of Interpersonal Processes, 1955, 18（3）: 213–231.

[627]Goffman E. Self–presentation in everyday life[M]. London: Penguin, 1959.

[628]Goffman E. Interaction ritual: Essays on face–to–face behavior[M]. London: Penguin, 1967.

[629]Gouldner A W. The norm of reciprocity: A preliminary statement[J]. American Sociological Review, 1960, 25（2）: 161–178.

[630]Grant H. Reinforcements: How to get people to help you[M]. Boston: Harvard Business Review Press, 2018.

[631]Grant A M, Gino F. A little thanks goes a long way: Explaining why gratitude expressions motivate prosocial behavior[J]. Journal of Personality and Social Psychology, 2010, 98（6）: 946–955.

[632]Gray J A. The psychology of fear and stress[M]. New York: Cambridge University Press, 1987.

[633]Greenberg M S, Westcott D R. Indebtedness as a mediator of reactions to aid. In J D Fisher, A Nadler, B M DePaulo（Eds.）, New directions in helping[M]. New York: Academic Press, 1983: 85–112.

[634]Greenfield P M. Linking social change and developmental change: Shifting pathways of human development[J]. Developmental Psychology, 2009, 45（2）: 401–418.

[635]Grossmann I, Na J. Research in culture and psychology: Past lessons and future challenges[J]. Wiley Interdisciplinary Reviews: Cognitive Science, 2014, 5（1）: 1–14.

[636]Guthrie D. The declining significance of Guanxi in China's economic transition[J]. The China Quarterly, 1998（154）: 254–282.

[637]Haferkamp N, Krämer, N C. Social comparison 2.0: Examining the effects of online profiles on social–networking sites[J]. Cyberpsychology, Behavior, and Social Networking, 2011, 14（5）: 309–314.

[638]Han D H, Duhachek A, Rucker D D. Distinct threats, common remedies: How consumers cope with psychological threat[J]. Journal of Consumer Psychology, 2015, 25（4）: 531–545.

[639]Hang–yue N, Foley S, Loi R. The effects of cultural types on perceptions of justice and gender inequity in the workplace[J]. The International Journal of Human Resource Management, 2006, 17（6）: 983–998.

[640]Harré R. Staking our claim for qualitative psychology as science[J]. Qualitative Research in Psychology, 2004, 1（1）: 3–14.

[641]Harter S. The construction of the self: A developmental perspective[M]. New York: Guilford Press, 1999.
[642]Heaney C A, Price R H, Rafferty J. Increasing coping resources at work: A field experiment to increase social support, improve work team functioning, and enhance employee mental health[J]. Journal of Organizational Behavior, 1995, 16 (4): 335-352.
[643]Heath P J, Vogel D L, Al-Darmaki F R. Help-seeking attitudes of united arab emirates students examining loss of face, stigma, and self-disclosure[J]. The Counseling Psychologist, 2016, 44 (3): 331-352.
[644]Hecht M L, Warren J, Jung E, et al. The communication theory of identity: Development, theoretical perspective, and future directions. In: W Gudykunst (Ed.), Theorizing about Intercultural Communication[M]. Thousand Oaks: Sage, 2005: 257-278.
[645]Heine S J. An exploration of cultural variation in self-enhancing and self-improving motivations. In V Murphy-Berman, J J Berman (Eds.), Cross-cultural differences in perspectives on the self [M]. Loncoln: University of Nebraska Press, 2003: 118-145.
[646]Heine S J, Lehman D R, Markus H R, et al. Is there a universal need for positive self-regard?[J] Psychological Review, 1999, 106 (4): 766-794.
[647]Hennessey B A. The social psychology of creativity[J]. Scandinavian Journal of Educational Research, 2003 (47): 253-271.
[648]Henry P J. Low-status compensation: A theory for understanding the role of status in cultures of honor[J]. Journal of Personality and Social Psychology, 2009, 97 (3): 451-466.
[649]Hesketh B, Watson-Brown C, Whiteley S. Time-related discounting of value and decision-making about job options[J]. Journal of Vocational Behavior, 1998, 52 (1): 89-105.
[650]Heym N, Kantini E, Checkley H L R, et al. Gray's revised reinforcement sensitivity theory in relation to attention-deficit/hyperactivity and tourette-like behaviors in the general population[J]. Personality and Individual Differences, 2015 (78): 24-28.
[651]Higgins E T. Self-discrepancy: A theory relating self and affect[J]. Psychological Review, 1987, 94 (3): 319-340.
[652]Higgins E T. Beyond pleasure and pain[J]. American Psychologist, 1997, 52 (12): 1280-1300.
[653]Ho D Y F. On the concept of face[J]. The American Journal of Sociology, 1976, 81 (4): 867-884.
[654]Ho D Y F. Relational orientation and methodological individualism[J]. Bulletin of the Hong Kong Psychological Society, 1991, 26-27, 81-85.
[655]Ho D Y F. Face dynamics: From conceptualization to measurement. In S. Ting-Toomey (Ed.), The Challenge of Face work: Cross-Cultural and Interpersonal Issues [M]. New York: State University of New York Press, 1994: 269-286.
[656]Hobfoll S E. Conservation of resources: A new attempt at conceptualizing stress[J]. American Psychologist, 1989, 44 (3): 513-524.
[657]Hobfoll S E. The influence of culture, community, and the nested-self in the

stress process: Advancing conservation of resources theory[J]. Applied Psychology, 2001, 50（3）: 337–421.

[658]Hobfoll S E, Freedy J, Lane C, et al. Conservation of social resources: Social support resource theory[J]. Journal of Social and Personal Relationships, 1990, 7（4）: 465–478.

[659]Hobfoll S E, Johnson R J, Ennis N, et al. Resource loss, resource gain, and emotional outcomes among inner city women[J]. Journal of Personality and Social Psychology, 2003, 84（3）: 632–643.

[660]Hofmann D A, Lei Z K, Grant A M. Seeking help in the shadow of doubt: The sensemaking processes underlying how nurses decide whom to ask for advice[J]. Journal of Applied Psychology, 2009, 94（5）: 1261–1274.

[661]Hofstede G. Culture' s consequences: Comparing values, behaviors, institutions, and organizations across nations[M]. Thousand Oaks: Sage Publications, 2001.

[662]Hollander E P, Homans G C. Social behavior: Its elementary forms[J]. American Journal of Psychology, 1963（76）: 479–502.

[663]Hooft E A J, Jong M. Predicting job seeking for temporary employment using the theory of planned behaviour: The moderating role of individualism and collectivism[J]. Journal of Occupational and Organizational Psychology, 2009, 82（2）: 295–316.

[664]Hu H C. The Chinese concepts of "Face" [J]. American Anthropologist, 1944, 46（1）: 45–64.

[665]Huang S. Two studies on prototype semantics: Xiao "filial piety" and mei mianzi "loss of face" [J]. Journal of Chinese Linguistics, 1987, 15（1）: 55–89.

[666]Huang Q, Davison R M, Gu J. Impact of personal and cultural factors on knowledge sharing in China[J]. Asia Pacific Journal of Management, 2008, 25（3）: 451–471.

[667]Hutchings K, Michailova S. The impact of group membership on knowledge sharing in Russia and China[J]. International Journal of Emerging Markets, 2006, 1（1）: 21–34.

[668]Hwang K K. Guanxi and mientze: Conflict resolution in Chinese society[J]. Intercultural Communication Studies, 1997（7）: 17–38.

[669]Hwang A, Francesco A M, Kessler E. The relationship between individualism-collectivism, face, and feedback and learning processes in Hong Kong, Singapore, and the United States[J]. Journal of Cross-Cultural Psychology, 2003, 34（1）: 72–91.

[670]Imahori T T, Cupach W R. Identity management theory: Facework in intercultural relationships. In W. B. Gudykunst（Ed.）, Theorizing about Intercultural Communication [M]. Thousand Oaks: Sage, 2005: 195–210.

[671]Jang S, Shen W, Allen T D, et al. Societal individualism-collectivism and uncertainty avoidance as cultural moderators of relationships between job resources and strain[J]. Journal of Organizational Behavior, 2018, 39（4）: 507–524.

[672]Janssen O. Innovative behavior and job involvement at the price of conflict and less satisfactory relations with coworkers[J]. Journal of Occupational and Organizational Psychology, 2003, 76（3）: 347–364.

[673]Jazbec S, Hardin M G, Schroth E, et al. Age-related influence of contingencies on a saccade task[J]. Experimental Brain Research, 2006, 174（4）: 754–762.

[674]Ji Y, Zhou E, Li C, et al. Power distance orientation and employee help seeking:

Trust in supervisor as a mediator[J]. Social Behavior and Personality: an international journal, 2015, 43 (6) : 1043–1054.

[675]Jung T, Wickrama K A S. An introduction to latent class growth analysis and growth mixture modeling[J]. Social and Personality Psychology Compass, 2008, 2 (1) : 302–317.

[676]Kahneman D, Tversky A. Prospect theory: An analysis of decisions under risk[J]. Econometrica, 1979, 47 (2) : 263–292.

[677]Kam C C, Bond M H. Role of emotions and behavioural responses in mediating the impact of face loss on relationship deterioration: Are Chinese more face–senstive than Americans?[J]. Asian Journal of Social psychology, 2008, 11 (2) : 175–184.

[678]Karabenick S A, Knapp J R. Effects of computer privacy on help–seeking[J]. Journal of Applied Social Psychology, 1988, 18 (6) : 461–472.

[679]Karabenick S A, Knapp J R. Help seeking and the need for academic assistance[J]. Journal of Educational Psychology, 1988, 80 (3) : 406–408.

[680]Karabenick S A, Knapp J R. Relationship of academic help seeking to the use of learning strategies and other instrumental achievement behavior in college students[J]. Journal of educational Psychology, 1991, 83 (2) : 221–230.

[681]Karabenick S A, Newman R S. Help seeking in academic settings: Goals, groups, and contexts[M]. New York: Routledge Taylor and Francis Groups, 2013.

[682]Keil M, Im G P, Mähring M. Reporting bad news on software projects: The effects of culturally constituted views of face–saving[J]. Information Systems Journal, 2007, 17 (1) : 59–87.

[683]Kiggundu M N. Task interdependence and the theory of job design[J]. Academy of Management Review, 1981, 6 (3) : 499–508.

[684]Kiggundu M N. Task interdependence and job design: Test of a theory[J]. Organizational Behavior and Human Performance, 1983, 31 (2) : 145–172.

[685]Kim J Y, Nam S H. The concept and dynamics of face: Implications for organizational behavior in Asia[J]. Organization Science, 1998, 9 (4) : 522–534.

[686]Kim S H, Vincent L C, Goncalo J A. Outside advantage: Can social rejection fuel creative thought?[J]. Journal of Experimental Psychology: General, 2013, 142 (3) : 605–611.

[687]King A Y. Kuan–hsi and network building: A sociological interpretation[J]. Daedalus, 1991, 120 (2) : 63–84.

[688]Kirkman B L, Chen G, Farh J L, et al. Individual power distance orientation and follower reactions to transformational leaders: A cross–level, cross–cultural examination[J]. Academy of Management Journal, 2009, 52 (4) : 744–764.

[689]Kiss M, Driver J, Eimer M. Reward priority of visual target singletons modulates event–related potential signatures of attentional selection[J]. Psychological Science, 2009, 20 (2) : 245–251.

[690]Klein W M. Objective standards are not enough: Affective, self–evaluative, and behavioral responses to social comparison information[J]. Journal of Personality and Social Psychology, 1997, 72 (4) : 763–774.

[691]Kolditz T A, Arkin R M. An impression management interpretation of self–handicapping[J]. Journal of personality and social psychology, 1982, 43 (3) : 492–502.

[692]Komissarouk S, Nadler A. "I" seek autonomy, "We" rely on Each other: Self-construal and regulatory focus as determinants of autonomy- and dependency-oriented help-seeking behavior[J]. Personality and Social Psychology Bulletin, 2014, 40 (6) : 726-738.

[693]Komissarouk S, Harpaz G, Nadler A. Dispositional differences in seeking autonomy- or dependency- oriented help: Conceptual development and scale validation[J]. Personality and Individual Differences, 2017 (108) : 103-112.

[694]Konovsky M A. Understanding procedural justice and its impact on business organizations[J]. Journal of Management, 2000, 26 (3) : 489-511.

[695]Koskey K L K, Sondergeld T A, Stewart V C, et al. Applying the mixed methods instrument development and construct validation process: The transformative experience questionnaire[J]. Journal of Mixed Methods Research, 2018, 12 (1) : 95-122.

[696]Krebs R M, Boehler C N, Egner T, et al. The neural underpinnings of how reward associations can both guide and misguide attention[J]. Journal of Neuroscience, 2011, 31 (26) : 9752-9759.

[697]Kulkarni S P, Hudson T, Ramamoorthy N, et al. Dimensions of individualism-collectivism: A comparative study of five cultures[J]. Current Issues of Business and Law, 2010, 5 (1) : 93-109.

[698]Kwek A, Wang Y, Weaver D B. Face and facework in ethnic Chinese shopping-intensive package tours: Dynamics and outcomes[J]. Tourism Management, 2019 (74) : 396-407.

[699]Lau Y, Fu Keung Wong D. Are concern for face and willingness to seek help correlated to early postnatal depressive symptoms among Hong Kong Chinese women? A cross-sectional questionnaire survey[J]. International Journal of Nursing Studies, 2008, 45 (1) : 51-64.

[700]Leary M R, Kowalski R M. Impression management: A literature review and two-component model[J]. Psychological Bulletin, 1990, 107 (1) : 34-47.

[701]Lee, F. When the going gets tough, do the tough ask for help? Help seeking and power motivation in organizations[J]. Organizational Behavior and Human Decision Processes, 1997, 72 (3) : 336-363.

[702]Lee, F. The social costs of seeking help[J]. Journal of Applied Behavioral Science, 2002, 38 (1) : 17-35.

[703]Lee Y L, Sparks B. Appraising tourism and hospitality service failure events: A Chinese perspective[J]. Journal of Hospitality and Tourism Research, 2007, 31 (4) : 504-529.

[704]Leong F T L, Wagner N S, Kim H H. Group counseling expectations among Asian American students: The role of culture-specific factors[J]. Journal of Counseling Psychology, 1995, 42 (2) : 217-222.

[705]Leung K, Koch P T, Lu L. A dualistic model of harmony and its implications for conflict management in Asia[J]. Asia Pacific Journal of Management, 2002 (19) : 201-220.

[706]Lévi-Strauss C. The elementary structures of kinship[M]. Boston: Beacon Press, 1971.

[707]Levy D J, Glimcher P W. The root of all value: A neural common currency for choice[J]. Current Opinion in Neurobiology, 2012, 22 (6) : 1027-1038.

[708]Li Y. Upward social comparison and depression in social network settings[J]. Internet Research, 2019, 29 (1) : 46 -59.
[709]Li J J, Su C. How face influences consumption: A comparative study of American and Chinese consumers[J]. International Journal of Market Research, 2007, 49 (2) : 237-256.
[710]Liang J, Farh J L. Psychological antecedents of promotive and prohibitive voice: A two-wave examination[J]. Academy of Management Journa1, 2012, 55 (1) : 71-92.
[711]Liang H Y, Shih H A, Chiang Y H. Team diversity and team helping behavior: The mediating roles of team cooperation and team cohesion[J]. European Management Journal, 2015, 33 (1) : 48-59.
[712]Liao J, Wang L. Face as a mediator of the relationship between material value and brand consciousness[J]. Psychology and Marketing, 2009, 26 (11) : 987-1001.
[713]Libera C D, Chelazzi L. Visual selective attention and the effects of monetary rewards[J]. Psychological Science, 2006, 17 (3) : 222-227.
[714]Lim T S. Face work and interpersonal relationships[C]// S. Ting-Toomey, The challenge of face work: Cross-cultural and interpersonal issues. New York: State University of New York Press, 1994: 209-229.
[715]Lim L L. The influences of harmony motives and implicit beliefs on conflict styles of the collectivist[J]. International Journal of Psychology, 2009, 44 (6) : 401-409.
[716]Lincoln Y S, Guba E G. Naturalistic inquiry[M]. New York: Sage, 1985.
[717]Linnenbrink E A, Pintrich P R. Motivation as an enabler for academic success[J]. School Psychology Review, 2002, 31 (3) : 313-327.
[718]Liu Y, Chen F X, Chiang T J, et al. Asking how to fish vs. asking for fish: antecedents and outcomes of different types of help-seeking at work[J]. Personnel Psychology, 2021, DOI: 10.1111/peps.12479.
[719]Liu D, Chen X P, Holley E. Help yourself by helping others: The joint impact of group member organizational citizenship behaviors and group cohesiveness on group member objective task performance change[J]. Personnel Psychology, 2017, 70 (4) : 809-842.
[720]Liu L A, Friedman R, Barry B, et al. The dynamics of consensus building in intercultural and intercultural negations[J]. Administrative Science Quarterly, 2012, 57 (2) : 269-304.
[721]Locher M A. Relational work, politeness, and identity construction[C]// G. Antos, E. Ventola, Handbook of interpersonal communication. Berlin: Mouton de Gruyter, 2008: 509-540.
[722]Lueck J A. Should we activate risk perceptions in the context of suicide prevention? Examining fear appeals, help-seeking determinants, and help-seeking sources among university employees who suffer from depression[J]. Prevention Science, 2019, 20 (6) : 884-893.
[723]Luyt R. A framework for mixing methods in quantitative measurement development, validation, and revision[J]. Journal of Mixed Methods Research, 2012, 6 (4) : 294-316.
[724]MacDonald G, Saltzman J L, Leary M R. Social approval and trait self-esteem[J]. Journal of Research in Personality, 2003, 37 (2) : 23-40.

[725]Macrae C N, Bodenhausen G V. Social cognition: Thinking categorically about others[J]. Annual Review of Psychology, 2000, 51 (1) : 93–120.
[726]Madia B P, Lutz C J. Perceived similarity, expectation–reality discrepancies, and mentors' expressed intention to remain in big brothers/big sisters programs[J]. Journal of Applied Social Psychology, 2004, 34 (3) : 598–623.
[727]Maekawa Y, Ramos–Cejudo J, Kanai A. Help–seeking among male employees in japan: Influence of workplace climate and distress[J]. Journal of Occupational Health, 2016, 58 (6) : 632–639.
[728]Magee J C, Galinsky, A D. Social hierarchy: The self–reinforcing nature of power and status[J]. The Academy of Management Annals, 2008, 2 (1) : 351–398.
[729]Magnusson J, Perry R P. Academic help–seeking in the university setting: The effects of motivational set, attributional style, and help source characteristics[J]. Research in Higher Education, 1992, 33 (2) : 227–245.
[730]Mak W W S, Chen S X. Face concern: Its role on stress–distress relationships among Chinese Americans[J]. Personality and Individual Differences, 2006, 41 (1) : 143–153.
[731]Mäkikangas A, Kinnunen U. The person–oriented approach to burnout: A systematic review[J]. Burnout Research, 2016, 3 (1) : 11–23.
[732]Mandel N, Rucker D D, Levav J. The compensatory consumer behavior model: How self–discrepancies drive consumer behavior[J]. Journal of Consumer Psychology, 2017, 27 (1) : 133–146.
[733]Markin R. Does my group know how I feel? Measuring intellectual empathy in groups using the social relations model[J]. Group Dynamics: Theory, Research, and Practice, 2011, 15 (1) : 1–15.
[734]Markus H R. Culture and personality: Brief for an arranged marriage[J]. Journal of Research in Personality, 2004, 38 (1) : 75–83.
[735]Markus H R, Kitayama S. Culture and the self: Implications for cognition, emotion, and motivation[J]. Psychological Review, 1991, 98 (2) : 224–253.
[736]Marsh H W, Hau K T. Big–fish–little–pond effect on academic self–concept[J]. American Psychologist, 2003, 58 (5) : 364–372.
[737]Mason T B, Smith K E, Engwall A, et al. Self–discrepancy theory as a transdiagnostic framework: A meta–analysis of self–discrepancy and psychopathology[J]. Psychological Bulletin, 2019, 145 (4) : 372–389.
[738]Matsushita H, Fujii M, Tsuchiya Y, et al. Psychological safety and employee creativity: Mediation of autonomous help–seeking and moderation of help–seeking delay[J]. Transactions of the Academic Association for Organizational Science, 2019, 8 (1) : 189–195.
[739]McCullough M E, Tsang J A, Emmons R A. Gratitude in intermediate affective terrain: Links of grateful moods to individual differences and daily emotional experience[J]. Journal of Personality and Social Psychology, 2004, 86 (2) : 295–309.
[740]McLafferty C L, Slate J R, Onwuegbuzie A J. Transcending the quantitative–qualitative divide with mixed methods research: A multidimensional framework for understanding congruence and completeness in the study of values[J]. Counseling and Values, 2010, 55 (1) : 46–62.

[741]Menges C. Toward improving the effectiveness of formal mentoring programs: Matching by personality matters[J]. Group and Organization Management, 2016, 41（1）: 98–129.

[742]Menon T, Thompson L, Choi H S. Tainted knowledge vs. tempting knowledge: People avoid knowledge from internal rivals and seek knowledge from external rivals[J]. Management Science, 2006, 52（8）: 1129–1144.

[743]Michell J. Measurement in psychology: A critical history of a methodological concept[M]. Cambridge: Cambridge University Press, 1999.

[744]Milham J. Two components of need for approval score and their relationship to cheating following success and failure[J]. Journal of Research in Personality, 1974, 8（4）: 378–392.

[745]Miller C L, Druss B G, Rohrbaugh R M. Using qualitative methods to distill the active ingredients of a multifaceted intervention[J]. Psychiatric Services, 2003, 54（4）: 568–571.

[746]Miller M J, Woehr D J, Hudspeth N. The meaning and measurement of work ethic: Construction and initial validation of a multidimensional inventory[J]. Journal of Vocational Behavior, 2002, 60（3）: 451–489.

[747]Miron–Spektor E, Paletz S B F, Lin C–C. To create without losing face: The effects of face cultural logic and social–image affirmation on creativity[J]. Journal of Organizational Behavior, 2015, 36（7）: 919–943.

[748]Mischel W. Processes in delay of gratification[J]. Advances in Experimental Social Psychology, 1974（7）: 249–292.

[749]Mitteness C R, DeJordy R, Ahuja M K, et al. Extending the role of similarity attraction in friendship and advice networks in angel groups[J]. Entrepreneurship Theory and Practice, 2016, 40（3）: 627–655.

[750]Morin A J S, Bujacz A, Gagné M. Person–centered methodologies in the organizational sciences: Introduction to the feature topic[J]. Organizational Research Methods, 2018, 21（4）: 803–813.

[751]Morrison E W, Milliken F J. Organizational silence: A barrier to change and development in a pluralistic World[J]. Academy of Management Review, 2000, 25（4）: 706–725.

[752]Moskowitz G B, Grant H. The psychology of goals[M]. New York: Guilford Press, 2009.

[753]Muraven M, Baumeister R F. Self–regulation and depletion of limited resources: Does self–control resemble a muscle?[J] Psychological Bulletin, 2000, 126（2）: 247–259.

[754]Murty V P, LaBar K S, Adcock R A. Distinct medial temporal networks encode surprise during motivation by reward versus punishment[J]. Neurobiology of Learning and Memory, 2016（134）: 55–64.

[755]Muthén B, Muthén L K. Integrating person–centered and variable–centered analyses: Growth mixture modeling with latent trajectory classes[J]. Alcoholism: Clinical and Experimental Research, 2000, 24（6）: 882–891.

[756]Nadler A. Self–esteem and the seeking and receiving of help: Theoretical and empirical perspectives[J]. Progress in experimental personality research, 1986（14）: 115–163.

[757]Nadler A. Determinants of help seeking behaviour: The effects of helpers’ s

similarity, task centrality and recipient' s self esteem[J]. European Journal of Social Psychology, 1987, 17 (1): 57–67.
[758]Nadler A. Help seeking behavior: Psychological cost and instrumental benefits[C]// M S Clark, Prosocial behavior. New York: Sage, 1991: 290–311.
[759]Nadler A. Relationship, esteem, and achievement perspective on autonomous and dependent help-seeking[C]// S A Karabenick, Strategic help-seeking: Implications for learning and teaching. Mahwah: Erlbaum, 1998: 61–93.
[760]Nadler A. Interpersonal and intergroup helping as power relations: Implications for real-world helping[C]// S Sturmer, M Snyder, The psychology of prosocial behavior: Group processes, intergroup relations, and helping. Oxford: Blackwell, 2009: 269–287.
[761]Nadler A, Ellis S, Bar I. To seek or not to seek: The relationship between help seeking and job performance evaluations as moderated by task-relevant expertise[J]. Journal of Applied Social Psychology, 2003, 33 (1): 91–109.
[762]Nadler A, Fisher J D. The role of threat to self-esteem and perceived control in recipient reaction to help: Theory development and empirical validation[J]. Advances in Experimental Social Psychology, 1986 (19): 81–122.
[763]Nadler A, Halabi S. Intergroup helping as status relations: Effects of status stability, identification, and type of help on receptivity to high-status group' s help[J]. Journal of Personality and Social Psychology, 2006, 91 (1): 97–110.
[764]Nadler A, Mayseless O, Peri N, et al. Effects of self esteem and ability to reciprocate on help seeking behavior[J]. Journal of personality, 1985, 53 (1): 23–35.
[765]Naranjo-Valencia J C, Jiménez-Jiménez D, Sanz-Valle R. Innovation or imitation? The role of organizational culture[J]. Management Decision, 2011, 49 (1): 55–72.
[766]Nathanson S, Patriotism, morality, and peace[M]. Lanham: Rowman and Littlefield Publishers, 1993.
[767]Naumann S E, Minsky B D, Sturman M C. The use of the concept "Entitlement" in management literature: A historical review, synthesis, and discussion of compensation policy implications[J]. Human Resource Management Review, 2002, 12 (1): 145–166.
[768]Nava A S. Empathy and group analysis: An integrative approach[J]. Group Analysis, 2007, 40 (1): 13–28.
[769]Newark D A, Flynn F J, Bohns V K. Once bitten, twice shy: The effect of a past refusal on expectations of future compliance[J]. Social Psychological and Personality Science, 2014, 5 (2): 218–225.
[770]Newman R S. How self-regulated learners cope with academic difficulty: The role of academic help seeking[J]. Theory into Practice, 2002, 41 (2): 132–138.
[771]Noonan M P, Mars R B, Rushworth M F. Distinct roles of three frontal cortical areas in reward-guided behavior[J]. The Journal of Neuroscience, 2011, 31 (40): 14399–14412.
[772]Novin S, Oyserman D. Honor as cultural mindset: Activated honor mindset affects subsequent judgment and attention in mindset-congruent ways[J]. Frontiers in psychology, 2016 (7): e5707.

[773]Ocampo L, Acedillo V, Bacunador A M, et al. A historical review of the development of organizational citizenship behavior (OCB) and its implications for the twenty first century[J]. Personnel Review, 2018, 47 (4): 821–862.

[774]O' Driscoll J. Some issues with the concept of face: When, what, how and how much?[C] // F Bargiela–Chiappini, D Z Kádár, Politeness across cultures. London: Palgrave Macmillan, 2011: 17–41.

[775]Oldham G R, Cummings A. Enhancing creativity: Managing work contexts for high potential employee[J]. California Management Review, 1997, 40 (1): 22–38.

[776]Onishi J, Bliss R E. In search of Asian ways of managing conflict: A comparative study of Japan, Hong Kong, Thailand and Vietnam[J]. International Journal of Conflict Management, 2006, 17 (3): 203–225.

[777]Onwuegbuzie A J, Bustamante R M, Nelson J A. Mixed research as a tool for developing quantitative instruments[J]. Journal of Mixed Methods Research, 2010, 4 (1): 56–78.

[778]Onwuegbuzie A J, Leech N L. Taking the "Q" out of research: Teaching research methodology courses without the divide between quantitative and qualitative paradigms[J]. Quality and Quantity, 2005, 39 (3): 267–295.

[779]Onwuegbuzie A J, Teddlie C. A frame work for analyzing data in mixed methods Research[C]// A Tashakkori, C Teddlie, Handbook of mixed methods in social and behavioral research. Thousand Oaks: Sage Publications, 2002: 351–383.

[780]Overcash J A. Using narrative research to understand the quality of life of older women with breast cancer[J]. Oncology Nursing Forum, 2004, 31 (6): 1153–1159.

[781]Oyserman D. Culture three ways: Culture and subcultures within countries[J]. Annual Review of Psychology, 2017, 68 (1): 435–463.

[782]Oyserman D, Coon, H M, Kemmelmeier M. Rethinking individualism and collectivism: Evaluation of theoretical assumptions and meta–analyses[J]. Psychological Bulletin, 2002, 128 (1): 3–72.

[783]Palinkas L A. Qualitative and mixed methods in mental health services and implementation research[J]. Journal of Clinical Child and Adolescent Psychology, 2014, 43 (6): 851–861.

[784]Park S Y, Baek Y M. Two faces of social comparison on Facebook: The interplay between social comparison orientation, emotions, and psychological well–being[J]. Computers in Human Behavior, 2018 (79): 83–93.

[785]Park H S, Guan X. Culture, positive and negative face threats, and apology intentions[J]. Journal of Language and Social Psychology, 2009, 28 (3): 244–262.

[786]Parkinson C, Kleinbaum A M, Wheatley T. Similar neural responses predict friendship[J]. Nature Communications, 2018 (9): 1–14.

[787]Pan C, Pettit N C, Sivanathan, N, et al. Low–status aversion: The effect of self–threat on willingness to buy and sell[J]. Journal of Applied Social Psychology, 2014, 44 (11): 708–716.

[788]Pavey L, Greitemeyer T, Sparks P. "I help because I want to, not because you tell me to" : Empathy increases autonomously motivated helping[J]. Personality and Social Psychology Bulletin, 2012, 38 (5): 681–689.

[789]Pinder C C, Harlos K P. Employee silence: Quiescence and acquiescence as responses to perceived injustice[J]. Research in Personnel and Human Resources

Management, 2001（20）: 331–369.
[790]Podsakoff P M, MacKenzie S B, Lee J–Y, et al. Common method biases in behavioral research: A critical review of the literature and recommended remedies[J]. Journal of Applied Psychology, 2003, 88（5）: 879–903.
[791]Ponterotto J, Grieger I. Merging qualitative and quantitative perspectives in a research identity[C]// M Kopala, L A Suzuki, Using qualitative methods in psychology. Thousand Oaks: Sage Publications, 1999: 49–62.
[792]Pornpitakpan C. The persuasiveness of source credibility: A critical review of five decades' evidence[J]. Journal of Applied Social Psychology, 2004, 34（2）: 243–281.
[793]Postmes T, Lea M. Social processes and group decision making: Anonymity in group decision support systems[J]. Ergonomics, 2000, 43（8）: 1252–1274.
[794]Preston S D, De Waal F B M. Empathy: Its proximate and ultimate bases[J]. Behavioral and Brain Sciences, 2002, 25（1）: 1–20.
[795]Putnik K, Jong A D, Verdonk P. Road to help–seeking among（dedicated）human service professionals with burnout[J]. Patient Education and Counseling, 2010, 83（1）: 49–54.
[796]Rains S A. Leveling the organizational playing field–virtually: A meta–analysis of experimental research assessing the impact of group support system use on member influence behaviors[J]. Communication Research, 2005, 32（2）: 193–234.
[797]Rains S A. The impact of anonymity on perceptions of source credibility and influence in computer–mediated group communication: A test of two competing hypotheses[J]. Communication Research, 2007, 34（1）: 100–125.
[798]Ralston D A, Egri C P, Furrer O, et al. Societal–level versus individual–level predictions of ethical behavior: A 48–society study of collectivism and individualism[J]. Journal of Business Ethics, 2014, 122（2）: 283–306.
[799]Ranjbar A, Maheswaran M. Using community structure to control information sharing in online social networks[J]. Computer Communications, 2014（41）: 11–21.
[800]Rawls J. A theory of justice[M]. Cambridge: The Belknap Press of Harvard University Press, 1999.
[801]Ray J J, Najman J M. The generalizability of delay of gratification[J]. The Journal of Social Psychology, 1986, 126（1）: 117–119.
[802]Reynolds B, Schiffbauer R. Delay of gratification and delay discounting: A unifying feedback model of delay–related impulsive behavior[J]. The Psychological Record, 2005, 55（3）: 439–460.
[803]Robins R W, Tracy J L. Setting an agenda for a person–centered approach to personality development[J]. Monographs of the Society for Research in Child Development, 2003, 68（1）: 110–122.
[804]Rock D. Your brain at work[M]. New York: HarperCollins, 2009.
[805]Ross M, Lanyon L J, Viswanathan J, et al. Human prosaccades and antisaccades under risk: Effects of penalties and rewards on visual selection and the value of actions[J]. Neuroscience, 2011（196）: 168–177.
[806]Roth D L, Snyder C R, Pace L M. Dimensions of favorable self–presentation[J]. Journal of Personality and Social Psychology, 1986, 51（4）: 867–874.
[807]Roussel P, Elliot A J, Feltman R. The influence of achievement goals and

social goals on help-seeking from peers in an academic context[J]. Learning and Instruction, 2011, 21 (3) : 394-402.
[808]Rupp D E, Shao R, Skarlicki D P, et al. Corporate social responsibility and employee engagement: The moderating role of CSR-specific relative autonomy and individualism[J]. Journal of Organizational Behavior, 2018, 39 (5) : 559-579.
[809]Ryan R M, Deci E L. Intrinsic and extrinsic motivations: Classic definitions and new directions[J]. Contemporary Educational Psychology, 2000, 25 (1) : 54-67.
[810]Sage C A M, Brooks S K, Jones N, et al. Attitudes towards mental health and help-seeking in railway workers[J]. Occupational medicine, 2016, 66 (2) : 118-121.
[811]Sahlins M. Stone age economics[M]. New York: Aldine De Gruyter, 1972.
[812]Sale J E M, Lohfeld L H, Brazil K. Revisiting the quantitative-qualitative debate: Implications for mixed-methods research[J]. Quality and Quantity, 2002, 36 (1) : 43-53.
[813]Savolainen R. Time as a context of information seeking[J]. Library and Information Science Research, 2006, 28 (1) : 110-127.
[814]Schaubroeck J, Lam S S K. How similarity to peers and supervisor influences organizational advancement in different cultures[J]. Academy of Management Journal, 2002, 45 (6) : 1120-1136.
[815]Schaubroeck J M, Peng A C, Hannah S T. The role of peer respect in linking abusive supervision to follower outcomes: Dual moderation of group potency[J]. Journal of Applied Psychology, 2016, 101 (2) : 267-278.
[816]Schlenker B R, Weigold M F. Interpersonal processes involving impression regulation and management[J]. Annual Review of Psychology, 1992 (43) : 133-168.
[817]Scott J C. The moral economy of the peasant: Rebellion and subsistence in southeast Asia[M]. New Haven: Yale University Press, 1976.
[818]Settoon R P, Lee S H. An examination of individualism within employee help-seeking networks[J]. International Journal of Human Resource Studies, 2018, 8 (4) : 1-20.
[819]Simmel G. On individuality and social forms[M]. Chicago: University of Chicago Press, 1971.
[820]Simon B. Identity in modern society: A social psychological perspective[M]. Blackwell: Oxford, 2004.
[821]Singelis T M, Triandis H C, Bhawuk D, et al. Horizontal and vertical dimensions of individualism and collectivism: A theoretical and measurement refinement[J]. Cross-Cultural Research: The Journal of Comparative Social Science, 1995, 29 (3) : 240-275.
[822]Shaffer D R, Rogle M R, Hendrick C. Intervention in the library: The effect of increased responsibility on bystanders' willingness to prevent a theft[J]. Journal of Applied Social Psychology, 1975, 5 (4) : 303-319.
[823]Shah J Y, Gardner W L. Handbook of motivation science[M]. New York: Guilford Press, 2008.
[824]Shapiro E G. Embarrassment and help-seeking[C]// B. DePaulo, A Nadler, J Fisher, New directions in helping: Vol. 2. Help seeking. New York: Academic Press, 1983: 143-163.
[825]Shin S K, Ishman M, Sanders G L. An empirical investigation of socio-cultural

factors of information sharing in China[J]. Information and Management，2007，44（2）：165–174.
[826]Shotland R L，Straw M K. Bystander response to an assault: When a man attacks a woman[J]. Journal of Personality and Social Psychology，1976，34（5）：990–999.
[827]Smith A. The theory of moral sentiments[M]. London: Penguin，2010.
[828]Smith R H，Kim S H. Comprehending envy[J]. Psychological Bulletin，2007，133（1）：46–64.
[829]Spencer–Oatey H. Theories of identity and the analysis of face[J]. Journal of Pragmatics，2007，39（4）：639–656.
[830]Spiliopoulos L，Ortmann A. The BCD of response time analysis in experimental economics[J]. Experimental Economics，2018，21（2）：383–433.
[831]Staines G L. Spillover versus compensation: A review of the literature on the relationship between work and nonwork[J]. Human Relations，1980，33（2）：111–129.
[832]Stapel D A，Suls J. Method matters: Effects of explicit versus implicit social comparisons on activation，behavior，and self–views[J]. Journal of Personality and Social Psychology，2004，87（6）：860–875.
[833]Steele C M，Spencer S J. The primacy of self–Integrity[J]. Psychological Inquiry，1992，3（4）：345–346.
[834]Stewart M. Protecting speaker' s face in impolite exchanges: The negotiation of face–wants in workplace interaction[J]. Journal of Politeness Research，2008，4（1）：31–53.
[835]Stocks E L，Lishner D A，Waits B L，et al. I' m embarrassed for you: The effect of valuing and perspective taking on empathic embarrassment and empathic concern[J]. Journal of Applied Social Psychology，2011，41（1）：1–26.
[836]Sword W，Busser D，Ganann R，et al. Women' s care–seeking experiences after referral for postpartum depression[J]. Qualitative Health Research，2008，18（9）：1161–1173.
[837]Taras V，Steel P，Kirkman B L. Improving national cultural indices using a longitudinal meta–analysis of Hofstede' s dimensions[J]. Journal of World Business，2012，47（3）：329–341.
[838]Tedeschi J I，Melburg V. Impression management and influence in the organization[J]. Research in the Sociology of Organizations，1984（3）：31–58.
[839]Tedeschi J T，Schlenker B R，Bonoma T V. Cognitive dissonance: Private ratiocination or public spectacle?[J] American Psychologist，1971，26（8）：685–695.
[840]Tepper B J，Moss S E，Duffy M K. Predictors of abusive supervision: Supervisor perceptions of deep–level dissimilarity，relationship conflict，and subordinate performance[J]. Academy of Management Journal，2011，54（2）：279–294.
[841]Tetlock P E，Manstead A S R. Impression management versus intrapsychic explanations in social psychology: A useful dichotomy?[J] Psychological Review，1985，92（1）：59–77.
[842]Theeuwes J，Belopolsky A V. Reward grabs the eye: Oculomotor capture by rewarding stimuli[J]. Vision Research，2012（74）：80–85.

[843]Thomas K W. Conflict and conflict management: Reflections and update[J]. Journal of Organizational Behavior，1992，13（3）：265–274.

[844]Thomas W H N G，Feldman D C. Employee voice behavior: A meta–analytic test of the conservation of resources framework[J]. Journal of Organizational Behavior，2012，33（2）：216–234.

[845]Ting–Toomey S. The matrix of face: An updated face–negotiation theory[C]// W B Gudykunst，Theorizing about Intercultural Communication. London: Sage，2005：71–92.

[846]Ting–Toomey S，Kurogi A. Facework competence in intercultural conflict: An updated face–negotiation theory[J]. International Journal of Intercultural Relations，1998，22（2）：187–225.

[847]Tong J，Mitra A. Chinese cultural influences on knowledge management practice[J]. Journal of Knowledge Management，2009，13（2）：49–62.

[848]Triandis H C. Some psychological dimensions of mordernization[J]. Paper presented at the 17th congress of applied psychology，Liege，Belgium.

[849]Tsai C，Dionne S D，Wang A，et al. Effects of relational schema congruence on leader–member exchange[J]. The Leadership Quarterly，2017，28（2）：268–284.

[850]Tversky A，Kahneman D. Advances in prospect theory: Cumulative representation of uncertainty[J]. Journal of Risk and Uncertainty，1992，5（4）：297–323.

[851]Tversky A，Wakker P. Risk attitudes and decision weights[J]. Econometrica，1995，63（6）：1255–1280.

[852]Van Boven L，Loewenstein G. Social projection of transient drive states[J]. Personality and Social Psychology Bulletin，2003，29（9）：1159–1168.

[853]Van Der Rijt J，Van Den Bossche P，Van de Wiel M W J，et al. Asking for help: A relational perspective on help seeking in the workplace[J]. Vocations and Learning，2013，6（2）：259–279.

[854]Van Der Vegt G S，Emans B J M，Van De Vliert E. Affective responses to intragroup interdependence and job complexity[J]. Journal of Management，2000（26）：633–655.

[855]Van Der Vegt G S，Emans B J M，Van De Vliert E. Patterns of interdependence in work teams: A two–level investigation of the relations with job and team satisfaction[J]. Personnel Psychology，2001，54（1）：51–69.

[856]Van Der Vegt G S，Van De Vliert E. Effects of perceived skill dissimilarity and task interdependence on helping in work teams[J]. Journal of Management，2005，31（1）：73–89.

[857]Van Der Vegt A，Zuccon G，Koopman B，et al. How searching under time pressure impacts clinical decision making[J]. Journal of the Medical Library Association，2020，108（4）：564–573.

[858]Van Knippenberg D，Schippers M C. Work group diversity[J]. Annual Review of Psychology，2007，58（1）：515–541.

[859]Voelpel S C，Han Z. Managing knowledge sharing in China: The case of siemens sharenet[J]. Journal of Knowledge Management，2005，9（3）：51–63.

[860]Wang H . Help seeking tendency in situation of threat to self–esteem and face–losing[D]. Hong Kong: The University of Hong Kong，2002.

[861]Wang Y A, Yang Z F. From the perspective of self-esteem to study face[J]. International Journal of Psychology, 2004 (39) : 363-364.

[862]Wang C, Zhang Y. Social face consciousness and help-seeking behavior in new employees: Perceived social support and social anxiety as mediators[J]. Social Behavior and Personality: An international journal, 2021, 49 (10) : e10769.

[863]Weinstein N, Ryan R M. When helping helps: Autonomous motivation for prosocial behavior and its influence on well-being for the helper and recipient[J]. Journal of Personality and Social Psychology, 2010, 98 (2) : 222-244.

[864]Weiss H M, Knight P A. The utility of humility: Self-esteem, information search, and problem-solving efficiency[J]. Organizational Behavior and Human Performance, 1980, 25 (2) : 216-223.

[865]Whiting S W, Maynes T D, Podsakoff N P, et al. Effects of message, source, and context on evaluations of employee voice behavior[J]. Journal of Applied Psychology, 2012, 97 (1) : 159-182.

[866]Willer E K, Soliz J. Face needs, intragroup status, and women' s reactions to socially aggressive face threats[J]. Personal Relationships, 2010, 17 (4) : 557-571.

[867]Wills T A, DePaulo B M. Interpersonal analysis of the help-seeking process[C]// C R Snyder D R Forsyth, Handbook of social and clinical psychology: The health perspective. Elmsford: Pergamon, 1991: 350-375.

[868]Wilson A C, Lengua L J, Tininenko J, et al. Physiological profiles during delay of gratification: Associations with emotionality, self-regulation, and adjustment problems[J]. Journal of Applied Developmental Psychology, 2009, 30 (6) : 780-790.

[869]Witt L A. Delay of gratification and locus of control as predictors of organizational satisfaction and commitment: Sex differences[J]. The Journal of General Psychology, 1990, 117 (4) : 437-446.

[870]Wong Y T, Wong S H, Wong Y W. A study of subordinate-supervisor guanxi in Chinese joint ventures[J]. The International Journal of Human Resource Management, 2010, 21 (12) : 2142-2155.

[871]Wong K F E, Yik M, Kwong J Y Y. Understanding the emotional aspects of escalation of commitment: The role of negative affect[J]. Journal of Applied Psychology, 2006, 91 (2) : 282-297.

[872]Woo S E, Jebb A T, Tay, L, et al. Putting the "person" in the center: Review and synthesis of person-centered approaches and methods in organizational science[J]. Organizational Research Methods, 2018, 21 (4) : 814-845.

[873]Yamauchi T, Suka M, Yanagisawa H. Help-seeking behavior and psychological distress by age in a nationally representative sample of Japanese employees[J]. Journal of Epidemiology, 2020, 30 (6) : 237-243.

[874]Yan Y X. The culture of Guanxi in a north China village[J]. The China Journal, 1996 (35) : 1-25.

[875]Yang L S. The concept of "pao" as a basis for social relations in China[C]// J K Fairbank, Chinese thought and institutions. Chicago: University of Chicago Press: 1957: 291-309.

[876]Yauch C A, Steudel H J. Complementary use of qualitative and quantitative cultural assessment methods[J]. Organizational Research Methods, 2003, 6 (4) : 465-481.

[877]Yeung I Y M, Tung R L. Achieving business success in Confucian societies: The importance of guanxi (connections) [J]. Organizational Dynamics, 1996, 25 (2) : 54–65.
[878]Yoshikawa H, Weisner T S, Kalil A, et al. Mixing qualitative and quantitative research in developmental science: Uses and methodological choices[J]. Qualitative Psychology, 2008, 44 (2) : 344–354.
[879]Youssef J, Deane F P. Factors influencing mental–health help–seeking in Arabic–speaking communities in Sydney, Australia[J]. Mental Health, Religion and Culture, 2006, 9 (1) : 43–66.
[880]Yuan F, Woodman R W. Innovative behavior in the workplace: The role of performance and image outcome expectations[J]. Academy of Management Journal, 2010, 53 (2) : 323–342.
[881]Yum J. The impact of confucianism on interpersonal relationships and communication patterns in East Asia[J]. Communication Monographs, 1988, 55 (4) : 374–388.
[882]Zane N, Ku H. Effects of ethnic match, gender match, acculturation, cultural identity, and face concern on self–disclosure in counseling for Asian Americans[J]. Asian American Journal of Psychology, 2014, 5 (1) : 66–74.
[883]Zane N, Yeh M. The use of culturally–based variables in assessment: Studies on loss of face[C]// K S Kurasaki, S Okazaki, S Sue, Asian American mental health: Assessment theories and methods. Holland: Plenum Publishers, 2002: 123–138.
[884]Zhang X A, Chao Q, Grigoriou N. Consciousness of social face: The development and validation of a scale measuring desire to gain face versus fear of losing face[J]. The Journal of Social Psychology, 2011, 151 (2) : 129–149.
[885]Zhang Z, Wang M, Shi J. Leader–follower congruence in proactive personality and work outcomes: The mediating role of leader–member exchange[J]. The Academy of Management Journal, 2012, 55 (1) : 111–130.
[886]Zhou J. Feedback valence, feedback style, task autonomy, and achievement orientation: Interactive effects on creative performance[J]. Journal of Applied Psychology, 1998, 83 (2) : 261–276.
[887]Zhou M, Huang D, Ren F, et al. Short forms of the cross–cultural (Chinese) personality assessment inventory: Reliability, validity, and measurement invariance across gender[J]. Frontiers in psychology, 2021 (12) : 709032.

附　录

附表1　员工求助行为问卷原始版样题（共66题）

题目
1.我如果在工作中遇到不知该怎样解决的困难，会请同事给我一些提示。
2.当我面对接下来的工作任务毫无头绪时，我会请我的下级或资历比我浅的同事帮我理一理思路。
3.我如果在工作中遇到麻烦，自己又解决不了，会请同事过来帮忙。
4.即便自己在工作中遇到自己无法解决的困难，我也不敢向别人求助。
5.即使自己在工作中遇到巨大挫折，我也会尽量不求助。
6.我如果在工作中遇到麻烦，哪怕只有微弱希望可以自己解决，我都不会向别人求助。
7.我如果对自己需要完成的工作任务毫无头绪，会请领导解释一下基本原则。
8.我如果尝试了很多次都解决不了眼下的问题，会请同事给我一些提示。
9.我如果在工作中有困难，自己不知道怎么办，会请同事提示我一些思路。
10.即便觉得对方资历不如自己，但若对方有希望能解决我在工作中解决不了的问题，那么我会向这样的同事求助。
11.我如果在工作中遇到大的困难，会向懂行的同事咨询他们解决这类问题的经验和方法。
12.当我在工作中遇到困难时，在自己实在解决不了的情况下，我才可能会考虑向别人求助。
……

附表2　员工面子需要问卷原始版样题（共94题）

题目
1.面子是通过自己努力工作挣来的。
2.我希望领导和同事认为我为了做好工作会尽最大努力。
3.我希望领导和同事认为我能在工作中表现得更好。
4.我希望领导和同事认为我十分看重自己在工作中对知识和经验的积累。
5.我希望自己在工作中看上去有很强的进取心。
6.我希望自己在工作中看起来有自信。
7.我希望自己在工作中能够努力学习，以便为自己挣面子。
8.我希望自己的工作态度看上去足够好。

续表

题目
9.在工作中我会努力争取自己想要的东西，这样会让我觉得有面子。
10.我希望增强自己的工作实力，因为那样可以让自己挣到面子。
11.我希望自己在工作中能努力变强，这样才会有面子。
12.我很享受自己在工作中获得成就感。
……